네가 벌거벗은
몸으로 올래?

성령의 음성을 따라 경험한 치료와 회복의 생생한 간증들

네가 벌거벗은 몸으로 올래?

정인숙 지음

좋은땅

글을 시작하면서

『네가 벌거벗은 몸으로 올래?』는 두 번째 간증집이다. 성령의 음성을 따라서 치료하고 회복한 간증들을 기록한 간증집이다. 신령한 세계에서 일어나는 영적 경험을 생생하게 묘사하기란 쉽지 않은 일이지만, 성경이 증언하는 경험이고, 성령께서 이끄신 경험이기에 한 꼭지, 한 꼭지 소중하게 기록했다.

엄청난 통증에 시달리던 전신 관절들이 오그라진 채로 굳어 버려서, 10년 가까이 꼼짝 못 하고 겨우 목숨만 부지하다가 주님을 만나서, 질병으로부터 죽음으로부터 구원받았다. 그때 비로소 하나님이 살아 계신 걸 믿었고, 몸은 죽어서 사라져도 영혼은 영원히 사는 존재라는 걸 알게 되었다. 그리고 예수를 믿는 사람은 주님 나라로 간다는 걸 믿게 되었다. 그렇다면 이런 몸과 함께 비참하게 살아가야 할 이유가 없었다. 그때부터 주님 곁으로 가서 편안히 쉬고 싶다고 간절히 기도하기 시작했다.

"주님, 내 영혼을 불러 주소서. 이만해도 족하니 주님 나라로 불러 주소서! 통증에 시달리는 꼬부라진 몸을 벗어 버리고, 주님과 함께 영원한 안식을 누리게 하소서!"

이렇게 기도로 요청한 것이 며칠간이나 지속했는지 정확하게 기억나지 않으나, 아마도 일주일 정도는 되었을 거라고 생각된다. 그날도 간절한 마음을 담아서 내 영혼을 주님 곁으로 불러달라고, 화장지가 수북하게 쌓일 정도로 울면서 기도할 때였다. 어떤 음성이 또렷하게 들렸다. 섬광처럼 번뜩하는 것 같았다.

"네가 벌거벗은 몸으로 올래?"

순간 기도를 중지했다. 난생처음으로 경험하는 신비한 음성이었지만, 조금도 낯설지 않았다. 오히려 친밀감마저 느껴지는 음성이어서, 평온한 마음으로 '벌거벗은 몸이 뭐지?'라고 생각하는데, "네 목숨 하나 구원받고 내게로 오는 것이, 벌거벗고 오는 것이다!"라는 음성이 다시 들렸다. 그리고 이어서 "네가 절망 중에 나를 만나서 구원받고 기뻐하듯이, 너처럼 병들어 고통당하고 절망하는 이들에게, 이 소식을 전해서 기쁨과 평안을 누리다가 그들과 함께 내게로 와야 하지 않겠느냐?"고 말씀하셨다.

그때 나는 하나님께 기도했고, 그러므로 내 기도를 들으시고 응답하실 분은 다른 분이 아니라 당연히 하나님이실 수밖에 없었다. 죽음을 간절히 구하는 나한테 이렇게 말씀하신 주님은, 불치병을 고쳐 주시고, 꼬부라진 몸을 일으켜서 다시 걷게 하시더니, 간신히 걸음마를 다시 시작하는 즈음에서, 느닷없이 환자들이 있는 세상으로 보내시고, 하나님의 사랑과 은혜를 갈급해하는 교회로 보내서, 그분의 살아 계심을 증언하게 하셨다. 내가 가는 곳곳에서 병든 자를 고치시고, 귀신을 쫓아내시고, 갖가지 문제에 시달리는 이들을 회복하셨다.

나는 의사도 아니고 의학을 공부한 사람도 아니다. 돌팔이 의사조차 가까이서 접해 본 적이 없다. 아무튼 병 고치는 근처에서 심부름조차도 해 본 적이 없다. 그때까지 무엇을 먹어서 감기조차 고쳐 본 적이 없었다. 병을 고치기는 고사하고, 죽음의 문턱을 넘나들 때도, 무당을 데려다가 귀신을 쫓아내는 푸닥거리를 했던 것이, 세상에서 마지막에 의지해야 했던 치료의 수단이었다. 그때도 예수께서 모든 병을 고치는 의사라는 얘기는 아는 바가 없었다.

그랬던 나를 예수께서 기독교인들이 모이는 집회로 불러내시고 영의 눈을 열어 신령한 세계를 보게 하셨다. 그리고 징글징글하게 괴롭히던 통증으로부터 구출해 주시고, 꼬부라졌던 몸을 펴고 다시 일어나서 걷게 하셨다.

그러나 정상적으로 활동할 수 있는 뼈나 관절들은 단 한 군데도 없었다. 날이면 날마다 류머티스 관절염의 놀이터가 되었던 관절마다 망가지고 부서져서 새로 고치거나 갈아 끼우지 않으면, 다시 사용하는 게 불가능할 정도로 멀쩡하게 버텨 낸 관절들이 없었다. 손가락 한 마디까지도 정상적으로 기능할 수 있는 곳이 없었다. 그런데 지금도 뼈나 관절을 재생시키는 약이나 의술이 없었다. 그래서 의학적 소견도 전신 뼈들이 마른 수수깡처럼 부석부석하는 상태로는 다시 활동하기 어렵다고 진단했다. 이렇게 속속들이 뼈가 다 망가진 채로 일어나서 걸음마를 시작하는 나를, 주님은 재활치료센터로 보낸 것이 아니라, 그리스도의 생명을 전하는 세상으로 보내셨다.

그렇다! 나는 세상이 갖지 못한 생명을 가졌다. 비록 좁은 방에서 사지를 꼬부리고 누워서 살아도 날마다 행복했던 이유이다. 지금도 주님만 생각하면 마음이 뜨거워지고 행복하다 진실로! 그리스도의 생명이 죽어 가던 나를 살려 냈다. 그러니 사망 안에서 절망하는 이들에게 나를 보내시는 건 너무나 당연하다!

생명은 하나님의 눈으로 문제를 바라보는 능력이다. 두려운 환경과 여건을 바라보는 육신의 눈을 멀게 만드는 힘이다. 하나님의 약속을 믿는 영의 눈이 활짝 열리는 초자연적인 능력이 역사하는 에너지의 근원이다.

생명은 내 안에 계신 예수 그리스도의 성령이시다. 그분으로 인하여 세상에서 나는 '근심하는 자 같으나 항상 기뻐하고, 가난한 자 같으나 많은 사람을 풍요롭게 하고, 아무것도 없는 자 같으나 모든 것을 가진 자(고후 6:10)'가 되었다.

세상은 예나 지금이나 변한 것이 없다. 앞으로도 변하는 것이 없을 것이다. 그러나 나는 세상에 있으나 세상에 속하지 않은 하늘나라의 신분이 되었다. 나는 하늘나라에 속했고, 하늘나라의 생명으로 죽어 가던 몸을 살렸다.

이런 그리스도의 생명을 어찌 세상에 전하지 않고 배길 수 있으랴! 생명은 사망이 지배하는 이 세상에서 겪는 어떤 문제라도 고치고 치료하고 회복시키는 초자연적인 능력이다. 예수께서 가시는 곳곳마다 '그들을 가르치시며, 천국 복음을 전파하시고, 모든 병과 모든 약한 것을 고치시는 능력이다(마 9:35)'. 지금도 생명의 말씀은 믿는 사람들 속에서 역사하는 치료의 에너지이다.

두 번째 간증집이 출간되기까지 이끌어 주신 하나님 아버지와 우리 주 예수 그리스도의 은혜와 성령님의 인도하심에 감사와 찬양과 영광을 돌린다. 그리고 함께 소망을 놓치지 않고, 쉬지 않는 기도에 함께하며, 끝까지 참고 인내하며 기다릴 줄 아는 성도들에게도 깊은 감사를 전한다.

목차

글을 시작하면서 ··· 4

1부 걸어서 주님의 교회로

문지방을 넘어 한 발짝 한 발짝 ··· 12
교회의 주인은 주님이시다 ··· 17
병원에서 고쳤다 ··· 27
즉시 멈춘 딸꾹질 ··· 41
정신은 아주 멀쩡해요 ·· 51
목을 옥죄는 두려움의 영 ··· 67
우연의 일치였다 ··· 82
제자리로 돌아온 입 ·· 89
귀신 들려서 위험하다 ·· 99

2부 걸어서 다시 세상으로

다시 세상으로 보내시다 ··· 118
첫 번째 간증 집회 ·· 123
병신에 짓눌린 아주머니 ··· 128
방송으로 퍼져 나갔다 ·· 141
장애인들의 예배 모임 ·· 147
불야성을 이룬 거리 ·· 152

줄행랑을 놓는 귀신 ·········· 160
누가 목을 짓누르나 ·········· 168
사치한 단어, 여행 ·········· 172
장애인 모임까지 해산시켰다 ·········· 177

3부 성령의 음성을 따라서

그들이 아니라 바로 너다! ·········· 182
나보다 앞서가신 주님 ·········· 189
영들을 분별하지 않으면 ·········· 197
그때 말씀하신 이는 성령 ·········· 208
죽음의 영에 눌린 여자 ·········· 211
드디어 좁은 방을 떠났다 ·········· 226
신학교로 인도하신 주님 ·········· 232
학비를 챙기시는 주님 ·········· 243
확 줄어든 암 덩어리 ·········· 248
죽어 가는 환자가 살아났다 ·········· 251
하나님을 원망하던 환자 ·········· 257
죽을 몸이 살아났다 ·········· 262
걸려들기 쉬운 외모 ·········· 275
사랑의 문제이다 ·········· 284
작은 예배처를 응답하셨다 ·········· 289

1부

걸어서 주님의 교회로

문지방을 넘어 한 발짝 한 발짝

　동네에 잔칫집이 생겼다. 전 부치는 기름 냄새가 내 방까지 스며들어서 입맛을 자극했다. 고소한 냄새에 이끌린 나도 잔칫집으로 뒤뚱뒤뚱 걸음을 옮겼다. 하지만 고소한 냄새에 끌려가는 게 아니다. 동네 어른들이 즐기는 풍물놀이를 구경하러 가는 길이다. 동네 어른들의 풍물놀이 패가 풍물놀이를 막 시작했다. 그동안 방에서 귀로만 들었던 풍물놀이를 직접 눈으로 보면서 즐기려고 가는 길이다.

　강아지도 줄레줄레 뒤를 따라나섰다. 녀석은 10년 가까이 한집에 살았던 내가, 처음으로 문지방을 넘고 마루를 지나서 토방을 걸어서 안마당에 첫발을 디디던 날, 도둑놈인 줄 알았는지 잡아먹을 듯이 짖어 대면서 대문 밖으로 줄행랑을 놓던 놈이다. 이제는 나도 한 식구인 줄 알고 내 뒤를 졸졸 따라다니는 녀석이다.

　온 동네가 모여서 잔치를 벌이는 날이었다. 뭐니 뭐니 해도 동네잔치에서 하이라이트는 동네 어른들이 한바탕 신나게 두들겨 대는 풍물놀이이다. 꽹과리가 깨갱깨갱 장단을 시작하면 풍악이 일제히 울리면서 각자의 소리를 뽐내기 시작한다. 한마디로 굉장한 볼거리가 시작된 것이다. 선두에서 상쇠가 꽹과리를 두들겨 대면 장구와 징과 북이 일제히 장단을 맞추면서 풍물놀이는 시작된다. 다양한 춤사위로 풍물놀이의 재미를 더하다가 빠른 박자로 놀이의 흥을 최고조로 올려놓으면, 어깨만 들썩거리던 어르신들이 놀이패에 슬금슬금 끼어들어서 얼씨구절씨구 춤사위가 벌어진다.

방에 누워서 귀로만 들었던 풍물놀이 패의 신명이 나는 놀이를, 내 발로 걸어 나와서 눈으로 직접 구경하는 감동을 어떤 말로 표현하랴! 농사일에 햇빛에 그을고 찌든 동네 어른들이 흥겨운 장단에 맞춰서 덩실덩실 춤을 추는 어설픈 춤사위를 보고 있자니, 마음으로부터 삶의 뜨거운 격정의 응어리가 목줄을 타고 올라왔다. 이게 이 세상을 살아 내는 소박한 에너지가 아니던가! 이런 삶에 한데 어울리지 못해서 처절하게 고독했던 것이 아닌가!

내 영혼은 하늘나라를 그리워하지만, 내 육신은 여전히 일상을 누리고 싶은 그리움에 서러워하지 않았던가! 내 영혼은 하나님의 말씀을 사모했지만, 내 육신은 인생살이의 평범한 일원이 되길 얼마나 갈망했던가! 하지만 한순간도 이중국적 소유자라는 걸 잊어 본 적이 없다. 육신으로 세상에 살아 있지만 영혼이 살아갈 영원한 나라 주님의 나라를 잊어 본 적이 없다. 이 세상에 내 주민증이 있듯이, 하늘나라에도 내 시민권이 있기 때문이다.

이제 나는 당당하게 걸어서 내 존재를 세상에 드러내기 시작했다. 10년 가까이 생존자로서 반응할 수 없었던 나라는 존재를, 드디어 살아 있는 모습을 당당하게 드러냈다. 이때도 내가 준비한 것은, 하나님을 사랑하고 의지하는 믿음 외에 아무것도 소유한 게 없었다.

10년 가까이 눈물로 그리워만 했던 세상이지만, 막상 마주해 보니 너무나 생경하고 낯설기만 했다. 내 눈에 친숙한 것이라곤 언제나 변하지 않고 자리를 지키는 산하(山川)뿐이었다.

　세상이 이렇게 많이 변하고 달라지는 모습들을, 시시때때로 전달해 주는 TV나 라디오조차도 내 방에는 얼씬거리지 못했으니, 그야말로 깊은 동굴에 갇혀 지내다가 느닷없이 고도의 문명사회로 내동댕이쳐진 것 같은 당혹감을 숨길 수 없었다.

　부모님이 전해 주는 동네 소식을 지구 반대편에서 벌어졌다는 전쟁 소식보다, 노벨상 수상 소식보다 대통령 당선 소식보다 더 친밀하고 가슴을 콩닥거리며 기다렸던 내가, 거대한 문명이 고도로 발달한 면모를 유감없이 발휘하는 회색의 차가운 도시에 서서 얼마나 당혹했을지, 어느 누가 짐작조차 할 수 있었으랴! 텃밭 둔덕에 얼굴을 내밀기 시작한 쑥이랑 푸성귀들에 대한 소식이나, 간밤에 쌍둥이 송아지를 낳아서 수지맞았다는 아랫집 소식이나, 아주머니끼리 싸움이 벌어진 사이에 끼어들어서 한마디 거들었다가 쌍욕을 배 터지게 얻어먹었다는 소식을 들을 수 있는 것만으로도 과분한 소식들이었다.

　세상살이에 대해서 거창한 분석도 필요 없었고, 세상에 대해서 왈가왈부한 해석도 필요 없는, 어머니 나름대로 해석하고 분석한 동네 사람들의 자잘한 소식만으로도, 행동반경이 누워 있는 자리로 제한된 내게는 더없이 광활한 우주의 소식보다 더 반가운 소식이었다. 병들어 죽어 가는 나한테 이보다 더 넓은 세상 소식은 궁금하지도 않았지만, 받아들여서 감당할 마음의 능력도 없었다!

　부모님이 전해 주는 동네 소식이 세상을 이어 주는 유일한 끈이었다. 그나마도 사납게 휘젓고 날뛰는 통증이, 관절마다 들쑤시고 돌아다니면서 깽판을 놓는 날에는, 꽃이 만발했다는 기쁜 소식도, 이웃집 고양이가 예쁜 새끼를 낳았다는 대박 뉴스조차도 귀에 들어오지 않았다! 그때는 사람 사는 얘기가 듣기 싫어지고, 어서 빨리 저세상으로 달아나고 싶은 충동만이 누워 있는 이부자리로 음습하게 파고들었다.

지금 나는 꼬부라진 사지를 펴고 일어나서 다시 세상으로 발걸음을 내딛기 시작했다. 세상은 너무나 많이 변해 있었다. 그러나 나도 예전에 알고 있던 내가 결단코 아니다. 그리스도 안에서 새사람이 되었다. 물렁뼈가 치명적인 손상을 입은 관절마다 활동을 방해하며 발목을 붙잡지만, 하나님의 생명으로 다시 태어난 속사람은 그런 육신에 매이지 않는 자유를 마음껏 누릴 줄 아는 사람이 되었다.

> 그런즉 그리스도 안에 있으면 새로운 피조물이라. 이전 것은 지나갔으니 보라 새것이 되었도다
> - 고전 5:17

> 내가 온 것은 양으로 생명을 얻게 하고 더 풍성히 얻게 하려는 것이라
> - 요 10:10b

생명! 나를 풍요롭게 만들고, 행복하게 만들고, 사랑하게 만들고, 건강하게 만들고, 평안하게 만들고, 영원히 살맛이 나게 만들고, 나누어 주어도 넘치도록 다시 채워 주시는 생명! 그가 곧 내가 사랑하고 또 사랑하는 예수 그리스도이시다.

예수께서 이르시되 나는 부활이요 생명이니 나를 믿는 자는 죽어도 살겠

고, 무릇 살아서 나를 믿는 자는 영원히 죽지 아니하리니, 이것을 네가 믿
느냐

- 요 11:25-26

나는 이 생명을 나누려고 세상으로 다시 한 발짝 한 발짝 걸음을 내딛기 시작했다. 예전에 그토록 친숙하기만 했던 이 세상은, 지금 나한테는 너무나 낯설고 어색하기만 하다. 좁은 방에 갇혀서 10년 가까이 세상과 단절하고 살았기 때문만은 아니다. 나는 이 세상에 살고 있지만 신령한 하늘나라의 신분이다. 이것이 익숙하고 친숙했던 이 세상이 도리어 낯설게 느껴지는 원인이기도 하다.

멋지고 세련되고 약삭빠른 세상에서, 부자유한 몸짓으로 부대끼면서 생명을 나누려고 애쓰던 모습을 한 꼭지 한 꼭지 소중하게 이야기로 만들었다. 지금도 나를 강렬하게 이끈 것은 "네가 벌거벗은 몸으로 올래?"라고 물으셨던 성령이시다. 성령은 예수의 영이시다. 아무리 세월이 흐르고 또 흘러도 벌거벗고 올 거냐고 물으셨던 성령님의 음성을 잊지 않는다.

교회의 주인은 주님이시다

사지(四肢)가 새우처럼 꼬부라져서 앉은뱅이로 누워서 지낼 때 경험한 간증부터 이야기한다. 밤새 통증에 시달리던 관절들을 꼼지락꼼지락 움직여서 간신히 상체를 일으키고, 이부자리에 그대로 앉아서 새벽마다 기도할 때이다. 그날도 잠에서 깨어나기 바로 직전이었다. 흰옷을 입은 여자 사역자가 양팔을 벌리더니 나를 품으로 끌어안으면서 "오늘 밤 철야 기도하거라!"라고 말했다. 그 말을 들은 즉시 잠에서 깼고, 나는 언제나 그랬듯이, 상체를 일으키고 이부자리에 앉아서 새벽기도를 시작했다.

그러나 '철야 기도'라는 말에 어리둥절하지 않을 수 없었다. 아무래도 번지수를 잘못 짚은 것 같았기 때문이다. 새벽마다 통증에 시달리는 관절들과 실랑이를 벌이면서, 이부자리에 홀로 앉아서 오그라진 다리를 쭉 펴지도 못하고 꼬부린 채로 힘겹게 기도하는 나한테 부탁할 내용은 도무지 아니었다. 그래서 별다르게 생각하지 않고 잊어버린 채로 하루를 지냈다.

그리고 잠자리에 눕기 전에 습관대로 기도하는데, 종일 잊고 있었던 '오늘 밤 철야 기도 하거라'는 말이 생각났다. 세상과 단절된 채로 방에서 홀로 지내는 그때까지, 교회를 다녀 본 적도 없었지만, 밤을 지새우면서 기도하는 사람을 본 적도 없지만, 밤을 새우면서까지 기도할 내용이 많다는 것도 도무지 이해하기 어려울 때였다.

게다가 욕창에 시달리는 엉덩이는 물론이고 오금이 붙어 버린 무릎을 세운 채로 앉아서 밤을 새운다는 건 고문을 자처하는 행위 그 이상도 이하도 아니었다. 어떻게 궁리를 해 봐도 막막했지만, 그대로 벌러덩 뒤로 자빠져 누워서 편하게 잠들기도 글러 먹었다고 생각했다. 이미 철야 기도하라는 말씀이 생각났기 때문이다. 성령께서 말씀하신 일이라면 따라야 한다는 영적 부담과 새벽까지 앉아서 기도할 수 없다는 육신의 현실적인 설득력 사이에서 번민하다가, 에라 모르겠다는 심정으로 다 덮어 놓고 밤을 지새우기로 작정했다.

그러자 성령께 순종하면 얼마든지 밤을 새워서 기도할 수 있다는 자신감이 생겼고, 그렇게 할 수 있도록 주님이 도와주실 거라는 확신이 생기면서 '아무것도 염려하지 말라(빌 4:6)'는 말씀까지 생각나면서 힘을 보탰다. 그리고 난생처음 이부자리에 홀로 앉아서 밤샘 기도를 시작했다. 막상 방언으로 기도를 시작하긴 했으나, 그때가 저녁 10시경이었는데, 새벽까지 무슨 기도를 해야 할지 그저 막막할 뿐이었다. 그래서 주님께 밤을 새워 가면서 무슨 기도를 하느냐고 여쭈어보았더니 놀랍게도 기도 제목을 떠올려 주셨다.

'교회를 위해서 기도하거라!'

그때까지도 내 문제보다 더 절박하고 중대한 문제는 없다고 생각했기 때문에, 밤을 지새우면서 교회를 위해서 기도한다는 것은 꿈에도 생각해 본 적이 없었다. 더군다나 나는 교인명부에 이름만 올라간 허울뿐인 교인이었다. 그런데도 명색이 교인이라고 주님은 교회를 위해서 밤새워 기도하라고 말씀하신 것이, 참으로 이해하기 어려우면서도 가슴이 먹먹해졌다.

당시에 내가 소속한 교회는 두메산골임에도 불구하고 성장한 교회로 소문이 났을 만큼 교인의 수가 100명이 훨씬 넘었다. 그런 교회를 위해서 밤을 새워 기도할 사람은 내가 아니라 교회의 중직들과 성도들이라고 생각했다. 어쨌거나 성령께서 나한테 교회를 위해서 기도하라고 하셨으니, 아프다고 아우성치는 관절들과 싸우면서 새벽까지 앉아서 기도하지 않을 수 없게 되었다.

명부에 내 이름이 올라간 교회는 그 당시 굉장한 혼란에 빠져 있는 상태였다. 그렇지만 그 교회는 처음 믿음으로 인도해 준 모(母)교회였고, 병들어 죽어 가는 나를 위해 기도하면서 예수께로 이끌어 준 담임목사와 성도들이 있는 교회였다. 그런 교회가 굉장한 혼란에 빠졌는데도 무엇을 어떻게 기도하는 것인지도 몰랐고, 눈만 뜨면 세상의 잣대로 누가 잘못했느니 누가 잘했느니 하면서 판단하고 비판하느라 바쁜 나날을 보내는 중이었다. 그러면서도 한편으론 교회와 담임목사의 안위를 걱정하는 정도였다.

그때는 믿음으로 갓 태어난 성도였기에, 교회를 혼란에 빠뜨린 담임목사가 교회를 떠나는 게 맞다는 중직들과 교인들의 말이 훨씬 더 설득력 있게 들렸고, 주님 안에서는 옳고 그름을 따지고 판단해서 결정하는 정의의 문제가 아니라, 허물을 덮어 주고 품어 주는 사랑의 문제라는 말은 들어 본 적도 없고 알지도 못할 때였다. 더군다나 문제를 주님께 기도로 넘겨서 그분이 해결하시도록 해야 한다는 걸 미처 생각하지 못할 때였다.

성도들도 모였다 하면 비신자들처럼 사태의 시시비비를 가리고 옳고 그름만 따지면서 이쪽저쪽 헐뜯기만 할 뿐, 교회에 모여서 기도한다는 말은 들어 보지 못했다. 물론 나도 교회에서조차 이해하기 어려운 일들이 벌어진 것에 대해서 의아하게 생각만 했을 뿐, 그 문제를 주님께 어떻게 구해야 할지 모르기는 마찬가지였다. 교회가 점점 더 혼란의 수렁으로 빠져들어도 주님께 문제를 해결해 달라고 간절히 요청할 줄도 몰랐다.

그런 처지에 놓인 교회를 보시면서 주님이 오죽 답답하셨으면 교인 수에도 끼지 못하는 나한테 철야 기도를 요청하셨을 정도였으니 말이다. 뭐가 뭔지도 제대로 알지 못하는 내가 철야 기도하는 동안에, 놀랍게도 주님은 교회가 혼란에 빠진 원인에 대해서 하나하나 깨닫게 하셨다.

교회가 혼란에 빠진 원인은 모든 교인이 생각하는 것처럼, 담임목사 가정이 많은 빚에 시달리기 때문도 아니고, 주일예배 때마다 빚쟁이들이 찾아와서 돈을 갚으라고 소란을 피워서도 아니라는 걸 알게 하셨다. 언제든지 교회가 시험에 빠지는 원인은 목회자를 비롯하여 모든 성도가 모여서 기도로 주님께 문제를 넘기지 않았기 때문이라는 걸 알게 하셨다. 한마디로 말하면 교회가 기도하지 않기 때문에 혼란에 빠지고 시험에서 빠져나오지 못한다는 말씀이었다.

음부의 권세가 지배하는 세상에 세워진 교회는, 세상 끝날까지 시험과 유혹이 그치지 않을 것이다. 시험하는 문제가 터질 때마다 성도들이 모여서 주님께 기도하면 어떤 시험도 능히 이길 수 있다는 말씀이었다. 주님은 '두세 사람이 내 이름으로 모인 곳에는(교회) 나도 그들 중에 있다(마 18:20)'고 말씀하셨다. 왜 두세 사람이 모이는 곳에 계시는 것일까? 교회의 기도를 들으시고 문제를 해결하시려고 계시는 것이다. 그러므로 교회의 어떤 큰 문제라도 문제 자체는 문제가 되지 않는다는 말씀이기도 했다. 주님께 기도하지 않는 것이 시험의 수렁으로 자꾸 빠져드는 원인이라는 말씀이었다.

어떤 문제라도 주님께 기도해서 문제를 맡기면 친히 문제에 개입하셔서

서 넉넉히 해결하신다는 말씀이다. 어떤 문제든지 문제는 문제가 되지 않는다는 점이다. 성도들이 합심으로 기도하지 않은 것이 문제일 뿐이다. 그때 교회가 모여서 기도했더라면 문제를 처리하는 성도들의 태도는 백팔십도 달라졌을 것이다. 어떤 문제라도 주님은 사랑 안에서 해결하신다는 것을 깨닫기까지는 나도 오랜 시간이 더 필요했다.

주님이 깨닫게 하신 첫 번째는 교회가 엄청난 혼란에 빠졌는데도 기도하는 성도들이 없다는 것이다. 문제가 해결되지 않는 원인이 기도하지 않기 때문이라고 말씀하셨다. 나는 교회를 다니지 못하기 때문에 기도하는 사람이 있었는지 없었는지 전혀 알지 못한다. 아마도 기도하는 성도란 주님과 친밀하게 영적으로 소통하며 성령의 뜻을 깨닫는 사람을 의미할 것이다. 온 교회가 분열되고 혼란에 빠졌는데도 기도하는 성도가 없다고 하셨다. 이것이 교회가 혼란을 벗어나지 못하는 원인이라고 하셨다.

교회에 문제가 발생하면 교회의 주인이신 예수께서 해결하시길 원하신다. 그래서 성도들이 교회의 주인에게 기도로 교회의 문제를 넘겨주길 간절히 원하신다. 주님은 어떤 문제라도 능해 해결하실 수 있기 때문이다. 그래서 기도가 어떤 문제든지 해결하는 만능의 열쇠이다.

그리고 두 번째는 담임목사를 다른 교회로 보낸다고 하셨다. 이 교회에서 은퇴할 때까지 목회하기를 원했던 담임목사는, 젊은 시절에 어려운 농촌 교회로 부임해서 성도들을 양육하면서 냇가에서 모래를 실어다가 손수 벽돌을 찍어서 예배당을 건축하고, 지금과 같은 2층 건물을 세웠다. 당시는 나라 경제도 어려웠고 성도들의 가정도 심히 어려웠던 시절이어서, 교회 건물을 건축하는 동안에 재정이 어려워지면서 담임 목사는 사례비조차 제대로 받지 못했다. 그런 형편에서 자녀들의 학비 문제로 생활고에 시달리던 사모가 주님께 엎드려 기도하지 못하고, 성도들에게 돈을 빌리기 시작한 것이 문제의 발단이었다.

시골 교회에서 사례비 외에는 특별한 수입이 없으면서도 장성한 자녀들의 뒷바라지는 더 커지게 되었고, 성도들에게 돈을 빌리는 횟수가 점점 더 늘어나다가 감당하기 어려운 지경에 이르자, 인근에 사는 비신자들에게 돈을 빌리면서 빚은 눈덩이처럼 불어났다. 그러다가 결국 예배 때마다 근동에 사는 어른들이 찾아와서 돈을 갚으라고 소란을 피우는 사태까지 벌어졌다.

이 문제를 해결하려고 교회 중직들이 모여서 담임목사를 내보내자는 결론을 내렸다. 빚을 갚을 능력이 없는 담임목사만 교회에서 내보내면, 인근에 사는 채권자들의 돈을 갚지 않아도 된다는 생각이었다. 이런 결정에 중직들과 전 성도들의 마음이 하나로 뭉치기 시작했다. 이 결정은 수십 년 동안 교회를 위해서 헌신한 담임목사를 쫓아내는 일이고, 땅을 일궈서 힘겹게 모은 돈을 빌려준 인근에 사는 동네 사람들의 돈을 몽땅 떼먹는 결정이었다.

나중에 깨달은 것이지만, 주님은 많은 이들이 억울하게 당하는 결정을 교회가 내리도록 허락하지 않는다는 것이다. 언제라도 교회의 주인은 주님이시다. 그러므로 교회에 문제가 발생하면 주님이 약속하신 말씀을 먼저 살펴보아야 하는 이유이다. 그리고 그 문제를 놓고 주님께 기도로 말씀드려야 한다. 어떤 이유로도 교회는 복의 발원지이지 억울함의 발원지가 되어선 안 된다. 복의 근원이신 주님이 주인이신 교회는, 말씀을 따라 행함으로 복을 누리고 세상에도 복을 끼치는 곳이다.

생활고에 시달리다가 빌린 돈을 갚을 능력이 없는 담임목사를 맨몸으로 쫓아내고, 착한 마음으로 돈을 빌려준 인근에 사는 동네 사람들의 구슬땀이 밴 돈을 몽땅 떼이도록 교회가 결정하면 안 되는 이유이다. 온 교회가 조금씩 합력하여 담임목사의 빚을 감당했다면 교회의 주인이신 예수께서 영적인 풍요는 물론이고, 가정마다 재정도 차고 넘치도록 부어 주셨을 것이라고 확신한다.

> 주라. 그리하면 너희에게 줄 것이니 곧 후히 되어 누르고 흔들어 넘치도록 하여 너희에게 안겨 주리라. 너희가 헤아리는 그 헤아림으로 너희도 헤아림을 도로 받을 것이니라
> - 눅 6:38

백 명이 훨씬 넘는 성도들이 모여서 일심으로 기도했더라면, 하나님의 놀라운 역사가 일어났으리라. 위기가 곧 기회이다. 하나님의 능력은 위기 속에서 영광을 드러내신다. 그러면 문제는 기회로 작동했을 것이고, 교회는 더욱 부흥했을 것이다. 그러나 아무도 기도하지 않았다. 담임목사만 떠나면 교회는 안정되리라고 기대했다. 그러나 성령께선 담임목사가 떠나면 교회는 더욱 혼란에 빠지고 많은 성도가 떠날 것을 알게 하셨다.

성령께서 이런 속사정을 나누시려고, 교인의 수에도 끼지 못하는 나한테 교회를 위해서 철야 기도하라고 말씀하신 것을 생각하니 마음이 너무나 아프고 슬퍼서 많이 울었다. 게다가 교회가 혼란에 빠졌는데도 기도하는 성도가 하나도 없다는 게 너무나 충격적이었다. 교회가 주님과 기도로 소통하지 않고도 어떻게 든든히 설 수 있는지 이해하기 어려웠다.

모든 것보다 더 놀란 것은, 명색이 이름만 교회 명부에 올라간 나한테

교회에 대해서 말씀하시는 주님이었다. 그랬다! 교회의 주인은 주님이시다. 주님은 수만 명의 군중이 모였어도, 믿음으로 기도하는 단 한 사람을 찾으신다는 중요한 의미를 깊이 경험하게 하셨다.

밤새 꼬부라진 무릎을 세우고 고문당하는 자세로 앉아 기도하면서, 교회 문제로 근심하시는 주님의 마음의 언저리에서라도 머물러 기도하면서 많이 울었다. 앞으로 더욱 혼란에 빠질 것을 생각하면서 울었다. 나를 주께로 인도해 주신 담임목사가 떠나지 않길 간절히 기도했으나, 다른 교회로 보낸다고 말씀하셔서 울었다. 그리고 한 가지 더 알게 하신 것은, 담임목사를 다른 교회로 보내는 건 주님이 하신 일이지만, 교회에서 벌인 결정들은 사단의 조종에 넘어간 것이라고 하셨다.

밤새워 기도를 시작할 때, 새벽까지 앉아서 무슨 기도를 해야 할지 몰라서 막막했던 처음과 달리, 주님과 소통하는 7시간 정도의 기도는 길게 느껴질 겨를이 없었다.

밤샘 기도를 마치고 담임목사한테 전화를 걸어서 성령께서 알게 하신 것들을 모두 전달했다. 그러나 지금까지도 이런 이야기를 누구에게 사사로이 나누어 본 적은 없었으나, 교회를 위해서 여기에 처음으로 기록했다.

당시에 초신자였던 아버지를 포함한 한두 명의 성도가, 젊은 시절에 부임해 와서 은퇴가 멀지 않았고, 오직 교회 성장만을 위해서 헌신했던 담임목사가 비리를 저지른 것도 아니고, 생활고에 시달리다가 발생한 채무를 제때제때 갚지 못해서 누적된 빚인데 쫓아낼 것이 아니라, 십시일반으로 교인들이 빚을 나누어지고 이 고비를 넘기자고 설득했으나 씨알도 먹히지 않았다.

그 후로 담임목사는 아쉬움을 뒤로하고 다른 지방으로 떠났다. 그리고 새로운 목사가 부임해 왔다. 그러나 담임목사만 떠나면 교회가 안정되리라 확신했던 예상은 완전히 빗나가고 더 큰 혼란에 빠졌다. 담임목사가 자기를 지지하지 않는 중직들과 불평하는 성도들을 직분에서 배제하고 공개적으로 비난하면서 쫓아내는 바람에 굉장한 동요가 일기 시작했다. 그 후로 교인들이 무더기로 교회를 떠나는 사태가 벌어졌다.

그때 교회 건물처럼 보이는 건물에서 수많은 천사가 무리를 지어서 한꺼번에 빠져나오는 장면을 보여 주셨다.

교회는 주님이 함께 계신다! 교회의 주인이 주님이신 것이 얼마나 안심이 되는가! 여기서 말하는 교회는 건물이 아니라 '주는 그리스도시요, 살아 계신 하나님의 아들'이라고 고백하는 성도들의 모임이다. 그러므로 성도들의 주인은 주님이시고, 교회는 주님을 주(主)로 섬기는 곳이다. 그래서 '너희 중에 두 사람이 합심하여 무엇이든지 구하면 하늘에 계신 내 아버지께서 그들을 위하여 이루게 하신다(마 18:19)'고 약속하셨다.

교회는 음부의 권세가 지배하는 세상에 세워졌기 때문에, 세상 끝날까지 문제가 끊이지 않을 것이고, 성도들의 기도는 더더욱 그치지 않을 것이다. 그러므로 주님도 성도들의 기도를 들으시고 가르치고 양육하시려고, 세상 끝날까지 교회를 떠나지 않을 것이다. 이런 교회가 주께서 친히 성도들을 돌보시도록 기도로 맡기지 않는다면, 친목 단체 그 이상도 이하도 아닐 것이다.

그런데도 교회에 문제가 생겨도 교회의 주인이신 예수께 문제를 맡기면서 해결해 달라고 성도들이 합심하여 기도하지 않고, 밤새워 자기들끼리 토론을 벌이고 시시비비를 따지면서 옳고 그름을 판단하고 다수결에 의해서 모든 문제를 결정한다면, 과연 그곳이 친목 단체이지 교회라고 할 수 있겠는가! 주님 앞에 문제를 펼쳐 놓고 기도하지 않는 교회는 진정한 교회라고 말하기 어렵다.

    세상 끝날까지 교회는 문제가 그치지 않을 것이다. 그러므로 세상 끝날까지 교회는 기도를 쉬지 못할 것이다. 그러므로 세상 끝날까지 주님도 교회를 떠나지 않으실 것이다.

> 두세 사람이 내 이름으로 모인 곳에는 나도 그들 중에 있느니라
> - 마 18:20

병원에서 고쳤다

　류머티스 관절염은 예나 지금이나 불치병이다. 그러나 어떤 불치병이라도 몸의 저항력에 따라서 가볍게 건강을 회복시키는 이들이 있는 것처럼, 이 병도 감기처럼 가볍게 건강을 회복하는 이들도 많다. 하지만 나처럼 독한 약물을 복용하면서 병세를 더 악화시키는 바람에, 펄펄 날뛰는 통증에 시달리다가 관절들이 다 망가지고 뒤틀어지고 굳어 버려서, 꼼짝없이 누워 있다가 죽음으로 내몰리는 병이기도 하다.

　나도 주님을 만나지 못했더라면, 젊은 나이에 비참한 모습으로 생을 마감했을 것이다. 그래서 주님을 만나지 못한 어떤 화려한 삶이라도 전혀 부럽지 않은 이유이다. 질병을 고친 것보다 주님을 만난 것이 훨씬 더 중요하다. 주님을 진짜로 만나서 친밀한 관계가 되면 어떤 질병이든지 떠나지 말라고 붙잡고 매달려도 삼십육계 줄행랑을 놓는다. 믿음으로 병을 고친 경험이 있는 자라면 이 말의 의미를 즉시 깨달아 알 것이다.

　나는 죽음으로 떠밀려 들어가는 문턱에서 겨우 주님의 손을 붙잡았다. 그리고 모든 병을 고치시는 의사 예수께서 내 병을 고쳐 주시고, 꼬부라진 사지를 다시 펴고 일어나서 걷게 하셨다. '일어나서 걸을 테니 두고 보라'고 확신했던 내 믿음대로 꼬부라진 몸을 펴고 다시 일어나서 걷게 되었다.

믿음은 바라는 것들의 실체(히 11:1)이다. 마태복음에도 '예수께서 그들의 눈을 만지시며 이르시되 너희 믿음대로 되라 하시니, 그 눈들이 밝아진지라(마 9:29)'고 기록되었다. 눈이 밝아진 그들은 아무에게도 말하지 말라는 주님의 엄한 경고에도 불구하고 온 땅에 소문을 퍼뜨렸다. 나는 그들의 심정을 백번 이해하고도 남는다. 캄캄한 암흑 속에서 살던 그들이 하루아침에 눈을 뜨고 모든 사물을 훤히 볼 수 있게 되었는데, 어떻게 소리 소문도 내지 못하고 꾹꾹 참을 수 있겠는가!

나도 환자들을 만나기만 하면 침이 마를 정도로 하나님이 살아 계심과 주님의 사랑과 은혜를 자랑했다. 예수를 진짜로 믿기만 하면 어떤 병에 걸렸어도 고칠 수 있다고 소문을 냈다. 젊은 나이에 사지가 꼬부라져서 비참하게 죽어 가던 내 운명을 바꿔 놓으신 하나님의 놀라운 사랑과 크신 은혜를 자랑하지 않고, 어떻게 입을 꾹 닫고 말하지 않을 수 있겠는가! 더군다나 '너처럼 병들어 소외되고 절망하는 이들에게 이 소식을 전해서 함께 기뻐하다가 천국에 오라'고 말씀하신 성령의 음성을 어찌 외면할 수 있겠는가!

질병은 완전히 떠났으나, 주님을 만나기 전부터 물렁뼈가 소실되고 망가지고 부서진 관절마다 심한 장애를 피하지 못했다. 이런 상태의 관절인데도 지금 나는 걷는다. 10년 가까이 활동이 정지되었던 관절과 근육들이, 발을 땅바닥에 디디는 순간 으스러지는 듯한 통증이 폭발했다. 몸무게를 지탱할 근육의 힘이 제로 상태였던 다리는, 한 발을 앞으로 내뻗기까지 무려 1년 가까이 힘을 기르는 시간이 필요했다. 관절마다 나무 목다리가 매달린 것처럼 뻣뻣하기만 했으나 한 걸음씩 앞으로 내뻗었다. 외줄을 타듯이 아슬아슬하게 한 걸음을 떼노라면 재기를 예상하던 식구들조차도 기대를 접어야 했을 정도였다.

　나를 초대했던 어떤 곳에서는 주님이 내 병을 고쳐 주시고 앉은뱅이를 일으켜서 다시 걷게 하셨다는 간증을 전했을 때, 하나님이 병을 고쳐 주지 않았는데도 고쳐 준 것처럼 거짓말하면 비참한 결과를 맞이한다고 협박하기도 했다. 어떤 이는 간증을 전하는 도중인데도 느닷없이 올라와서 마이크 앞에 바짝 붙어 있는 내 앞으로 비집고 들어와서 뒤로 벌러덩 넘어갈 뻔하기도 했다. 심지어 교인들에게 하나님이 병을 고쳐 주었다는 거짓말로 동정심을 불러일으켜서 돈이라도 몇 푼 얻어 내려고 그런다는 비렁뱅이 취급을 당하기도 했다.

　그러나 누가 나를 막을 수 있으랴! 하나님이 병을 고쳐 준 것처럼 거짓말하지 말라고 위협하거나 돈 몇 푼 빌어먹으려는 비렁뱅이 노릇을 그만하라고 협박 공갈을 쳐도, 10년 가까이 새우처럼 꼬부라져서 죽어 가던 나를 사망으로부터 구출해 주시고, 불치병을 고쳐 주시고, 다시 일으켜서 걷게 하신 하나님의 사랑과 은혜를 자랑하는 나를 막을 수 없다.

　걸음걸이가 부실하고 자라처럼 기우뚱거리며 걸어도 10년 가까이 단 한 번도 땅을 디뎌 보지 못한 채로 새우처럼 꼬부리고 누워서 살았던 내가 다시 일어나서 걷고 있는데, 이런 나한테 두려운 것이 무엇이 있었으랴! 나는 세상에서 소유한 것이라곤 망가지고 뒤틀어진 몸뚱어리밖에 없으니, 잃어 봐야 이 몸뚱어리밖에 더 있겠는가! 그런 내가 무엇이 겁나는 게 있고, 무엇이 두려운 게 있겠는가!

　내 병을 고쳐 주시고 다시 걷게 하신 분이 '네가 벌거벗은 몸으로 올래?' 그리고 '너처럼 병들고 소외되고 절망하는 이들에게 이 소식을 전해서 기쁨과 평화를 누리다가 함께 천국으로 오라!'고 말씀하셨다. 나의 주(主)는 예수님이시지, 협박 공갈치고 위협하는 그 누구도 아니다. 주님이 고쳐 주셨는데, 어떻게 고쳐 주지 않았다고 거짓말을 할 수 있으랴! 내가 다시 걸어서 세상에 나오게 된 건 하나님이 살아 계신 증거이고, 주님의 약속이 진실이라는 증거이다. 이 세상뿐만 아니라 영원한 천국이 실재한다는 증거이다!

주님을 영접한 초기에 나는 이렇게 결심했다. 만약에 성경에 약속한 말씀을 믿고 죽기 살기로 매달리고 따랐는데도 약속한 결과가 나타나지 않으면, 주님의 약속은 말짱 거짓말이고, 말짱 허풍쟁이 뻥 때리는 말이라고! 주님의 약속은 거짓말이고, 기도를 들으시고 응답하신다는 하나님이 살아 있다는 것도 말짱 다 뻥짜이고 거짓말이라고!

다른 환자들은 어떨지 모르겠지만, 나는 약속한 말씀을 진실로 믿고 따랐는데도 병이 고쳐지지 않는다면, 평생 누워서 먹고 싸면서 짐승처럼 살아야 한다. 그건 죽음을 자행하지 않을 수 없게 만드는 처절한 삶이다. 이렇게 사는 삶이 얼마나 참혹한지, 상상이라도 해 본 사람이 있는가! 그러니까 죽기 살기로 기도에 매달린 거고, 죽기 살기로 말씀을 따른 거고, 죽기 살기로 찬양과 경배를 드린 것이다. 그런 후에 네 믿음대로 된다는 약속이 이루어지지 않는다면, 하나님을 깨끗이 포기하고 세상을 떠나기로 작심한 사람이다. 중환자들이 종일 통증만 생각하면서 병이 고쳐지기를 기대하는 걸 보면, 참으로 안타까워 보이기도 하지만 너무나 한심해 보이는 이유이다.

사람이 마음으로 믿어 의에 이르고 입으로 시인하여 구원에 이르느니라
- 롬 10:10

> 그러므로 내가 너희에게 말하노니 무엇이든지 기도하고 구하는 것은 받
> 은 줄로 믿으라. 그리하면 너희에게 그대로 되리라
> - 막 11:24

그러나 나는 마음으로 믿고 입으로 '일어나서 다시 걸을 테니 두고 보라!'고 시인했던 대로 일어나서 다시 걷게 되었다. 이 세상의 수단과 방법으로는 다시 일어나서 걷기는 불가능했다. 일어나는 건 그만두고라도, 손가락 한 마디조차 사용할 수 없었다. 그런데도 놀라운 사실은 믿음을 시인하고 주장할수록 다시 일어나서 걸을 수 있다는 확신이 생긴다는 점이다. 바라고 소망하는 실체를 만드는 것이 믿음임에는 분명하다. 기도하고 구한 것을 받은 줄로 믿고 '다시 일어나서 걸을 테니 두고 보라'고 호언장담하던 내 믿음은, 현실로 나타나서 모든 이들이 보는 것처럼 걸어 다닌다.

하지만 나는 누구에게 안수받고 하루아침에 꼬부라진 사지를 쭉 펴고 일어나서 걷고 뛰는 것이 아니다. 약속한 말씀을 믿고 따라서 행동하다가 다시 일어나서 걷게 되었다. 수천 년 전에 예수께서 약속하신 말씀이 지금도 믿고 따르는 자들에게 그대로 이루어진다는 것은 참으로 경천동지할 일이다. 나는 예수님과 말씀 외에 아무것도 뵈는 게 없었다. 정말 그랬다! 하나님이 살아 계신다면 당신도 그렇게 하지 않겠는가? 나는 이 소식을 전하려고 누가 병들었다는 소식만 들으면 찾아갔다.

"매달려! 예수님한테 무조건 매달리기만 해 봐! 우리 딸을 보니께 예수님한테 매달리기만 하면 다시 일어나서 살더먼!"

나를 가장 가까이서 지켜본 아버지가 환자를 만나기만 하면 권하는 말

이었다. 어리석어서 예수한테 빠졌다고 핍박하던 아버지가 예수님한테 매달리면 산다고 주장하게 만드는 주님의 역사가 얼마나 대단한가! 주님의 역사는 이렇게 놀라웠다. 나는 예수님의 말씀을 믿고 기도하고 매달린 것 말고는 아무것도 한 일이 없었다. 그러니 내가 주님을 어떻게 자랑하지 않을 수 있겠는가! 주님을 증언하는 일보다 더 행복하게 만드는 일은 세상에 존재하지 않았다.

그때는 지금만큼 깨닫지는 못했으나, 돌아보면 성령께서 말씀 가운데로 인도하셨고, 성령께서 감동하신 대로 믿고 따랐다는 것이 얼마나 감사하던지! 나중에 더 분명하게 깨달은 것은, 하나님께 응답받으려고 애걸복걸 매달리면서 울부짖으면서 얼마만큼 통곡하고 울었느냐의 문제가 아니라, 예수께서 약속하신 말씀대로 순종하느냐 불순종하느냐의 문제라는 걸 알았다.

질병을 고치느냐 못 고치느냐 하는 것도, 주님이 약속하신 말씀을 믿고, 말씀이 무엇을 하라고 말씀하신 대로 순종하느냐의 문제라는 것도 확실하게 깨달았다. 말씀이 곧 하나님의 응답이었다. 말씀이 문제를 해결하는 처방전이고, 그대로 행하면 약속한 열매가 응답으로 나타난다. 그러니까 말씀 자체가 곧 하나님의 응답 자체이다. 지금 하나님께서 새로 보내 줄 응답이 없다는 말이다. 말씀이 곧 응답이니까!

말씀은 이 땅에서 만나는 어떤 문제든지 해결하고 치료하는 처방전이다. 처방전을 따라서 행동하면 그대로 된다. 말씀이 하라는 대로 행동하기를 싫어하면서 밤새 울부짖어도 응답이 없는 이유이다. 하나님은 예수님의 말씀을 통해서 이미 다 응답하셨다. 깨닫는 자는 복이 있을 것이다!

내가 내 아버지께 들은 것을 다 너희에게 알게 하였음이라
- 요 15:15

어느 날은 낯선 아주머니가 전화를 걸었다. 그리고 다짜고짜로 이렇게 물었다.

"소문을 들으니께, 정인숙 씨가 병원에서 병을 고치고 걸어 다닌다는데 맞나유?"

이게 무슨 허깨비 망상과 같은 질문이란 말인가! 그러나 나는 당황하지 않았다. 마을 사람들을 비롯하여 내가 어떻게 투병 생활했는지를 아는 단 한 사람도, 병원에서 내 병을 고쳤다고 말하는 사람이 없기 때문이다. 나는 한 마디로 잘라 말했다.

"저는 병원에서 병을 고친 적이 없는데요!"

"소문을 들으니께, 병원에서 수술하고 다시 걷는다고 하던디유?"

"오금이 붙은 다리를 정형외과적인 수술로 펴 놓은 것은 맞지만, 류머티스 관절염을 병원에서 고친 적은 없는데요!"

"그게 병원에서 고친 게 아니면 뭐래유?"

"제 병을 고쳐 주신 분은 하나님이신데요!"

"그렇다면 병원에서 수술하고 걷는다는 소리는 뭐래유?"

"병원에서 수술한 건 맞지만 병을 고쳐 주신 건 하나님이라는 말인데요!"

"난 무슨 말인지 도무지 헷갈려서 알아들을 수가 없네유! 새로 오신 목사님도 설교 시간에 분명하게 말했다는데유! 정인숙 씨는 하나님이 병을 고쳐 준 게 아니라, 병원에서 병을 고쳤다고유. 병원에서 고친 병은 병원에서 고친 병이지, 하나님이 고쳐 준 병이 아니라고, 분명하게 말했다는데

유. 교인들이 다 그렇게 말하대유!"

　아주머니는 새로 부임한 목사를 소환하면서까지 병원에서 병을 고치지 않았느냐고 종주먹을 들이댔다. 아주머니는 내 병을 누가 고쳐 주었는지 꼬치꼬치 따지지 않을 수 없는 류머티스 관절염 환자였다. 내가 다시 일어나서 걷는다는 소문을 들은 이분은, 소문의 진위를 확인하려고 목사한테 전화를 걸었을 정도로 절박한 상황이었다.

　"정인숙 씨는 하나님이 병을 고쳐 준 게 아닙니다! 병원에서 고쳤어요. 병원에서 고친 병은 병원에서 고친 것이지, 하나님이 고쳐 준 게 아닙니다!"

　새로 부임한 목사로부터 이런 답변을 듣고도 아주머니는 그대로 물러설 수 없었다. 교회를 다니지 않는 동네 사람들은 하나님이 병을 고쳤다고 하는데, 정인숙 씨가 소속한 교회의 담임목사는 병원에서 병을 고쳤다고 말하니, 도무지 뭐가 진실인지 헷갈리기만 해서, 그날은 소문의 당사자인 나한테 직접 전화를 걸었다는 것이다.

　"그렇다면 한가롭게 누워만 계시면 어떡해요! 아주머니도 빨리 병원에 가서 병을 고치서야죠!"

　"나도 안 가 본 병원이 없슈! 전신 마디가 한 마디도 빼놓지 않고 다 아픈데, 좋다는 병원마다 안 가 본 데가 어디 있겠슈! 손으로 살짝만 건드려도 비명을 질러 대는데유, 무르팍 한 군데 수술했다고 해서, 걸음을 걸을 수 있겠슈? 그렇다면 나도 예전에 수술하고 걸어 다니지, 지금까지 누워 있겠슈! 발가락 마디마디 안 아픈 곳이 없슈! 발목은 통통 부어서 일어서기도 힘들어유! 엉덩이관절은 숨이 넘어갈 정도로 무지하게 아퍼유. 마디마디가 안 아픈 곳이 하나도 없는데, 어디 한 군데 수술한다고 해서 걸을 수 있겠슈?"

"아주머니가 저한테 병원에서 고친 거라고 했잖아요?"

"오죽하니 말 같지 않으면 전화를 직접 걸었겠슈! 정인숙 씨가 예수 믿고 다시 걷는다는 소문이 동네마다 파다하게 퍼졌는데, 목사님은 병원에서 병을 고치고도 하나님이 고쳐 주었다고 거짓말한다고 말하니, 내가 직접 확인하지 않을 수 없잖유? 아무리 생각해도 병원에서 고쳤다는 게 거짓말 같아서유. 의사들도 이 병은 못 고치는 병이라고 말하는데, 목사가 왜 그렇게 함부로 말하는지 모르겠네유! 병원에서 고칠 수 있는 병이라면, 지금까지 꼼짝 못 하고 누워서 살겠슈?"

"오금이 붙어 굳어 버린 무릎을 병원에서 수술한 것은, 단순히 뼈를 다친 교통사고 환자가 정형외과적인 수술을 한 것과 같이, 단순히 외과적인 수술을 한 것뿐이에요. 당시에도 병을 위해서 진통제 한 알도 먹지 않았어요. 아주머니도 알다시피 지금도 류머티스 관절염을 치료하는 치료제는 없어요. 제가 다리를 수술한 것도, 질병이 떠났기 때문이었어요. 아주머니도 알다시피 관절마다 통증이 어마어마한데 어디 한 군데 수술했다고 해서 다시 걸을 수 있겠어요? 건강한 다리도 병들면 주저앉아서 걷지 못하는데, 10년 가까이 꼼짝 못 하고 누워서만 지낸 사람이, 꼬부라진 무릎을 폈다고 해서 저절로 걸을 수 있다고 생각하세요? 수술한 의사도 현 상태로는 재기가 어렵다고 했을 정도였어요!"

"맞아유. 정인숙 씨 말이 맞아유!"

"저는 염증 수치가 건강한 사람보다도 훨씬 더 깨끗해요. 다만 이 병이 오래 머물면서 물렁뼈가 소실되고 관절들이 망가지고 뒤틀어져서 재기하기가 힘들다고 했지만, 지금 이렇게 걸어 다니잖아요! 관절이 망가졌든 뼈가 뒤틀어졌든지 상관없이 이렇게 걸어 다니잖아요!"

"어떡하면 나도 이 병을 고칠 수 있대유?"

"예수님을 믿으세요! 내가 소개할 분은, 모든 병을 고치시는 의사 예수 말고는 달리 소개할 분이 없어요!"

"나도 예수 믿으면 병을 고칠 수 있을까유?"

"당연하죠! 예수를 진실로 믿고 말씀을 따라서 순종한다면, 너무나 당연히 병을 고칠 수 있어요. 예수님은 못 고치는 병이 없어요! 그러니 일단 교회부터 나가세요. 그래야 주님의 말씀을 들을 수 있어요. 믿음은 말씀을 들어야 생기는 거예요. 믿음으로 구원받으면 하나님을 경배하고 찬양할 수 있어요. 교회는 말씀을 가르치고 믿음을 세워서 구원받고 치료받을 수 있는 기회를 제공하는 곳이에요. 말씀을 믿고 따르면 어떤 병이라도 고칠 수 있어요."

"그런데 교회를 열심히 다닌다는 사람들도 아픈 사람이 많은데, 그건 왜 그런가유?"

"교회를 다녀도 아픈 사람에 대해서 궁금해하지 마시고, 믿음으로 병을 고친 사람이 어떻게 믿었기에 병을 고쳤는지 그걸 궁금해하세요!"

"정인숙 씨는 어떻게 믿어서 병을 고쳤슈?"

"극성맞을 정도로 하나님께 기도하고 찬송가를 불렀다는 제 소문을 들었다면서요? 극성맞을 정도로 믿고 매달리면 병을 고칠 수 있어요. 주님의 말씀을 믿되, 병이 더 아프거나 덜 아프거나 조금도 흔들리지 말고 끝까지 말씀을 믿고 따르면 돼요!"

"정인숙 씨가 예수한테 빠졌다는 소문이 동네방네 요란했슈."

"바로 그거예요! 예수한테 빠졌다는 소문이 요란할 정도로 믿고 매달리면 병을 고칠 수 있어요!"

"그게 어디 아무나 할 수 있는 일이겠슈?"

"바로 그거예요. 교회를 다니면서도 병을 고치지 못하는 이유가요! 쉽지 않아요. 그러나 병을 고치려면 그렇게 해야 해요! 그리고 이걸 아서야 해요. 사람은 죽어도 영원히 죽지 않는 영혼이 있다는 것을 아서야 해요. 이것을 아는 것이 믿음으로 병을 고치기에 앞서 훨씬 더 중대한 문제거든요."

"죽으면 끝나는 게 아닌가유?"

"사람이 죽으면 모든 게 끝난다면 문제는 간단합니다. 죽으면 다 끝나니까요. 그런데 병든 문제보다 더 중요한 것이 사람은 죽어도 영원히 죽지 않는 영혼이 있어요!"

"그게 믿어진단 말유?"

"예! 저도 몰랐으나 예수께서 영원히 사는 영혼이 있다는 것을 알게 하셨어요. 저는 주님의 말씀을 진실로 믿어요. 육신이 잘 되려면 먼저 영혼이 잘되어야 한다는 것도 알았어요. 영혼이 잘되는 길이 예수를 믿고 따르면 된다는 것도 알았어요! 그래서 예수님을 믿고 따른 거예요!

제가 병을 고친 것은 예수님의 말씀들이 모두 진실이라는 것을 증명하는 거예요. 저는 예수님이 하신 말씀은 다 진실로 믿어져요. 제가 믿지 못했더라면 병을 고치지 못했겠죠. 병을 고치려면 주님의 말씀을 믿고 따르면 돼요. 예수께서 채찍에 맞으셔서 믿음으로 병을 고친다는 말씀(벧전 2:24)도 믿지만, 사람이 죽은 후에는 심판이 있다(히 9:27)는 말씀도 진실하게 믿어요. 예수께서 우리 죄를 대신 짊어지고 십자가에서 죽은 것도 믿지만, 예수를 믿으면 구원받는다는 말씀도 믿어요. 이런 제 믿음이 병을 고쳤어요."

"정인숙 씨가 예수한테 빠져서 날마다 기도하고 찬송가에 매달린다는 소문이 맞기는 맞는 거 같네유!"

"하나님이 알아서 고쳐 주는 게 아니에요. 말씀이 하라는 대로 따라야 해요. 가만히 누워서 병이 고쳐지는 날을 기다리는 일이 아니에요! 짐승처럼 한자리에 누워서 먹고 싸면서 살 수는 없잖아요. 아주머니도 그렇게 누워서 살 수 없어서 저한테 어디서 병을 고쳤는지 확인하시는 거잖아요!

 주님은 믿기만 하면 병을 고칠 수 있다고 하셨어요! 믿고 매달려서 병을 고칠 수 있다면 매달려야죠. 주님이 기뻐하시는 일이면 무엇인들 못 하겠어요! 날마다 기도하고 찬양하는 건 얼마든지 할 수 있어요. 병을 고친다면 그보다 더한 것도 할 수 있어요! 그런데 하물며 기도하고 찬양하고 말씀에 순종하는 것쯤이야 못 할 게 뭐가 있어요. 예수를 몰랐을 때는 어쩔 수 없지만, 어떻게 하면 병을 고칠 수 있는지를 알았는데, 말씀에 순종하는 것이 아무리 어려워도 통증보다 더 힘들지는 않아요!

 의심하지 말고 믿기만 하라는데 그게 무엇이 어려워요? 저는 믿음을 놓칠 수 없었어요. 믿음을 놓쳐 버리면 꼬부라진 육신이 보이고, 육신을 쳐다보면 죽는 길밖에 다른 길이 없는데, 어떻게 약속한 말씀을 붙잡지 않을 수 있어요. 말씀을 붙잡으면 살길이 보이는데 어떻게 말씀을 놓을 수가 있어요. 믿음은 내가 바라는 모든 것을 현실로 만들어 주는 실체라는데, 병을 고치려고 소망하면 다 고칠 수 있다는데요. 절망하는 어떤 문제라도 믿기만 하면 해결할 수 있다는데요. 누구든지 말씀을 믿고 따르면 무엇이든지 원하는 대로 된다는데요. 저는 지금도 장담할 수 있어요! 믿기만 하면 원하는 것이 무엇이든지 다 된다고요!"

"어떡하면 그렇게 믿어질 수 있대유? 나도 정인숙 씨처럼 믿어 보고 싶어유. 나는 도무지 안 믿어져유!"

"믿음은 노력으로 되지 않아요. 말씀을 좋아하고 환영하고 영접하면 믿어지는 놀라운 일이 마음에서 일어나요. 그렇게 되려면 통증만 생각하고 누워서 종일 병만 묵상하면 안 돼요. 말씀을 들을 수 있는 기회를 만드세요. 믿음은 주님의 말씀을 들어야 생기거든요. 주일날 한 번만 교회에 가는 것이 아니라, 새벽에도 가고 저녁 예배도 참석하여 전하는 말씀을 계속해서 들으세요. 믿음이 성장하려면 주님의 말씀을 듣고 순종하셔야 해요. 아무리 말씀이 좋아도 순종하지 않으면 믿음은 성장하지 않아요. 저도 말씀을 듣다가 믿음을 얻었고, 말씀을 믿고 따르면서 성장했고, 말씀에 순종하여 기도하고 예배드리고 찬양을 드리다가 지금처럼 걷게 된 거예요. 믿음이 성장하는 지름길은 따로 없어요."

"예수를 믿어도 그렇게 확실히 믿긴 믿어야 하는데!"

"건강할 때는 육체를 따라서 살았지만, 병들어서 아무짝에도 쓸모없게 되었을 때, 비로소 말씀을 따라서 살아가려고 몸부림친 거예요!"

"나도 정인숙 씨처럼 확실하게 믿고 싶어유!"

"처음부터 그렇게 믿는 사람이 어디 있을까요? 아주머니는 예수를 믿지 않으면서도 믿고 싶다고 하지만, 저는 예수 믿는 사람을 가장 싫어했어요."

"그럼 내가 어떻게 하면 돼유?"

"아주머니가 가장 급하게 해야 할 일은 교회로 나가서 열심히 말씀을 듣고 기도하는 일이에요."

"교회에 나가는 일이 가장 급하다는 말이네유?"

"그렇죠! 교회에 나가야 말씀을 들을 수 있고 말씀을 들어야 믿음이 생기니까요!"

"알았슈! 이번 주부터 교회에 나갈게유!"

나하고 이런 대화를 나누던 아주머니가 교회에 출석했다는 소식을 들었다. 그리고 열심히 신앙생활을 하다가 몸이 많이 호전되었다는 소식도 들었다. 믿음은 이런 변화를 가져와서 실존하는 하나님의 능력을 경험하는 초석이다. 누구든지 하나님의 은혜와 치유를 경험하도록 십자가에 못 박혀 죽기까지 하나님께 순종하신 예수 그리스도의 공로를 두 손 들고 감사하며 찬양하지 않을 수 없는 이유이다! 믿음이란 예수 그리스도의 공로를 믿고 그분의 말씀을 따르고 의지하는 것이다.

즉시 멈춘 딸꾹질

　인근 마을에 사는 말기 암 환자가 병원에서 돌아왔는데, 상태가 워낙 위중해서 하루나 이틀을 넘기기도 어려울 것 같다는 소문이 들렸다. 나는 그 환자를 방문하기로 마음먹었다. 예수를 믿으면 죽을병도 고칠 수 있기 때문이다. 나는 병들어 죽어 가는 내 몸을 믿음으로 살렸다. 그래서 죽어가는 환자가 있다는 소문을 들으면 잠잠히 있기가 어려웠다.

　그리스도의 복음은 기쁜 소식이다. '맹인이 보며, 못 걷는 사람이 걸으며, 나병 환자가 깨끗함을 받으며, 못 듣는 자가 들으며, 죽은 자가 살아난다(마 11:5).' 천하에 이보다 더 기쁜 소식은 없다. 나도 복음의 능력의 혜택을 누린 장본인이다.

　'예수께서 그들의 회당에서 가르치시며, 천국 복음을 전파하시며, 백성 중의 모든 병과 모든 약한 것을 고치셨다(마 4:23).' 이것이 예수께서 행하신 일이고 복음의 핵심이다. 그리스도의 복음을 가르치고 전파되는 곳에서 죽을 몸이 살아나고, 모든 병이 고쳐지고, 귀신이 떠나는 것은 지극히 당연한 일이다. 복음서가 그걸 증언하고 있다. 그리스도의 말씀은 죽어가는 모든 것을 살리는 생명이라는 증거이다. 교회를 다니기 시작한 초기에는 교인들이 다 그렇게 말씀을 믿고 따르는 줄 알았다.

　나는 환자가 죽기 전에 만나려고 급하게 그 집을 찾아갔다. 환자 부인의 안내를 받으면서 대문으로 들어가는데, 무어라 설명하긴 어렵지만, 예리하게 부딪치는 살벌한 어떤 기운이 감지되었다. 아무래도 생사가 맞붙어서 대치하는 상황이라 그런 모양이라고 생각하면서, 환자가 있는 방으로 들어갔다. 병한테 완전히 장악당한 몰골을 쳐다보니, 얼마 전의 내 모습을 꼭 빼닮아서 눈물이 울컥 치밀었다.

"주님! 살려 주소서! 저를 살려 주신 것처럼, 이분도 살려 주소서! 이 순간이 얼마나 두렵고 떨리는지 너무나 잘 알아요. 이분도 한 번만 살려 주소서!"

내가 눈물로 기도하는 동안에, 곁에 있던 가족들도 울면서 기도했고, 환자도 눈물을 흘리면서 마음을 열었다.

"지금 가장 힘든 것이 무언가요?"

"딸꾹질이 며칠째 멈추질 않아서 너무너무 힘들어유! 제발 딸꾹질만 멈추면 살 것 같아유!"

"딸꾹질 때문에 미음 한 모금도 제대로 못 넘겨유!"

곁에서 아내가 하는 말이었다. 몇 마디 말하기도 힘겨울 정도로 딸꾹거렸다. 딸꾹질이 멈추지 않고 계속되면, 죽음이 임박했다는 징조라고 말했던 동네 어른들의 말이 생각났다.

"제가 예수 믿어서 병을 고치고 다시 일어나서 걷는다는 건 다 아시죠?"

"알지유!"

환자가 고개를 주억거리자 부인이 입을 열었다.

"지금도 안방에 시어머니가 계시지만, 우리 집은 조상 대대로 내려오면서 미신을 극성스럽게 섬기는 집이유! 나도 시집을 오자마자 시어머니를 따라서 미신을 열심히 떠받들고 살았슈! 얼마 전까지도 신줏단지를 안방에 두고 모셨네유! 우리 집만큼 경(經)쟁이를 데려다가 경을 자주 읽는 집도 드물 거예유. 음력으로 따지는 절기마다 지키는 것도 많고, 부정 타는 것도 많아서, 예수꾼들을 집에 들인다는 건 아예 상상도 못 해 봤슈! 이 양반이 이 지경이 되니께, 혹시나 살 수 있을까 하여 예수쟁이를 받아들인 거지, 평소 같으면 우리 집 근처엔 얼씬거리지 못했슈! 워낙 마음이 다급하다 보니, 나도 동네 교회를 몇 번 나가 보긴 했슈!"

"그래서 대문에 들어설 때 예리하게 부딪치는 어떤 거부감 같은 것이 있었군요!"

"시어머니는 지금도 아들을 살리려고 저쪽 방에서 치성드리고 있슈!"

"저도 무속이라면 어느 정도 상식이 있어요. 제가 살았던 시집도 그런 집이었어요. 무속은 환자를 가만히 눕혀 놓고 경이나 굿으로 병 고치는 의식을 하더군요. 환자가 무당과 함께 노래하고 춤추면서 치성을 드리진 않잖아요. 환자는 가만히 누워 있기만 하면 무당이 알아서 병 고치는 굿을 하더라고요.

그러나 하나님은 그런 분이 아니에요. 예수가 우리를 구원하신 구세주라는 걸 믿고 받아들여야 해요. 예수께서 모든 병을 고치는 의사라는 걸 믿어야 해요. 믿지 않는 사람은 주님이 도와주실 수가 없어요. 그러나 대개의 환자는 세상만사가 다 귀찮고 아무 소리도 듣기 싫으니, 그저 기도해서 병이나 고쳐 주길 기대한다는 걸 잘 알아요.

저도 그렇게 해 드리고 싶어요. 그렇지만 나는 환자를 고쳐 줄 수 있는 의술이나 능력이 없어요. 그래서 모든 병을 다 고치실 수 있는 의사이신 예수님을 소개하러 온 거예요. 제가 손을 얹고 기도해도 병을 고치는 분이 예수님이기 때문이에요.

제가 어떤 사람이었는지 너무나 잘 알잖아요. 병들어 의식을 잃고 죽어 갈 때, 그야말로 며칠 못 가서 죽게 생겼더라는 소문을 들었을 거예요. 저도 죽음의 문턱까지 끌려갔었으니까요. 제가 환자를 방문한 것도, 못 고치는 병이 하나도 없는 의사이신 예수님을 소개하려고 온 거예요.

나도 그분이 병을 고쳐 주셨어요! 나도 믿기 전에는 전혀 몰랐어요. 그런데 그분은 만병을 고치시는 의사였어요. 환자가 의사의 설명을 잘 듣고 처방해 준 대로 따르는 것처럼, 제가 소개하는 예수님을 믿고 말씀이 하라는 대로 잘 따르면 병은 저절로 고쳐져요. 병 고치는 거 전혀 어렵지 않아요."

나는 미신만을 섬기던 그 가정에서 하나님과 예수님을 소개하기 시작했다. 미신을 섬기던 이들은 눈에 보이지 않는 영적 존재가 있다는 것을 너무나 잘 안다. 어둠의 영들을 가장 많이 활동하고 경험하는 곳이 무속이다. 그들의 보복이 두려워서 수많은 금기 사항을 철저하게 지키는 곳이다. 창조주 하나님만 빼고 모든 신을 다 섬기는 것도 이 때문이다. 나라마다 지역마다 동네마다 각기 다른 이름의 신들을 섬기지만 다 같은 어둠의 영들이다. 사도행전에도 이렇게 기록했다.

> 아덴 사람들아, 너희를 보니 범사에 종교심이 많도다. 내가 두루 다니며 너희가 위하는 것들을 보다가 알지 못하는 신에게라고 새긴 단도 보았으니, 그런즉 너희가 알지 못하고 위하는 그것을 내가 너희에게 알게 하리라
> - 행 17:22-23

알지 못하는 '신에게'라고 새긴 단은, 혹시 알지 못하고 섬기지 못한 신들의 노여움으로부터 화를 당하지 않으려고 만든 단이다. 지금도 그렇지

만, 그때도 수많은 신을 섬기는 것은 건강과 재물과 풍요를 가져다준다고 믿기 때문이다.

> 우주와 그 가운데 있는 만물을 지으신 하나님께서는 천지의 주재시니, 손으로 지은 전에 계시지 아니하시고, 또 무엇이 부족한 것처럼 사람들의 손으로 섬김을 받으시는 것이 아니니, 이는 만민에게 생명과 호흡과 만물을 친히 주시는 이심이라 … 하나님을 금이나 은이나 돌에다 사람의 기술과 고안으로 새긴 것들과 같이 여길 것이 아니니라
> - 행 17:24-25, 29

우주 만물과 그 안에 있는 모든 것들은 하나님이 지으신 피조물이다. 그러므로 하나님은 우주보다 크신 분으로서 사람이 스스로 찾아낼 수 없는 분이다. '내가 곧 길이요 … 나를 통하지 않고는 아버지께로 올 자가 없다(요 14:6)'는 주님의 말씀이 그걸 입증한다. 예수께서 세상에 오시기 전에는 각자 나름대로 하나님을 찾으려다가 우상을 섬겼더라도 간과하셨지만, 이제는 하나님께서 보내신 예수께서 세상에 오셨고 그분을 통해서 만나는 분이 하나님 아버지라고 말씀하셨다.

> 알지 못하던 시대에는, 하나님이 간과하셨거니와 이제는 어디든지 사람에게 다 명하사 회개하라 하셨으니, 이는 정하신 사람(예수)으로 하여금 천하를 고의로 심판할 날을 작정하시고, 이에 그를 죽은 자 가운데서 다시 살리신 것으로 모든 사람에게 믿을 만한 증거를 주셨음이라 하니라
> - 행 17:30-31

"환자가 섬기던 신들도 하나님의 심판을 받아 형벌을 기다리는 불행한 어둠의 영들이에요. 그것뿐이 아니에요. 그들은 사람에게 복을 주기는 고사하고 자기들의 운명조차 해결할 수 없는 불행한 존재들이에요. 그런 줄도 모르고 그들을 섬기던 사람들도 그들이 받는 형벌을 똑같이 받아야 한다는 사실입니다!"

"그럼, 어떻게 해야쥬?"

환자가 물었다.

"하나님께서 사람을 구원하시려고 보내신 예수를 믿기만 하면 구원받아요. 예수가 우리를 모든 죄로부터 구원해 주신 구세주라는 걸 믿기만 하면 구원하신다고 약속하셨어요! 정성을 바치는 것도 아니고, 착하게 살아야 하는 것도 아니고, 돈을 많이 바쳐야 하는 것도 아니고, 예수께서 우리를 죄와 심판으로부터 구출해 주셨다는 사실을 믿기만 하면 돼요! 믿어지시나요?"

"그럼 예수를 믿기만 하면 되나유?"

"그럼요!"

"나도 예수가 믿어져유!"

"그럼, 다 함께 기도해요!"

내가 큰 소리로 기도하기 시작하자 따라서 기도했다. 갑자기 부흥 집회를 방불케 하는 뜨거운 열기가 방 안에 가득 채워졌다. 그때 환자의 목에 손을 갖다 댔다. 그리고 큰 소리로 명령했다.

"예수 이름으로 명하노니 딸꾹질은 멈출지어다! 딸꾹질은 즉시 멈출지어다!"

딸꾹질이 즉시 멈췄다. 이렇게 하나님이 살아 계심을 생생하게 경험한 가족들이 뜨거운 눈물을 흘리면서 하나님께 감사와 찬양과 영광을 돌렸다. 나는 환자와 가족들에게 하나님이 살아 계심을 더 전하기 시작했다.

그때 방문이 열리면서 중년 남자가 들어왔다. 그런데도 환자의 아내는 내가 전하는 말씀에만 집중했다. 그분도 조용히 앉아서 내가 전하는 말씀을 들었다. 그리고 합심 기도할 때는 뜨겁게 기도에도 동참했다. 예배를 다 마친 후에 환자의 아내가 중년 남자에게 인사했다.

"목사님 오셨슈! 바깥양반이 아프다는 소리를 듣고 방문했다가 예배드렸슈!"

나는 깜짝 놀랐다. 감히 목사이신 그분 앞에서 뜨겁게 예배를 인도했으니 말이다.

"몰라뵈었습니다! 저는 동네 아저씨가 병문안 오신 줄 알았어요."

"저도 은혜 많이 받았습니다. 사실은, ××교회 담임목사님이 다급하게 전화를 걸었어요. 우리 교인 중에 신앙이 매우 잘못된 정인숙이라는 사람이 있는데, 그쪽 동네로 환자를 찾아갔다고 하니까, 빨리 환자 가정을 방문해서 무조건 쫓아내라고 전화를 걸었어요. 그래서 급하게 달려왔습니다. 저는 진짜로 신앙이 잘못된 사람이 온 줄 알았습니다!"

"그러셨군요! 사실 이 가정하고는 사돈지간이라, 문병할 입장이 되기도 하고, 아직 주님을 영접하지 못한 분이라 저도 다급하게 방문했거든요."

"성령께서 이렇게 뜨겁게 역사하실 줄은 상상하지 못했습니다. 제가 너무나 많은 은혜를 받았습니다. 어떤 핍박에도 전혀 흔들리지 말고, 지금처럼 담대하고 강하게 주님을 전하세요! 저는 우리 교회에 이런 성도가 없다는 것이 답답할 뿐이고, 목사로서 제 모습이 부끄럽기만 합니다. 어떤 핍박에도 굴하지 마시고 주님을 위해서 뜨겁게 일하세요!"

주님은 나를 쫓아내려고 달려왔던 목사로부터 굉장한 위로를 받게 하셨다. 그동안 딸꾹질 때문에 제대로 식사하지 못했던 환자가 미음을 먹으면서 기쁨을 감추지 못했다.

"이제는 목사님을 모시고 예배를 드리세요! 이 집을 장악하고 있는 어둠의 세력들이 물러가게 하는 길은 하나님께 예배하는 길뿐입니다! 그들이 두려워하는 것은 하나님이니까요!"

환자의 아내가 말했다.

"이제는 신앙생활을 열심히 할 거유! 딸꾹질이 멈추는 걸 보니 하나님이 살아 계신 게 확실하게 믿어졌슈! 목사님을 모시고 예배도 드리고, 나도 이 양반이랑 둘이서 날마다 집에서 예배를 드릴거유!"

내가 말씀을 전할 때 성령이 함께 역사하셨다. 그러나 내가 주님을 믿는 믿음으로 인도하고 성령의 역사를 경험했더라도, 지금 받았던 강렬한 믿음을 끝까지 놓치지 않게 도와줄 수는 없었다. 내가 이분들의 신앙을 도와줄 수 있는 것은 여기까지였다. 나는 이들의 믿음을 유지하도록 이끌어 줄 위치에 있지 않은 방문객이었다.

나를 통해서 믿음을 영접한 이들이, 믿음이 흔들리지 않고 굳게 서도록 돕는 일은 너무나 중요하다. 그동안 장악하고 있던 어둠의 영들이 쉽게 포기하고 떠나지 않는다. 믿음을 받아들인 이들이 강하게 믿음이 세워지기까지, 말씀과 기도로 싸워서 이기는 법을 가르쳐야 하는 영적 어린 아기이기 때문이다. 건물을 하루아침에 세울 수 없듯이, 믿음도 하루아침에 세워지지 않는다. 그러나 세워진 건물을 순식간에 무너뜨릴 수 있듯이, 힘겹게 세워졌던 믿음도 한순간에 무너질 수 있다.

얼마 후에, 성령께서 어떤 장면을 보여 주셨다. 내가 그 집 대문으로 들어가는데, 엄청난 무리의 벌떼가 느닷없이 달려드는 바람에, 내가 뒤로 벌렁 넘어지는 모습이었다. 순간 좋지 않은 징조임을 알았다. 즉시 전화를 걸었다.

"무슨 일이 생겼죠?"

"예! 환자가 죽기 전에 굿이라도 한번 해 보고 싶다고 사정해서, 무당을 데려다가 크게 굿판을 벌였슈! 죽는 양반 원이라도 풀어 주려고유!"

"아무리 그렇더라도 어떻게 그런 일을…. 죽어도 하지 말았어야 했는데, 너무나 분하지만 당하고 말았네요!"

믿음을 붙잡고 살아나던 환자는 '또 죽기를 무서워하므로 한평생 매여 종노릇 하는 모든 자를 놓아주려 하신(히 2:15)' 생명이신 예수를 놓아 버리고, 병들어 죽이려고 했던 죽음의 신에게 다시 굴복하고 말았다. 그 세력은 지금까지 이 가정을 장악하고 매사에 어둠으로 이끌어 준 이 세상의 어둠의 영들이었다(엡 6:12). 그들의 유혹을 어린 아기 믿음으로는 당해 내지 못했다. 물론 교회를 오래 다녔다는 것이 믿음이 강하다는 것을 의미하는 것은 아니다. 주변에는 성령의 능력으로 불치병을 고치고도 믿음을 떠나 육신의 생각과 마음이 원하는 대로(엡 2:3) 살아가는 이들도 있다.

"그렇지만 나는 어림도 없슈! 애들이랑 어머니가 하도 난리를 치는 바람에 굿판을 벌여 주긴 했지만, 나는 하나님이 살아 계신 거 확실히 알았슈! 나는 예수를 믿을 거유! 두고 봐유!"

그때도 환자의 아내는 조금도 흔들리지 않고 강하게 믿음을 붙잡고 있었다. 며칠 후에 환자가 세상을 떠났다는 소식을 들었다. 그리고 얼마 후에 환자의 아내가 나를 집으로 초대했다.

"내가 이 고마움은 평생 잊지 못해유! 바깥양반은 돌아가셨지만, 내가 예수를 믿도록 인도해 준 이 고마움은 정말 잊을 수 없슈! 그래서 식사라도 한 끼 대접하고 싶어서 오라고 했슈! 정말 고마워유!"

환자의 아내는 눈물로 감사했다. 그 후에도 그분의 결심대로 신앙생활을 열심히 하면서 자식들까지도 모두 주께로 인도했다. 언젠가 그분을 만났더니, 예수를 믿으니까 매사에 거리끼는 것이 없이 너무나 자유로워서 날마다 하나님께 감사할 뿐이라고 말했다. 그래서 성경에도 이렇게 기록했다.

> 그러므로 이제 그리스도 예수 안에 있는 자에게는 결코 정죄함이 없나니 이는 그리스도 예수 안에 있는 생명의 성령의 법이 죄와 사망의 법에서 너를 해방하였음이라
> - 롬 8:1-2

정신은 아주 멀쩡해요

특별한 문제가 생겨서 우리 가족끼리 모여서 하루에 세 번씩 하나님께 집중적으로 예배드릴 때였다. 인근 마을에서 사는 성도가 전화를 걸었다.

"정인숙 씨가 날마다 가정예배를 드린다는 소문을 들었어요. 우리도 저녁 예배 때마다 참석해서 함께 예배드리면 안 될까요? 우리 동네에 정신질환으로 고생하는 젊은 엄마가 있는데, 우리가 데리고 다니면서 예배에 참석시키고 싶어서 그래요."

"그거야 당연히 되죠! 하나님께 예배하는데 누구인들 참석하지 못하겠어요! 저녁마다 데리고 와서 함께 예배드려요!"

"환자 본인도 그렇지만 비신자 가정인데도 괜찮지요? 한동네에 살면서 그냥 지켜보기가 너무나 안타까워서 그래요. 우리 내외도 함께 기도하면서 저녁마다 데리고 다닐게요."

그때부터 우리 가족끼리 집중적으로 예배드리는 저녁 시간에 그들도 참석하게 되었다. 그들 내외는 저녁마다 빠지지 않고 환자를 데리고 와서 예배에 참석했다. 환자는 사람을 일절 쳐다보지 않았다. 몸이 굉장히 비대했다. 그들의 설명에 의하면 병원에서 처방해 준 약을 먹으면 온종일 잠만 자기 때문에 저렇게 살만 찐다는 것이다. 잠시 눈을 뜨고 있는 동안에도 몸이 축 처지고 늘어져서 맥을 못 춘다고 했다.

"증세가 심한 모양이네요?"

"지금도 약만 중단하면, 집을 뛰쳐나가서 어디로 헤매고 돌아다니는지 찾을 수가 없어요. 한참 만에야 어떻게 찾았는지 경찰이 집으로 데려오는데, 행색이랑 몰골이 말이 아니래요. 여러 날 제대로 먹지도 못하고 씻지도 못했으니 오죽했겠어요! 농사일이 바쁠 때는 약을 제대로 챙겨 주지 못하다 보니, 툭하면 집을 뛰쳐나가는 바람에 가족들이 마음 놓고 살 수가 없어요. 언젠가는 축사에서 쇠여물을 써는 작두에다 엄지손가락을 넣고 잘라 버리기도 했어요."

환자의 손을 쳐다보니 정말로 엄지손가락이 절단되었다.

"지금도 약을 끊으면 증세가 아주 심각해요. 다른 질병보다도 특히 이 병은, 예수만 열심히 믿으면 깨끗하게 고칠 수 있잖아요!"

"그럼요! 어떤 병이라도 예수만 열심히 믿으면 못 고칠 병이 없어요! 앉은뱅이였던 나도 예수 믿고 다시 일어나서 걸어 다니잖아요! 젊은 엄마도 예수 믿고 병을 고쳐서 새 인생을 살아 보자고요!"

우리가 말하는 중에도 환자는 미동도 하지 않았다. 고개를 아래로 처박고 앉았는데(고개를 숙인 정도가 아니고), 찬송가를 뜨겁게 부르고, 내가 열성적으로 말씀을 가르치고, 우리가 목소리를 높여서 기도하는 동안에도, 처음 앉았던 자세가 조금도 흐트러지지 않았다. 예배드리는 시간 내내 동상을 옆에 갖다 놓은 것처럼, 조금의 움직임도 없다는 건 상식적으로 불가능하다. 그러나 환자는 방에 들어와서 머리를 아래로 처박은 자세대로 앉았다가 예배가 끝나야 비로소 고개를 들고 일어나서 방을 나갔다.

놀라운 것은, 그들 내외가 데리러 가면 한 번도 거절하지 않고 순순히 따라온다는 점이다. 그런데도 방에 들어왔다 하면 예배 시간 내내 미동도 없이 앉아 있다가 돌아가는 것이 전부였다. 그런 환자임에도 불구하고 침이 마르기까지, 하나님에 대해서 가르치고, 예수님이 모든 질병을 고치시는 의사라는 걸 가르쳤다. 지금도 믿는 자들 속에서 역사하시는 성령에 대해서 가르쳤다. 하나님은 눈으로 볼 수 없는 영적 존재라는 것도 가르쳤다. 보이는 모든 세계는 보이지 않는 하나님이 만드셨다고 가르쳤다. 우주 만물 중에서 하나님을 대적하여 이길 수 있는 존재는 아무도 없다는 것도 가르쳤다. 우주 만물의 주인이 하나님이라고 가르쳤다.

나도 그랬지만, 교회 근처에도 가 본 일이 없다는 환자에게, 그것도 듣는지 안 듣는지 가늠조차 할 수 없는 그녀에게 3개월 정도 침이 마르도록 가르쳤다. 환자는 지금 어둠의 영을 따라서 행동하고 있지만, 말씀을 듣고 본인의 선택에 따라서 주님을 믿고 따르기만 하면 질병이 깨끗하게 고쳐진다는 걸 나는 너무나 잘 안다.

그래서 교회는 근처에도 가 본 적이 없는 환자에게 죽음보다 더 고통스러운 정신질환을 해결할 수 있도록, 세상에서 가장 알아듣기 쉽게 가르치게 해 달라고 성령께 도움을 요청하면서 가르치고 또 가르쳤다.

모든 질병을 포함하여 정신질환도 배후에서 조종하는 더러운 영(귀신)이 내가 조준하는 표적이었다. 주님도 영이시고 말씀도 영이시고 믿음도 영이다. 그래서 말씀도 믿음도 악한 영들을 상대하여 이길 수 있다. 보이지 않는 영과의 대결은 말씀과 성령의 지원이 없이는 이길 수 없다. 그러나 더러운 영들은 죽었다 깨어나도 우리의 믿음을 이길 수 없다. 그래서 믿음으로 병을 치료하겠다는 것은 치료를 보장받은 상태에서 그들과 싸우는 싸움이다. 악한 영이 항복할 때까지 죽어도 믿음만 놓치지 않으면 백전백승이다. 악한 영과의 대결은 믿음 안에서 승리가 보장된 싸움이다.

> 우리가 대항하여 싸워야 할 원수들은 인간이 아니라, 권세와 세력의 악신
> 들과 암흑세계의 지배자들과 하늘의 악령들입니다
> - 엡 6:12(공동번역)

그러므로 우선 환자에게 영적 싸움이라는 것을 가르치는 것이 중요했다. 환자를 괴롭히는 정체가 누군지 알아야 예수를 믿는 믿음이 얼마나 중요한지를 알기 때문이다. 특히 정신질환자는 의학이 밝히지 못하는, 보이지 않는 존재한테 죽을 만큼 견디기 힘든 협박과 공갈에 시달리면서도, 자기를 괴롭히는 정체조차 말해 주는 곳이 없고 밝혀 주는 곳이 없다. 그래서 영적 세계에서 무슨 일들이 벌어지는지 먼저 가르치는 것이 급하다고 생각했다.

나는 정신질환자의 의학적 진단을 내리는 사람이 아니다. 의학적 진단을 내릴 만한 의학지식도 없지만, 의학적 진단에 대해선 추호도 관심이 없다. 망상이나 섬망이나 환청에 대해서 의학적인 진단이 필요한 분들은 병원으로 가서 의사의 처방을 받으면 된다. 그러나 나는 성경 말씀을 따라서 믿음으로 치료받는 길을 가르치는 사람이다. 믿음은 신령한 것이다. 성경은 영적으로 상대해야 하는 질병의 배후에서 조종하는 존재를 더러운 영(귀신)이라고 분명하게 밝혔다.

> 저물매 사람들이 귀신 들린 자를 많이 데리고 예수께 오거늘, 예수께서
> 말씀으로 귀신들을 쫓아내시고 병든 자들을 다 고치시니
> - 마 8:16

나는 과학이나 의학을 설명하려는 것이 아니다. 나는 복음의 말씀을 가르치려는 것이다. 그리고 믿음으로 모든 병을 고치는 길을 가르치려는 것이다. 그래서 의학이 뭐라고 설명하든 정신질환자는 암이나 다른 질환자와 마찬가지로 정신이 온전하여 말씀을 들으면 판단하고 결정할 수 있다는 것을 너무나 잘 안다. 정신이 온전치 못하다면 판단하고 결정할 능력이 없다는 것을 의미한다. 그렇다면 말씀을 듣고 믿어야 할지 말아야 할지를 결정할 능력이 없다는 말이다. 그런 환자에게 말씀을 가르치는 건 아주 무의미한 일이다.

그러나 나는 정신질환자도 다른 신체의 질환자와 마찬가지로 정확하게 알아듣고 판단할 수 있다는 것을 잘 안다. 다만 더러운 귀신에게 짓눌려 그들의 명령을 거부하지 못하고 그들에게 복종할 뿐이다.

영물을 보지 못하는 세상에는 그들과 싸워서 이길 수 있는 수단이 존재하지 않는다. 그러므로 그들의 이상한 명령과 협박의 말에 굴복하지 않을 수 없었다. 손가락까지 잘라야 했을 정도로 실존하는 그들은 악한 영들 즉 이 세상의 어둠의 권세자들이다. 말씀은 억눌린 자를 억압에서 풀어 주는 능력이다. 그들의 말을 거역할 수 있는 유일한 길이 세상천지에서 말씀과 기도뿐이라는 사실이다.

> 하나님이 나사렛 예수에게 성령과 능력을 기름 붓듯 하셨으매, 그가 두루
> 다니시며 선한 일을 행하시고, 마귀에게 눌린 모든 사람을 고치셨으니,
> 이는 하나님이 함께 하셨음이라
> - 행 10:38

그래서 다른 환자들처럼 똑같이 말씀을 알아듣도록 가르쳤다. 환자에게 가장 급하게 가르칠 것은, 환자 속에서 죽이겠다고 공갈치고 협박하면서 명령하는 정체를 밝혀 주는 일이었다. 그리고 예수께서 그들에게 어떤 분인지를 가르치는 일이다. 더더욱 환자를 괴롭히는 존재가 예수를 가장 두려워하는 열등한 존재라는 걸 믿게 해야 한다.

"하나님은 살아 계십니다. 그렇다면 '세상이 왜 이 모양인가'라고 생각할 수 있어요. 저도 그랬으니까요. 하나님이 계신다면 세상이 왜 이 지경이냐고요. 우선 환자가 고통을 겪는 문제만 해도 그렇죠? 하나님이 있다면, 세상이 왜 이렇게 고통스럽고 힘든 거냐고요. 무언가 꼬여 있는 것 같고, 무언가 뒤틀어져 있는 것 같고, 날마다 여기저기서 끔찍한 사건, 사고 소식으로 넘쳐나니까요. 성경은 그 이유를 말하고 있어요. 첫 사람 아담이 하나님의 말씀에 불순종하여 세상에 저주가 들어왔다고요. 막연한 얘기로 들리겠지만, 이미 세상에는 하늘나라에서 쫓겨난 저주받은 존재, 마귀가 맹활약을 펼치고 있어요. 그가 아담이 하나님의 말씀에 불순종하도록 사주했다고 성경은 기록하고 있어요."

그는 처음부터 살인한 자요. 진리가 그 속에 없으므로 진리에 서지 못하고, 거짓을 말할 때마다 제 것으로 말하나니, 이는 그가 거짓말쟁이요. 거짓의 아비가 되었음이라

- 요 8:44b

용을 잡으니 곧 옛 뱀이요 마귀요 사탄이라 잡아서

- 계 20:2a

온 세상은 악한 자 안에 처한 것이고

- 요일 5:19b

    비신자이면서 정신질환자가 듣고 믿음으로 치료받을 수 있도록 성령의 도움을 구하면서 보이지 않는 영의 세계를 알아듣기 쉽게 가르친다는 것은 여간 어려운 일이 아니었다. 사람이 보지 못하는 영의 나라에서 벌어지는 어둠의 존재들을, 성경을 통해서 소상하게 가르치면서 더 집중적으로 공략한 부분은, 실제로 환자를 괴롭히는 악한 영(귀신)이다. 예수를 진실로 믿기만 하면 환자를 괴롭히는 악한 영들은 떠난다고 가르쳤다. 그들이 환자의 생각을 조종하고 협박하면서 갖가지 방법으로 잠을 못 자게 괴롭히고 집을 나가서 이리저리 떠돌아다니게 만든 놈들이라는 걸 가르쳤다.

    그러나 환자는 영의 세계에서 벌어지는 어마어마한 일들을, 성경 말씀을 통하여 세세하게 가르치는 3개월여 동안, 방에 들어오면 머리를 아래로 처박고 앉았다가 돌아가는 것에서 눈곱만큼도 변화되는 모습을 보이지 않았다. 그냥 벽을 쳐다보고 가르친다고 작심하지 않았더라면 너무나 지루하고 짜증이 나서 그만 오라고 말하고 싶었을 정도였다.

    "이젠 더러운 놈들에게 순종하지 않아도 돼요! 아무리 죽인다고 협박해도 두려워하지 말고 따르지도 마세요! 예수님은 그들을 심판하시는 크고 두려운 하나님이십니다. 정인숙의 말은 다 거짓말이니까 믿지 말라고 겁박해도 그들의 말을 조금도 두려워하지 마세요. 그들은 사람을 괴롭히는 악한 영이고 거짓말쟁이입니다. 그들이 가장 두려워하는 분이 예수님이세요. 예수님이 가장 크고 두려운 분이에요!"

    그렇게 혀가 닳도록 가르치는 동안에도 환자하고 눈 한 번 마주쳐 보지 못했고, 그의 목소리를 단 한 번도 들어 보지 못했다.

"아무래도 그만 와야겠어요! 벽을 쳐다보고 가르쳤어도 3개월 정도면 무슨 반응이 나왔을 거예요. 이건 뭐, 시체도 아니고, 방에만 들어왔다 하면 머리를 아래로 처박고 동상처럼 꼼짝도 안 하고 저렇게 앉아만 있다는 것이 사람이라면 가능한 일이냐고요! 이제는 그만 오려고요."

하루도 빠지지 않고 3개월 동안 데리고 다니던 그들 내외의 인내심도 한계를 드러냈다. 그리고 다음 날부터 발길을 뚝 끊었다. 그런데 사흘이 지나자 환자를 데리고 다시 저녁 예배에 참석했다.

"온종일 누워서 잠만 자는 꼴을 보자니 그것도 답답하고, 예배에 참석해도 저 모양이니 그것도 답답하고, 그렇다고 예배를 중단한다고 해서 무슨 뾰족한 수가 생기는 것도 아니고, 이래저래 마음이 편치 않아서 그냥 다시 데리고 왔어요!"

나는 또 그렇게 저녁 예배 때마다 듣는지 안 듣는지 알 수 없는 환자에게 그동안 가르쳤던 그대로, 죽이려고 협박하고 폭력적인 행동을 강요하는 놈들의 정체가 악한 영(귀신)이라는 것을 더욱 강력하게 가르쳤다. 그들이 마음과 생각을 배후에서 자유자재로 조종하는 내용을 상세하게 설명했다. 그리고 그들이 가장 두려워하는 하나님을 찬양하고 경배하며 말씀과 기도로 예배했다. 그러나 환자의 반응은 나무토막을 상대하는 그 이상도 이하도 아니었다. 솔직히 나도 환자에게 짜증이 나고 지쳐서 그만 끝내고 싶은 심정이었다. 그날도 큰 소리로 합심하여 기도하는 시간이었다. 답답한 마음을 주님께 호소했다.

"주님! 제 혀가 닳는 거라면 벌써 다 닳아서 없어졌을 거예요. 나무토막을 세워 놓고 말씀을 가르쳤어도 이 정도는 아닐 것 같아요! 이건 벽도 아니고, 그렇다고 시체도 아니고, 도무지 반응이 전혀 없으니 저도 더는 못 하겠어요!"

바로 그때 크게 화를 내시는 성령의 음성이 들렸다.

"지금까지 나도 참고 있었는데, 너는 더 못 참겠다는 거냐?"

너무나 당황하여 어리둥절하고 있는데 환상이 나타났다. 기도하는 중이었으므로, 여전히 눈은 감은 상태였다. 머리를 아래로 처박고 앉아 있는 환자를, 방바닥에서부터 머리까지 아치 모양의 환한 빛이 완전히 감싸고 있는 모습이었다. 나는 즉시 회개했다.

"주님! 용서하소서. 3개월 정도의 시간도 참고 견디지 못하고 짜증 내면서 지루하다고 불평했던 것을 용서하소서!"

그런 환상을 보여 준 이후에, 환자에게 놀라운 변화가 나타났다. 그때까지 단 한 번도 환자의 몸에 손을 대고 기도한 적이 없었다. 오로지 말씀만 가르쳤고 뜨겁게 찬양했고 합심하여 기도했다. '두세 사람이 모인 곳에는, 나도 그들 중에 있느니라(마 18:20)'는 말씀은 진실이었다. 드디어 환자의 고개가 들렸다. 그리고 입이 열렸다.

"너무나 무서워서 죽을 지경이었어요. 지금까지 나한테 지시하고 명령하는 놈들이 누군지도 모르고, 시키는 대로 하지 않으면 죽인다고 협박하고 공갈치면서 잠을 전혀 못 자게 괴롭혔어요. 그놈들은 머리에 둥지를 틀고 앉아서, 내 마음을 손바닥을 쳐다보듯이 쳐다보면서 조종했어요. 내 마음과 생각을 훤히 들여다보면서 공갈치고 협박하는데 무슨 수로 당하겠어요!

정인숙 씨 말처럼, 그들을 내쫓는 길은 예수밖에 없다는 것을 가르쳐 주는 곳은 어디에도 없었어요. 이놈들의 정체를 정확하게 말해 주는 곳도 없었어요. 정신적인 현상이니, 망상이니 환청이니 하면서, 아무것도 없는데 정신이 문제가 생겨서 헛소리를 듣는 이상한 사람 취급만 했어요. 내 정신은 아주 멀쩡해요! 그래서 이놈들이 작당하고 모의하는 걸 다 듣고 있었어요. 이놈들이 추잡한 잡담을 주고받으면서 낄낄거리고 웃고 떠들면 미치고 환장할 지경이라고요.

맨 정신으로 버티기가 불가능했어요. 그동안 말씀을 들으면서 그놈들의 정체가 누군지 확실하게 알았어요. 정인숙 씨가 말씀을 가르칠 때마다 깜짝깜짝 놀랐어요. 그놈들이 하는 짓이나 그놈들의 정체를 직접 경험한 사람처럼 어떻게 그렇게 상세하게 가르치는지 깜짝깜짝 놀랐어요. 이제는 하나님이 나를 창조하신 분이라고 믿어요. 예수님이 나를 구원하셨다는 것도 믿을 거예요. 이젠 그놈들이 아무리 죽인다고 협박해도 두려워하지 않을 거예요. 예수님만 믿고 따를 거예요."

세상에 이럴 수가! 그동안 머리만 처박고 앉아 있는 줄만 알았는데, 내가 가르친 말씀을 하나도 빼놓지 않고 꼼꼼하게 챙겨 들으면서, 과연 내가 가르치는 것을 마음 놓고 믿고 따라도 되는지를 수없이 번민하고 또 번민했다니! 너무나 분명하게 사고를 했고, 너무나 명확하게 판단하고 믿을지 말지를 놓고 깊이 번민할 줄 알았다. 이렇게 놀라운 일이 어디 있겠는가! 우리는 아무것도 몰랐지만, 주님은 환자의 마음에서 어떤 변화가 일어나는지를 세밀하게 지켜보고 계셨다. 그동안 단 한 마디도 말하지 않던 환자는 계속해서 말했다.

"과연 정인숙 씨가 가르치는 말씀대로 예수를 마음 놓고 믿어도 괜찮을까? 나를 죽이려고 하는 놈들이 진짜 악한 귀신들일까? 그렇다면 그동안 나를 죽이려고 협박하던 귀신보다 예수님이 진짜 더 강한 분일까? 정인숙의 말을 무턱대고 믿고 따랐다가 그야말로 작살나는 건 아닐까?"

내가 가르치는 말씀을 믿고 따를지 말지를 놓고 환자의 마음에서 사나운 파고가 휘몰아쳤다. 생각의 대격변으로 소용돌이쳤다. 그때마다 귀신들은 격렬히 저항했다. 정인숙의 말은 다 거짓말이니까 예배에 참석하지 말아라. 날마다 온갖 회유와 협박에 시달리면서도 예배를 포기하지 않았다. 그리고 그동안 자기를 죽이려고 조종했던 놈들의 말을 거역하고, 예수님을 믿기로 결심하는 순간, 그들의 등등하던 기세가 물거품처럼 순식간에 폭삭 꺼져 버렸다. 그러자 두려움에 사로잡혀서 옴짝달싹하지 못하던 마음이 족쇄가 풀리듯이 풀어지면서 평화가 찾아왔고, 굳게 닫혀 있던 입도 열리면서 말이 술술 나왔다.

"사실은 그놈들이 입을 열지 못하게 꽉 조였어요. 그리고 쇠여물을 써는 작두에 다섯 손가락을 다 넣고 자르라고 협박했지만, 도저히 다 넣을 수 없어서 엄지손가락 하나만 넣고 잘랐어요. 그것뿐이 아니에요. 어딘지도 모르는 곳을 헤매고 다니도록 내몰았어요. 한번은 기차를 타라고 해서 기차를 탔는데, 달리는 기차에서 뛰어내리라고 협박하는 거예요. 협박을 견디지 못하고 기차에서 뛰어내리려고 출입문에 서서 아래를 내려다보니, 도저히 무서워서 뛰어내릴 엄두가 나지 않았어요. 이놈들의 목적은 나를 죽이려는 거였어요! 정인숙 씨도 말했잖아요! 이놈들이 하는 짓은 도둑질하고 죽이고 멸망시키는 것뿐(요 10:10)이라고요. 맞아요! 이놈들은 나를 죽이려고 온갖 짓을 다 시키면서 순종하지 않으면 죽인다고 협박하면서 잠을 못 자도록 괴롭혔어요."

"이젠 하나님의 자녀가 되었으니 아무것도 두려워하지 마세요! 그들과 싸울 필요도 없어요. 사람들은 마귀나 귀신과 싸워서 이겨야 한다고 생각하지만, 젊은 엄마도 알다시피 그들과 싸워서 이길 수 있는 수단이 세상에 있던가요? 눈으로 보여야 싸우든지 피하든지 하죠! 그들은 눈에 보이지 않는 영물이에요. 그래서 예수께서 이 세상에 오셨어요. 예수께서 그들에게 죽임을 당하셨으나 사흘 만에 다시 살아나셨어요.

예수께서 그들을 이기셨다는 말이에요. 예수를 이길 수 있는 어떤 세력도 없다는 말이에요. 아무리 죽여도 다시 살아나는 분인데 죽음의 영들이 이길 수 있겠어요? 그래서 그들이 예수께 항복하는 겁니다. 잘 알아야 할 것은 예수도 영이시고, 말씀도 영이고, 우리의 믿음도 영입니다. 우리의 신앙생활도 영이고, 더러운 귀신도 영입니다.

그래서 믿음으로 싸우는 겁니다. 말씀과 성령의 지원하심으로 싸우는 거예요. 그들이 두려워하는 것은 말씀을 믿고 따르는 우리의 믿음입니다. 이제는 아무리 죽인다고 협박하고 공갈쳐도 따르지 않으면 이깁니다. 생명이신 예수께서 죽음을 이기고 다시 살아나셨어요! 젊은 엄마도 주님의 은혜의 혜택을 누리게 되었어요. 예수가 만왕의 왕이라는 것이 증명됐죠! 그놈들이 꼼짝없이 항복하잖아요!"

> 통치자들과 권세들을 무력화하여 드러내어 구경거리로 삼으시고 십자가로 그들을 이기셨느니라
> - 골 2:15

"꿈에서도 상상해 보지 못한 일이에요. 세상에는 이놈들을 이기는 방법이 아무것도 없는 줄 알았어요! 이렇게 비참하게 살다가 내 인생은 끝나는 줄 알았어요. 이제는 아무것도 두려워하지 않을 거예요. 예수님만 믿

고 의지하면 되니까요!"

"아무것도 염려하지 말고 담대하고 강하게 주장하세요. 예수님이 나를 구원해 주셨다! 나는 하나님의 자녀다! 예수님을 구주로 영접하는 자, 그 이름을 믿는 자들에게는 하나님의 자녀가 되는 권세를 주셨다고 주장하세요! 우주 만물 중에서 하나님보다 더 권세와 능력이 크고 강한 분이 없어요! 우리는 그분의 자녀예요. 아무것도 두려워하지 마세요!"

나는 더욱 담대하게 예수님의 말씀만 의지하고 믿으라고 권했다.

"이제는 건강한 사람처럼 행동하셔야 합니다. 젊은 엄마는 건강한 사람이니까요. 그동안 제대로 자기의 몸도 관리하지 못했지만, 이제는 어린 자식들을 돌봐야 해요. 건강한 사람들은 청소하고 빨래하고 아이들을 챙겨서 학교를 보내고 남편의 뒷바라지도 해요. 그러니까 이제는 그런 일을 하셔야 합니다!"

젊은 엄마는 내가 가르치는 대로 따라서 순종했다. 온 마을이 깜짝 놀랄 정도로 빠른 회복을 나타냈다. 혼자 버스를 타고 읍내로 나가서 시장을 보고 일상적인 볼일을 다 마치고 돌아왔다. 아이들의 식사뿐만 아니라 빨래와 청소를 했다. 그리고 저녁이면 예배에 참석해서 하루의 일과를 무사히 다 마쳤노라고 자랑했다. 이제는 환자가 아니라 건강한 사람이 되었다.

"이젠 병원 약을 끊으려고요. 이 약을 먹으면 온몸이 무력해져서 정신이 멍해지고, 아무 일도 할 수가 없어요. 아무것도 염려하지 말라고 했잖아요. 이젠 약을 끊으려고요."

그녀는 과감하게 스스로 약을 끊었으나 상태는 더욱 좋아졌다.

"제가 지금까지 예수님을 의지해야 한다고 했죠! 사람은 스스로 살아갈 수 없는 존재들입니다. 하나님을 떠나서 스스로 살 수 있다고 생각하는 순간 마귀(귀신)처럼 불행한 신세가 되는 거예요. 그들이 하는 일은 죽이고 멸망시키는 거잖아요. 그들에겐 예수의 생명이 없어서 그래요. 그러나 믿는 우리는 그리스도의 생명, 즉 살리는 영이 있어요. 그들이 두려워하는 것은 예수님이지 우리가 아니에요!

그러므로 지금처럼 말씀을 믿고 기도를 쉬지 말아야 해요. 신앙생활을 열심히 하지 않으면 그들이 다시 공격할 수 있어요. 그들이 두려워하는 것은 예수를 믿는 강한 믿음이니까요. 그들이 떠났다고 해서 영영 떠났다고 생각하면 큰코다쳐요. 그들은 젊은 엄마가 예수를 믿어서 어쩔 수 없이 떠났지만, 다시 믿음 생활을 벗어나서 예전처럼 믿음 없이 태평하게 지내면 다시 찾아와요. 성경이 그러한 영적 현실을 분명하게 가르치고 있어요."

> 더러운 귀신이 사람에게서 나갔을 때에, 물 없는 곳으로 다니며 쉬기를 구하되 얻지 못하고, 이에 이르되 내가 나온 내 집으로 돌아가리라 하고 가서 보니 그 집이 청소되고 수리되었거늘, 이에 가서 저보다 더 악한 귀신 일곱을 데리고 들어가서 거하니, 그 사람의 나중 형편이 전보다 더 심하게 되느니라
>
> - 눅 11:24-26

"귀신들이 내가 나온 내 집으로 돌아가리라고 말했다는 것은 매우 중요합니다. 사람의 육신을 자기들의 집이라고 말한다는 점이에요. 믿음으로 병을 고쳤다는 것은, 하나님 말씀에 붙잡혀서 믿음 안에서 살지 않으면 언제든지 질병이 재발할 수 있다는 걸 의미하는 것이기도 해요. 신앙생활

을 열심히 하셔서 다시는 그들에게 괴로움을 당하지 마세요!"

내가 이분을 섬길 수 있는 것도 여기까지였다. 이제부터는 그가 속한 교회로부터 섬김을 받게 될 것이다. 교회마다 성도들을 섬기는 담임목사가 있다. 목회의 책무가 얼마나 중대하고 무거운 것인가! 목회 사역은 '혈과 육을 상대하는 것이 아니라 통치자들과 권세들과 이 어둠의 세상 주관자들과 하늘에 있는 악한 영들을 상대하는(엡 6:12)' 현장에 있기 때문이다. 이처럼 목회 사역은 육신을 상대하는 영역이 아니다. 정신질환자가 치료받은 이번 경험을 통해서도, 목회 영역은 이 어둠의 세상 주관자들과 하늘에 있는 악한 영들을 상대하는 영적 전쟁의 한복판이다. 주님과 연합작전을 펼치지 않으면 죽었다 깨어나도 보이지 않는 그들을 상대하여 이길 수 없는 전쟁이다. 그래서 주님도 말씀하셨다.

나를 떠나서는 너희가 아무것도 할 수 없음이라
- 요 15:5

이번에도 성령께서 함께 역사하지 않았다면 자칫 중도에서 포기할 뻔했다. 그때 나는 목회자도 아니고, 일정한 장소에서 사역하는 사역자도 아니었다. 잠시 가정예배를 드리는 과정에서 함께 예배드리다가 치료를 경험한 사례이다.

이것으로 치료가 끝났다고 생각하면 큰코다친다. 주님의 치유를 빼앗기지 않으려면 믿음으로 힘써 매달려서 다시는 과거의 믿음이 없던 상태로 돌아가거나 잠시 상태가 안 좋아지더라도 결단코 치료를 의심하지 말아야 한다. 끝까지 믿음과 치료를 유지해야 할 책임이 환자 본인에게 있다. 그러나 그때 그 환자도 영적으로 이끌어 주어야 할 갓 태어난 아기 성도였다. 그는 가까운 교회로 돌아갔다. 각각의 교회가 해야 할 일이 무엇인지 너무나 분명해진다.

목을 옥죄는 두려움의 영

"저… 정인숙 씨 좀 바꿔 주세요."

전화벨이 울려서 수화기를 들었더니, 주저주저하면서 조심스럽게 나를 찾는 전화였다.

"제가 정인숙인데, 누구신가요?"

"혹시 ××라고, 기억할지 모르겠네요."

전혀 기억에 없는 이름이었다.

"죄송하지만, 기억이 전혀…"

"정인숙 씨가 방에 누워 있을 때니까, 아마도 3년 전쯤 되었는데, 제가 방문한 적이 있어요. 교통사고로 남편을 먼저 보내고…"

"아! 그렇게 말하니까 생각이 나요! 그러잖아도 이따금 생각이 나곤 했는데, 잊지 않고 전화를 주셨네요. 그동안 잘 지내셨죠?"

"정인숙 씨가 일어나서 다시 걷는다는 소식을 듣고 눈물이 날 정도로 반갑고 기뻤어요! 전화라도 하려고 여러 번 마음을 먹었다가도, 차마 용기가 나지 않았어요! 오늘은 용기를 내서 전화를 걸었더니 직접 받네요. 가장 궁금해하실 것 같아서 먼저 말하면, 저도 신앙생활을 열심히 하고 있어요."

"아, 그러셨군요! 정말 잘하셨어요! 그래서 목소리가 예전하고는 전혀 다르게 들리는군요!"

"사실은 그때를 생각하면 너무나 부끄러워서 연락을 못 했어요. 그러나 그때 정인숙 씨가 저한테 해 준 말씀이 얼마나 충격적이고 사실적이었는지, 죽음으로 끌려가던 나를 다시 살려 낼 정도로 엄청난 말이었어요. 어떻게 그걸 잊을 수 있겠어요! 더군다나 일어나서 다시 걷는다는 소식을 들으면서 얼마나 감사하던지, 조촐하게나마 점심 대접이라도 하고 싶어서 전화를 걸었어요. 이제는 걸을 수 있으니까 저의 집으로 오실 수 있죠?"

"물론이죠! 제 발로 걸어서 방문할 수 있고말고요! 그렇다면 기꺼이 점심을 대접받고 싶군요!"

기쁜 마음으로 그녀의 식사 초대에 응했다. 주님 안에서 변화되었을 그녀의 모습이 너무나 궁금했기 때문이다.

그녀는 읍내에서 상가건물 1층에 사는 젊은 새댁이었다. 돌이 지나지 않은 아들과 세 살배기 딸이 있었다. 남편이 출근할 때마다 헤어지지 않겠다고 울고불고 매달리는 아이들은, 젊은 부부에게 기쁨과 행복의 에너지원이었다.

그런 새댁의 가정이 처참하게 깨진 것은, 아빠와 헤어지지 않겠다고 매달리는 아이들을 피하여 화장실에 가는 척하면서 뒷문으로 몰래 출근했던 남편이 출근길에서 교통사고를 당했기 때문이다. 그리고 한마디 말도 없이 사랑하는 아내와 어린 자식들을 남겨 두고 세상을 떠났다.

새댁은 남편이 없는 세상에서 아이들하고 살아갈 의욕을 완전히 잃어버리고 말았다. 그때부터 남편 뒤를 따라서 저세상으로 떠날 궁리만 했다. 새댁에게 어린아이들은 이 세상에 살아남을 이유가 되지 못했다. 이불을 뒤집어쓰고 누워 버린 새댁은 자리에서 일어나지 않았다. 아이들이 울면서 달려들어도 시체처럼 누워서 미동도 하지 않았다. 친정 가족이나 시집 식구들이 찾아와서 달래고 사정해 보아도 꿈쩍하지 않았다.

엄마의 손길이 미치지 않는 아이들은 온종일 울기만 했다. 상가건물 출입문 앞에 쭈그리고 앉아서 지나가는 사람을 쳐다보면서 울다가, 차들이 오가는 도로까지 나가서 지나가는 사람을 붙잡고 매달리면서 쫓아가기도 했다. 이런 아이들을 지켜보는 이웃 사람들조차도 하루아침에 고아가 되어 버린 아이들을 부둥켜안고 함께 울기도 했다. 처음에는 시집 동기간들이 번갈아 찾아와서 아이들을 돌보고 챙겼으나, 아무리 세월이 흘러도 누운 자리에서 일어나지 않자, 아예 친정어머니가 와서 아이들을 돌보기 시작했다.

처음엔 사랑하는 남편이 하루아침에 저세상으로 떠난 충격이 워낙 커서 그런다고 동정했던 가족들도, 이부자리를 털고 일어날 조짐이 보이지 않자 단순한 문제가 아니라는 것을 깨닫기 시작했다. 몸은 대꼬챙이처럼 말라 갔고, 화장실에 가려고 몸을 일으키는 것조차도 힘겨운 형편이 되었다. 그렇게 3년이 흘러갔다.

바로 그때 그녀의 옆 건물에 세를 들어 살던 교회 성도가 찾아가서 그리스도의 생명으로 다시 살게 하려고 예수를 전하기 시작했다. 그러는 과정에서 나를 한 번만 만나 보자고 간곡하게 권하기 시작했다. 그러나 이불을 뒤집어쓰고 누워 있는 새댁은 꿈쩍하지 않았다. 그럴수록 더욱더 열심히 찾아가서 예수를 전했는데, 느닷없이 나를 만나러 가겠다고 하면서 몸을 벌떡 일으켰다. 성도가 그녀를 데리고 나를 찾아왔을 때는 사지를 꼬부리고 누워서 지낼 때였다.

그때 처음으로 그 성도와 그녀를 보게 되었다. 성도의 뒤를 따라서 내 방으로 들어오는 새댁의 모습은, 오랫동안 갈아입지 않은 듯한 입성과 병색이 짙은 누런 얼굴색이, 첫눈에도 중환자라는 걸 알아볼 수 있었다. 방에 들어온 그녀는 고개를 깊이 숙이고 앉았다. 그리고 나를 한 번도 쳐다보지 않았다.

"이분이 내가 말했던 정인숙 씨야! 그동안 나도 소문을 들어서 알고 있었지만, 직접 만나서 보기는 오늘이 처음이야. 내가 말했던 대로 얼마나 비참하게 살고 있는지 눈으로 직접 보았지? 그런데 정인숙 씨 얼굴을 한 번만 쳐다봐! 불행한 구석이 보이는지 어디 한번 찾아보라고!"

그러나 고개를 들고 나를 쳐다보지 않았다. 내가 상체를 간신히 일으키고 앉으면서 처음 보는 그 성도에게 물었다.

"어디가 많이 아프신 분인가요?"

"아픈 사람인 건 맞는데, 어디가 아프다고 말해야 할지, 아무튼 많이 아픈 중환자인 건 맞아요. 3년 전에 교통사고로 남편을 먼저 보낸 뒤부터 이렇게 폐인이 되어 버렸어요. 밥도 안 먹고, 어린 자식들도 거들떠보지 않고, 말 한마디도 안 하고, 바보 멍텅구리처럼 온종일 이불을 뒤집어쓰고 누워서만 지내니까요. 옆에서 지켜보자니, 하도 딱하고 답답해서 데리고 왔어요."

물론 그녀를 폐인으로 만든 정체를 나는 즉시 알아보았다.

"죄송하지만, 힘들어도 고개를 들고 저를 쳐다보실 수 있을까요?"

내 간청을 이기지 못하고, 깊이 숙였던 고개를 들고 힐끗 나를 쳐다보는 둥 마는 둥 하다가 이내 고개를 아래로 떨어뜨렸다. 그때 내 입에서 느닷없이 이런 말이 튀어나왔다.

"속지 마세요! 지금까지 속고 있었어요! 사랑하는 남편을 교통사고로 떠나보낸 충격이 얼마나 컸을지는, 누구도 감히 짐작하기조차 어려울 정도로 큰 고통이었을 겁니다! 그 충격을 이기지 못하고 자리에 누워서 일어나지 못한 것도 사실입니다. 하지만 그것이 3년 동안 누운 자리에서 일어나지 못한 유일한 원인이 아닙니다. 처음에는 남편을 잃은 충격 때문에 아이들하고 살아갈 소망이 보이지 않았던 것은 분명합니다! 그러나 지금까지 누웠던 자리에서 일어나지 못한 것은, 전혀 다른 것이 원인이라는 것을, 본인은 너무나 잘 알고 있습니다! 지금 마음 안에 두려움의 영과 죽음의 영이 강하게 짓누르고 있어요. 그래서 날마다 일어나서 살아야 한다고 생각하지만, 죽음으로 끌려가는 자신을 보면서도 두려워서 옴짝달싹하지 못하고 있어요! 이대로 가다가는 정말로 살고 싶어도 죽습니다!"

순간 그녀가 고개를 번쩍 들었다. 그리고 굉장히 놀라면서 나를 쳐다보았다. 그리고 지금까지 꾹 다물었던 입이 열렸다.

"맞아요! 그 말이 맞아요! 처음에는 퇴근한 남편이 금방이라도 방문을 열고 들어오는 것 같아서 날마다 기다렸어요. 금방 내 이름을 부르면서 방문을 열고 들어오는 것 같아서 온종일 방문만 쳐다보면서 남편을 기다렸어요! 그런데 시간이 지나면서 두려움이 엄습하기 시작했어요. 엄청난 공포심이 가슴을 짓눌러서 꼼짝달싹할 수가 없었어요. 빨리 일어나서 아이들하고 살아야 한다고 생각하면 생각할수록, 두려움은 더 심하게 가슴을 짓눌러 대서 옴짝달싹하지 못했어요. 누군가가 내 속에서 날마다 협박했어요. 나도 죽어야 한다고 무섭게 다그쳤어요. 얼마나 무섭고 떨리는지 정말로 죽을 것만 같았어요!"

"당연하죠! 하루아침에 남편을 교통사고로 잃은 충격은 그대로 죽어 버리고 싶었을 정도로 어마어마한 고통이었을 거예요. 그때 받은 충격을 통해서 죽음의 영(귀신)이 들어왔어요. 눈에 보이지 않으나 사람은 누구라도 이 세상 신들의 지배를 받으면서 살고 있어요. 예수께서 이 세상에 오신 것도 사망의 세력인 죽음의 신에게 눌려, 죽기를 무서워하면서 한평생 종노릇 하는 인간들을 해방시키려는(히 2:15) 것이었어요.

예수께서 두려워하지 말라, 놀라지 말라, 근심하지 말라, 걱정하지 말라고 하셨어요. 이 어둠의 세상 주관자 귀신들은 어떤 이유로든 우리가 충격을 받고 놀라고 두려움에 떠는 틈을 타고 들어와서 마음과 생각을 지배하고 조종하면서 죽음으로 이끌어 가기 때문이죠! 그들은 본질이 죽음의 영이니까요. 그러나 예수는 본질이 생명 즉 살리는 영(요 6:63)이에요.

예수께서 가시는 곳곳마다 죽은 자가 살아나고 병든 자가 고쳐지고 두려움이 사라지고 근심이 사라지고 문제가 해결되는 이유입니다. 죽음의 영, 즉 사망의 영들은 하나님께서 반드시 심판하시고 멸망시킵니다. 아무리 절박한 상황이 닥쳐도, 예수 안에 있는 자들은 평안을 누리는 이유입니다."

하나님이 우리에게 주신 것은 두려워하는 마음이 아니요
- 딤후 1:7

사랑 안에 두려움이 없고, 온전한 사랑이 두려움을 내쫓나니, 두려움에는 형벌이 있음이라
- 요일 4:18

"이 세상은 사망의 세력인 마귀가 지배하는 곳이기 때문에, 근심과 걱정

거리가 떠나지 않아요! 이 세상은 어디에도 두려움과 불안이 없는 편안하고 안전한 곳은 존재하지 않아요! 이 세상은 아무것도 예측할 수 없는 불안한 미래만이 존재할 뿐이에요. 병들어서 죽어 가는 저를 버린 남편은 건강한 여자하고 재혼했어요. 상처와 울분이 작았겠어요?

저도 주님의 은혜로 상처와 아픔을 치료받지 못했더라면, 아마도 한을 품고 세상을 떠났을 거예요! 그게 이 세상의 신 마귀가 하는 짓거리죠! 물론 지금도 사지가 꼬부라져서 누워서 먹고 싸면서 살지만, 저는 폐인으로 살지 않아요! 비록 신체는 활동이 완전히 결박당했지만, 제 마음에는 두려움도 분노도 상처도 슬픔도 원한도 없어요. 그런 감정들이 마음에 들어와서 제멋대로 휘젓고 다니면서 지배하도록 허용하지 않아요.

오히려 제 마음은 활동이 결박당한 제 몸으로부터 나타나는 그런 감정들을 지배하고 통제해요. 이 말을 조금 더 현실적으로 표현하자면 꼬부라지고 앉은뱅이 되어 누워서 살아가는 몸 때문에, 우울하거나 근심하거나 걱정하지 않는다는 말이에요. 그러니까 제가 건강한 사람보다 더 건강하고 씩씩하게 살아가는 이유입니다!"

"그러면 저는 어떻게 하면 좋을까요?"

"예수님을 구원의 주님으로 영접하세요! 그러면 두려움과 죽음의 영으로부터 구원받습니다(행 16:31). 구원을 받는다는 것은, 창조했을 때 사람에게 누리도록 주신 모든 권리가 회복되는 것을 의미합니다. 당연히 마귀의 종노릇으로부터 해방되고, 질병과 고통과 절망으로부터 해방되는 것을 의미해요. 이때부터 날마다 두려워서 벌벌 떨게 했던 놈들에게 순종하지 않을 수 있는 권세가 회복됩니다.

지금까지 살고 싶어도 벗어날 수 없었던 두려움으로부터 완전히 벗어날 수 있다는 말이에요. 주님은 두려워하지 말고 믿기만 하라(막 5:36)고 말씀하셨어요. 그 말씀을 믿고 두려움을 물리치면 물러납니다. 그동안은 두려움의 종이 되어서 두려움으로 떨었지만, 예수를 믿으면 평안의 주이신 예수의 종이 되었기 때문입니다. 예수를 믿으면 예수 안에서 마음이 원하는 대로 할 수 있는 자유를 얻게 되었으므로, 예수님의 말씀에 믿음으로 순종하면 순종할 수 있습니다!"

> 이는 그리스도 예수 안에 있는 생명의 성령의 법이 죄와 사망의 법에서 너를 해방하였음이라
> - 롬 8:2

"예수님은 생명의 근원이십니다. 생명은 모든 것을 살게 하는 에너지입니다. 생명은 하나님께만 있습니다. 죽음과 사망의 시조는 마귀입니다. 그래서 생명을 빛이라 하고 사망을 어둠이라고 합니다. 생명 안에 인간이 누릴 수 있는 자유와 기쁨과 평안과 행복이 있습니다. 그러니 어떻게 예수님을 구주로 섬기지 않을 수 있겠어요? 우리에게 좋은 것만 주시는 하나님을 믿고 따르지 않을 수 있겠어요? 나는 세상에 있는 어떤 것도 부럽지 않아요.

비록 몸이 꼬부라지고 뒤틀려서 결박당한 채로 누워서 살지만, 제 안에는 기쁨과 평화가 차고 넘치는 원인입니다. 제 안에 생명의 빛이 저를 살맛 나게 만들기 때문입니다. 빛이 들어오면 사망과 어둠의 영들이 저절로 물러납니다. 근심과 걱정이 물러납니다. 영의 세계도 물질의 세계에서 경험하는 물리적인 현상들과 비슷합니다. 이처럼 예수님은 우리의 믿음의

대상이며 생명의 구주가 되십니다. 이렇게 좋은 분을 한번 믿어 보지 않겠어요?"

"예수를 믿으면 안 죽는다는 말인가요?"

"신앙생활을 경험하지 못했으니까 생명과 죽음과 사망이라는 말이 생소할 겁니다. 인간은 육체 안에 영혼이 함께 있습니다. 다시 말하면 보이지 않는 신령한 영(속사람)과 보이는 육체(겉사람)로 구성된 것이 사람입니다. 그러니까 죽음(사망)이라는 말에는 두 가지 의미가 작용합니다.

죽으면 흙으로 돌아가는 육신의 죽음과 영혼의 죽음은 전혀 다릅니다. 육신은 죽어서 본래 육신의 근원이었던 흙으로 돌아가지만, 영혼은 영원히 사는 존재이기 때문에 존재가 사라지는 죽음이란 없습니다. 그러므로 영혼의 죽음이란 하나님의 생명, 즉 그리스도의 생명이 없는 사망의 상태로 영원히 사는 것을 의미합니다. 그래서 하나님의 생명 안에서 사느냐, 하나님의 생명이 없는 사망의 상태로 사느냐, 하는 문제가 있을 뿐입니다.

하늘나라는 생명의 나라입니다. 생명이 없는 자들이 갈 수 없는 나라에요. 그래서 예수께서 내가 곧 길이요, 진리요, 생명이니 나로 말미암지 않고는 아버지께로 올 자가 없다고 하셨습니다. 이처럼 사람은 육신이 죽어도 영원히 사는 영혼이 있습니다. 사실은 영혼이 진짜 '나'입니다."

"영혼은 영원히 죽지 않는다는 게 정말인가요?"

"그렇습니다! 그러니까 사람의 영혼에 생명이 없다는 것은 예수가 없다는 말입니다. 처음 듣는 분에게 어려운 얘기지만, 한마디로 영혼이 살았다는 것은 예수 그리스도를 믿고 죽었던 영이 다시 살아났다는 것을 말합니다. 영혼이 죽었다는 것은, 예수를 믿지 않고 여전히 죽은 상태 그대로 머물러 사망의 영인 마귀에게 속했다는 말입니다. 예수께서 내가 곧 생명이라고 하셨습니다. 예수는 우리의 죽은 영을 다시 살리는 생명이십니다!"

"정말로 놀라운 얘기를 듣네요!"

"마귀에게 속했다는 것은 생명이신 하나님과 단절되었다는 것입니다. 그래서 영혼이 사망에 처했다는 것은 마귀에게 속했다는 것이고, 영혼이 살아 있다는 것은 하나님께 속했다는 것이지요. 여기서 더 놀라운 것은, 지금까지 새댁을 억압하고 괴롭히던 존재가 사망의 세력이고, 지옥 불 못에 들어가게 될 비참한 존재들입니다. 얼마나 끔찍하고 두려운 일인가요? 우리는 이런 영적 진실을 모르고 살았습니다.

이런 진실을 생각하면, 예수를 믿는 원인을 제공해 준 저의 비참한 신세가 오히려 감사할 때가 많아요. 저는 병들지 않았으면 죽었다 깨어나도 예수를 믿을 위인이 아니거든요. 새댁도 절망의 끝에 서 있지 않았더라면, 저같이 비참하게 사는 사람을 만나러 올 이유가 있겠어요? 감사하세요! 저는 너무나 감사해서 눈물로 기도할 때가 많아요. 우리의 절망적인 환경은 결국 축복의 통로로 들어가는 관문이었다는 것을 절감하게 될 것입니다."

곁에서 우리 얘기를 듣기만 하던 성도가 입을 열었다.

"정인숙 씨처럼 비참하게 사는 사람도 드물 거야! 이분에 비하면 자기는 건강한 자식이 둘이나 있고, 부모로부터 물려받은 상가건물도 있고, 신체도 건강하잖아! 이분한테 비한다면 가진 게 너무나 많아! 이분은 건강도 최악이고, 보고 싶은 자식도 보지 못하고, 남편도 건강한 여자하고 재혼했고, 가진 재산이라곤 꼬부라진 몸뚱어리뿐이잖아! 게다가 누가 방문을 열어 주지 않으면 안마당조차도 볼 수 없고, 좁은 방에 누워서 혼자 지내고 있잖아! 그런데도 자기하곤 너무나 다르게 사는 거 보았지? 얼마나 기쁨이 넘치고 소망이 넘치느냐고! 정인숙 씨 말을 들으면서 그 이유가 뭔지 알게 되었지? 진실로 예수 믿는 사람이 어떻게 사는지 확실하게 보았지?"

그녀의 마음에 쓰나미가 휘몰아치는 것이 보이는 듯했다. 처음 내 방에 들어올 때와는 전혀 다른 태도를 보였다.

"저는 힘들고 절망적인 내 육신의 환경을 보지 않고 무시합니다. 예수께서 약속하신 말씀을 믿고 따릅니다. 성경 말씀이 말하는 내용을 믿고 그 말씀을 소망으로 삼습니다. 내가 처한 현실은 때가 되면 변하여 그동안 믿고 소망했던 것이 현실이 된다는 것을 알기 때문입니다. 저는 바깥세상을 눈으로 직접 보지 못하지만, 그래도 그리워하지 않는 것은 마음껏 눈으로 볼 수 있는 날이 온다는 것을 알기 때문입니다. 저는 제가 믿고 있는 것이 현실이 된다는 것을 믿습니다."

"이분이 이렇게 말하는 것들을 상상이나 해 보았어?"

그녀를 데리고 왔던 성도조차 처음 내 방에 들어올 때의 암울했던 표정하고는 전혀 다르게 기쁨이 넘치는 표정으로 바뀌었다.

"사랑하는 남편이 평생 곁에서 지켜 줄 반려자라고 믿었죠? 인생은 우리의 소박한 희망조차도 뜻대로 되지 않는다는 걸 누구나 다 알아요. 나도 좋을 때거나 병들었을 때거나 끝까지 함께하기로 약속한 남편에게 병들었다는 이유로 버림받게 될 줄을 상상이나 해 보았겠어요? 죽었으면 어쩔 수 없었다고 쳐도, 남편이 병들어 죽어 가는 나를 버리고 건강한 여자하고 재혼하게 되리라 상상이나 했겠어요?

나를 포함하여 인간이란 단 한 사람도 믿을 위인이 없습니다! 인간이란 이렇게 변하는 존재인데, 그런 인간을 의지할 수 있다고 믿었던 자기 자신에게 배신감을 느끼는 것이 차라리 낫습니다.

그러나 예수님은 마음 놓고 사랑하고 의지할 수 있는 분입니다. 그분의 사랑은 영원히 변하지 않습니다. 그분은 우리가 병들었다고 차 버리거나, 성격이 맞지 않는다고 이별을 요구하거나 뒤통수치고 배신하는 분이 아닙니다. 천재지변을 당하거나 교통사고를 당해서 하루아침에 세상을 떠나는 분이 아닙니다. 우리가 목숨을 바쳐서 사랑해도 영원히 변하지 않고 우리를 사랑하십니다. 너무나 연약한 우리지만 이 땅에서도 함께 사시다가, 천국까지 데려가서 영원히 우리와 함께 사실 분입니다.

이제 그런 분을 사랑하세요. 남편의 사랑과는 비교할 수 없는 사랑과 행복으로 넘치게 채워 주실 겁니다. 새댁을 버리고 떠난 남편도 너무나 사랑했는데, 하물며 우리를 위하여 목숨까지 내어 놓고 사랑하신 주님을 사랑해 보시지 않겠어요? 그분이 새댁의 여생을 책임지시고 기쁨과 환희가 샘솟도록 인도하실 겁니다."

그때 그렇게 내 방을 나간 이후로 3년이 지난 지금, 그녀는 나한테 전화를 걸어서 점심 식사에 초대했다. 꼬부라진 앉은뱅이로 누워 있던 내가 걸어서 그녀의 집을 방문하게 되었다. 하나님은 이렇게 일하시는 분이시다.

현관문을 열고 들어가니 젊고 예쁘장하게 생긴 여자가 환하게 웃으면서 나를 맞이했다. 내가 누군지 궁금해하는 표정을 보이자, 그때 나를 만나러 왔던 아이들 엄마라고 말했다. 만약에 그녀가 밝히지 않았다면 전혀 몰라보았을 정도로 아름답고 예쁜 여자였다.

밝은 색상의 홈웨어를 입고 실내를 걸을 때마다 귀에 걸린 귀고리가 경쾌한 소리를 낼 것처럼 찰랑거렸다. 3년 전에 보았던 그녀의 모습은 흔적조차 보이지 않았다. 완전히 변해 있는 모습에 감동되어 쳐다보고 또 쳐다보았다.

"주님! 나를 이렇게 만드신 주님이 또 이렇게 작품을 만드셨군요! 죽음의 영에 장악되어 폐인이 되었던 이분을 이토록 기쁨이 넘치게 만든 것은, 주님이 아니라면 불가능한 변화입니다. 주님만이 살맛 나도록 변화시키고, 마음에서 기쁨이 샘솟게 하실 수 있어요. 주님은 살리시는 생명이시기 때문이지요. 주님! 이 가정을 축복하소서! 항상 주님의 사랑으로 채우시고 기쁨과 소망과 평화로 넘치게 하소서! 남이 가진 걸 부러워하지 말게 하시고, 내가 없는 걸 슬퍼하지 말게 하소서! 언제나 가진 것만으로도 감사하게 하시고, 무엇이든지 나누며 살게 하소서. 끝까지 믿음을 지키게 하소서! 언제나 이 가정에 감사와 평화가 넘치게 하소서!"

집 안 곳곳에는 그녀의 자상한 손길이 미치지 않은 곳이 없었다. 아이들의 방에는 격려의 글과 용기를 주는 글이 벽에 붙어 있었고, 화초들이 싱그러움을 뽐내면서 자상한 보살핌을 과시했다. 식탁 위에는 손수 뜨개질한 소품들로 오밀조밀하게 단장했다.

"그동안 많이 뵙고 싶었어요. 그때 저한테 전해 주신 말씀은 평생 잊을 수 없을 거예요. 그때 전해 준 말씀을 듣고 제가 달라지기 시작했어요. 나도 살아야 한다는 마음이 막 솟구치는 거예요. 감히 상상하지 못한 마음의 변화였어요! 말씀을 듣는 도중에 이렇게 허무하게 죽을 순 없다는 생각이 마구마구 솟구치는 거예요! 그러자 불쌍한 자식들을 지키고 보살펴야 한다는 생각이 불길처럼 일어났어요!

그렇게 하려면 정인숙 씨가 믿고 의지하는 예수부터 믿어야 한다고 생각했어요! 그래서 주저하지 않고 가까운 교회로 달려 나갔어요. 그때부터 신기할 정도로 두려운 마음이 사라지기 시작했어요. 마음에 평화가 찾아오면서 무서운 증상도 사라졌어요. 나는 아무것도 할 수 없다고 생각했던 것이, 너무나 신기하게도 무엇이든지 할 수 있다는 자신감이 생기는 거예요. 아이들도 밝고 착하게 잘 자라고 있어요. 교회에서 봉사활동도 많이 해요.

주님을 만난 것이 이렇게 기쁠 수가 없어요. 만나는 사람마다 누워서 살아가던 정인숙 씨가 다시 일어나서 걷게 되었다고, 침이 마르도록 자랑하고 있어요. 정말 다시 걷는 모습을 보니 너무나 신기해서 꿈을 꾸는 것만 같아요. 정인숙 씨가 다시 일어나서 걸어 다니는 것만 보아도 하나님이 살아 계신다는 것을 믿지 않을 수가 없어요! 하나님은 정말 놀랍고 놀라운 분이라는 것이 더욱 믿어져요! 그때를 생각하면 저의 집에서 함께 식사한다는 것이 꿈만 같아요!"

"저도 그렇지만, 아이들 엄마가 이렇게 변해 있을 줄은 상상하지 못했어요! 하나님은 이렇게 좋으신 분이죠! 이런 모습을 보게 되어서 너무나 기뻐요. 저를 잊지 않고 식사 초대까지 해 주셔서 고마워요."

식사 전에 주님께 찬양과 경배를 드리며 예배하는 도중에도 그녀는 감사의 눈물이 그치지 않았다.

"인간은 스스로 살아갈(自存) 수 없는 존재입니다. 스스로 사시는 분은 오직 하나님밖에 없어요. 인간은 하나님에 의해서 호흡하며 생명으로 사는 존재입니다. 그동안 하나님을 모르고 사는 생활이 얼마나 두렵고 떨렸는지 깊이 경험하셨죠?"

"그때는 생각만 해도 끔찍해요!"

"지금은 그런 경험조차 감사할 수 있게 되었으니 주님의 은혜가 한없이 고맙지요!"

"그동안 이런 사실을 모르고 살았다는 것이 억울할 뿐이지요!"

"저도 건강했을 때, 이런 사실을 지금처럼 알았다면 아마도 병들지도 않았을 겁니다. 생각하면 억울하죠!"

"저도 고통이 축복의 기회가 될 줄은 꿈에도 상상하지 못했어요!"

처음 그녀를 만났을 때, 다시 만나서 이런 대화를 나누게 될 줄을 누가 상상이나 했으랴! 그때 중환자였던 그녀에게 맛있는 식사를 대접받으리라고 누가 상상이나 해 보았으랴! 내가 현관문을 나서면서 나직하게 물었다.

"젊은 나이인데 어린 자식들을 기르면서 혼자 사시기 외롭지요?"

그러자 말없이 고개를 옆으로 돌리는 그녀의 눈가에 금방 이슬이 맺혔다.

"우리의 외로움은, 우리처럼 외로운 이들을 생각하는 고귀한 기회라고 생각해요! 우리는 예수와 함께 사는 자로서 외로운 이들을 위로하면서, 외롭지 않게 살자고요! 외로운 부분을 주님의 사랑으로 충만하게 채우면서요. 조금도 방심하지 마시고 항상 말씀과 찬양과 기도를 놓지 말아야 해요! 일어서는 것도 순식간이지만, 넘어지는 것도 순식간이니까요."

"정인숙 씨도 혼자 살잖아요!"

이렇게 말한 그녀는 손을 흔들어 배웅하면서 환하게 웃음으로 화답했다. 나의 외로움을 통해서 위로받는 그녀에게 나도 손을 흔들면서 환하게 웃음으로 화답했다. 그리고 외로움조차도 외로운 이들에게 위로가 되도록 사용하시는 주님께 감사드리지 않을 수 없었다.

우연의 일치였다

도시에서 신혼살림을 차렸다가 남편의 직장 문제 때문에, 잠시 시부모가 사는 산골 동네로 들어와서 살게 된 새댁이 있었다. 시골살이에 익숙하지 못한 새댁은 주변이 야산으로 둘러싸인 시골 마을에서, 밤만 되면 대문 밖으로 나오지 못할 정도로 무서움을 탔다. 그야말로 산골의 저녁은 땅거미가 내리는 짙은 어둠으로 시작했다. 깊은 저녁에도 하늘에는 별빛만 재잘거리는 듯하고 땅에는 정적이 짙은 어둠뿐이었다.

도시의 가로등 불빛을 보고 자랐던 새댁에게는 땅거미가 밀려드는 고요한 어둠이 결혼생활을 포기하고 싶을 정도로 힘겨웠다. 시골살이에 익숙한 남편에게서 이런 감정의 어려움을 이해받기는 쉽지 않았다. 새댁은 날마다 남편에게서 벗어날 궁리를 했지만, 그것조차 아이들 때문에 쉽지 않다 보니, 깊은 우울증에 빠져서 죽음까지 생각할 지경에 이르렀다. 아무튼 시골살이와 부부 관계에 원만하게 적응하지 못하던 새댁은, 남매를 낳고도 결혼생활을 지속할지를 두고 날마다 갈등과 번민에 시달렸다.

하루는 시어머니의 권면으로 나를 찾아왔는데, 나는 새댁을 보자마자 예수부터 믿기를 권하기 시작했다. 그러자 '수고하고 무거운 짐 진 자들아, 다 내게로 오라. 내가 너희를 쉬게 하리라(마 11:28)', '누구든지 목마르거든 내게로 와서 마시라(요 7:37)'는 주님의 말씀이, 갈증이 심하던 새댁에게 생수가 되어 전달되었다. 사망에 짓눌려 죽고 싶은 생각에 시달리던 새댁에게 살리는 말씀, 생명의 말씀으로 전달되었다. 그러자 놀라운 속도로 복음을 받아들이더니 예수를 구주로 영접했다.

그때부터 믿음으로 빠져들기 시작했다. 그리스도의 복음은 새댁을 사망의 고통으로부터 살려 냈다. 새댁은 세상에서 경험하지 못한 믿음의 능력을 경험하기 시작하면서 놀라운 속도로 변하기 시작했다. 내가 그랬던 것처럼, 생수의 근원이신 하나님과 예수님의 말씀에 대해서 갈급해하기 시작했다. 그건 너무나 당연했다. 맛있는 음식을 맛본 사람이 맛있는 음식을 다시 찾는 것처럼, 생명의 말씀을 들은 새댁이 생명의 말씀을 갈급해하는 것은 너무나 당연했다.

새댁이 성경책을 들고 와서 궁금해하는 것들을 질문할 때마다 내게 역사하신 간증과 함께 말씀을 믿고 따르는 법을 가르쳤는데, 가뭄에 시들어 가던 나무가 단비를 맞고 파릇파릇 생기가 돌고 살아나듯이, 깊은 우울증에 빠져서 죽음을 생각했던 새댁의 입에서 놀라운 고백이 터져 나올 정도로 완전히 달라졌다.

"이제야 이런 시골 동네로 들어와서 살게 된 이유를 깨닫게 되었어요. 예수 믿고 구원받게 하려고 하나님이 이곳으로 보내셨다는 걸 이제야 깨달았어요."

새댁의 마음에는 생명의 새바람이 휘몰아쳤다. 결혼생활을 지속할지 말지를 두고 번민하던 새댁에게 새로운 삶이 펼쳐지기 시작했다. 우울하게 만들던 환경조차도 감사하지 않을 것이 없었다. 여러 가지 어려운 형편에서도 아이들이 건강하게 잘 자라는 것만으로도 너무나 감사했다. 비로소 문제는 환경과 여건이 아니라 마음이라는 것을 깨달은 새댁은 신앙생활 초기부터 '무엇이든지 믿고 구하면 주신다'는 주님의 약속을 믿고 새벽기도를 시작했다.

그날은 컴퓨터 앞을 떠나지 못하고 문서작업에 여념이 없을 때였다. 안마당으로 급하게 달려오는 발소리가 들리더니 방문이 활짝 열렸다. 놀라서 방문 쪽을 바라보았는데, 얼굴이 백지장처럼 하얗게 질린 새댁의 품에 사지가 축 늘어진 세 살배기 딸아이가 안겨 있었다. 언뜻 보기에 죽은 아이처럼 보였다. 이게 무슨 날벼락이냐 싶어서 나도 모르게 소리를 질렀다.

"아이가 왜 이래요!"

하얗게 질려 있는 새댁은 말을 제대로 하지 못했다.

"나도 모르겠어요! 열이 올라서 약을 사다 먹였는데 아이가 갑자기 이러네요!"

"죽어 가는 아이를 병원으로 데리고 가야지, 나한테 데리고 오면 어떡해요!"

그러자 새댁이 방으로 막 들어서던 발길을 딱 멈췄다. 아이의 눈이 흰자 위만 보였고 입가에는 거품이 버글거렸다. 실낱같은 기대를 걸고 나한테 달려왔던 새댁이 덜덜 떨면서 그대로 몸이 굳어 버렸다. 나도 죽어 가는 아이를 처음 보았던 터라, 너무나 당황한 나머지 기도는 생각도 못 하다가 겨우 기도해야겠다는 생각이 떠올랐다. 정지화면처럼 멈춰 있는 새댁에게 말했다.

"우선 내 침대 위에 아이를 눕히세요! 그리고 빨리 병원으로 연락하세요!"

그제야 새댁은 축 늘어져 죽은 듯이 보이는 아이를 침대 위에 눕히더니 옆에 놓인 전화기의 번호를 누르기 시작했다. 얼마나 경황이 없던지 수화기를 들지도 않고 무조건 번호판의 숫자만 여기저기 눌러 댔다. 새댁은 자기가 무엇을 하는지도 모를 정도로 정신이 나간 상태였다.

나야말로 정신을 바짝 차리고, 죽어 가는 아이를 살려야 한다는 간절한 마음으로 아이한테로 다가갔다. 이미 숨이 멎은 것 같았다. 그때 아이 목을 꽉 조이고 있는 악한 영(더러운 귀신)의 영상이 스치듯이 지나갔다. 나는 반사적으로 아이의 목을 두 손으로 감쌌다. 그리고 큰 소리로 기도했다.

"주님이 역사하소서! 주님이 역사하소서!"

주님이 역사하소서, 라는 말만 일곱 번 정도 반복했다. 전화기 번호판만 눌러 대던 새댁도 내 옆에서 무릎 꿇고 앉아서 아이를 살려 달라고 기도했다. 뒤쫓아 들어온 시어머니도 새댁 옆에서 무릎 꿇고 앉아서 아이를 살려 달라고 기도했다.

바로 그때였다. 흰자만 보이던 아이의 눈에 검은자가 제자리로 돌아오면서, 축 늘어졌던 사지가 꼼지락꼼지락 움직이기 시작했다. 그리고 잠시 후에 아이가 눈을 반짝 뜨더니 나를 쳐다보고 방긋 웃었다. 옆에서 기도하던 새댁이 눈을 뜨고 아이를 쳐다보았다. 아이가 엄마를 쳐다보고 방긋 웃었다. 그제야 새댁이 아이를 품에 끌어안더니 통곡하면서 하나님께 감사했다. 시어머니도 하나님께 감사하면서 통곡했다. 내가 승리의 찬송가를 부르기 시작했다. 그러자 새댁도 시어머니도 목청이 터지도록 승리의 찬송가를 불렀다.

이렇게 감동의 눈물을 흘리면서 뜨겁게 찬양을 부르는데, 동네 사람들이 하나둘 방문을 열었다.

"병원 가려고 택시를 불러 놓고, 여기로 달려오기만 하면 함흥차사가 되는겨?"

시어머니가 큰 소리로 대답했다.

"병원 갈 필요가 없슈! 아이가 살았슈!"

동네 사람들이 놀라면서 새댁 품에 안겨 있는 아이를 쳐다보았다.

"정말 살아났네! 병원에 안 가도 되겠어!"

"병원에 안 가도 돼유! 아이가 살아났슈!"

"그래도 택시를 불러서 왔으니께, 언능 나와서 택시를 돌려보내긴 해야지!"

시어머니가 택시를 돌려보내려고 방을 나가자, 비로소 새댁이 자초지종을 설명했다. 아이가 갑자기 입에서 거품을 내뿜더니 눈이 뒤집히고 쓰러지는 바람에, 병원에 가려고 급히 택시를 불렀다. 아이를 안고 바깥마당에서 택시를 기다리는데, 아이의 상태가 점점 더 나빠지는데, 아무래도 병원에 도착하기도 전에 죽을 것만 같았다.

그때 나한테 가서 기도를 받으면 살지도 모른다는 생각이 번개처럼 스치고 지나갔다. 그래서 앞뒤 돌아볼 겨를도 없이 아이를 안고 우리 집으로 내달렸다. 그런데 내가 아이를 보자마자 병원으로 데려가지 왜 여기로 데려왔느냐고 하는 바람에 완전히 공황 상태에 빠졌다가, 이런 하나님의 엄청난 이적을 경험하게 되었다고 말했다.

새댁의 믿음이 거침없이 성장하는 과정에서 벌어진 일이었다. 하나님은 죽어 가던 아이가 엄마의 믿음으로 살아나는 엄청난 경험을 하게 하심으로 믿음을 더 강하게 세워 주셨다. 아이를 살려 주신 하나님의 은혜가 얼마나 크던지, 아이들의 돌 반지를 몇 개인지 세어 보지도 않고 모두 하나님께 감사예물로 드렸다. 우선 주님께 드려 아까운 것이 없었다. 그리고 아이의 건강을 책임지실 수 있는 하나님께 가장 소중한 것을 드리는 것이, 오히려 아이들의 건강을 지키는 길이라고 생각했다. 그날 주일예배를 마친 후에 담임목사가 면담을 요청했다.

"왜 아이의 반지를 몽땅 하나님께 헌신했나요?"

"죽어 가던 우리 아이를 하나님이 살려 주셨어요! 그래서 아이의 몫으로 소중하게 간직했던 돌 반지를 하나님께 감사예물로 드렸어요. 제가 감사할 수 있는 것이 이것밖에 없었어요!"

"그 뒤로 아이는 별문제 없나요?"

"하나님께서 고쳐 주셨는데 무슨 문제가 있겠어요? 전혀 문제없이 건강하게 잘 지내고 있어요!"

"그래서 새벽기도를 열심히 나오나요?"

"저도 열심히 기도하려고요!"

"따님이 살아난 것은, 하나님이 살려 주신 것이 아닙니다! 무슨 말이냐면 정인숙 씨가 기도해서 살아난 것이 아니라는 말이에요! 아이를 길러 본 사람은 다 아는 얘기예요. 아이들은 자라면서 간혹 이런 일들이 생겨요. 금방 입에 거품을 물고 죽었다가도 내버려두면 저절로 깨어나거든요! 따님도 갑자기 기절했는데 가만히 놔두어도 저절로 깨어날 바로 그 시점에, 용케도 정인숙 씨가 기도하게 된 겁니다. 그러니까 기절했다가 깨어나려는 시점과 기도한 시점이 우연하게도 일치했다는 말이에요! 아이는 하나님께서 살려 준 게 아닙니다. 아이가 깨어날 때가 되어서 저절로 살아난 겁니다. 앞으로는 정인숙 씨가 기도했더니 하나님께서 살려 주셨다고 말하지 마세요!"

아이의 돌 반지까지 예물로 드리면서 하나님의 은혜의 영광을 찬양했던 새댁에게 담임목사가 했던 말이다. 담임목사는 새댁에게 치명적인 상처를 입히고 말았다. 새댁은 즉시 다른 교회로 떠나 버렸다.

제자리로 돌아온 입

나도 교회 문제로 많은 시간을 기도하다가, 성령께서 떠나라는 응답을 받은 이후에 가까운 교회로 소속을 옮겼다. 너무나 마음이 아팠다. 나를 예수께로 인도해 주신 교회, 그리스도 안에서 많이 사랑했던 교회, 첫사랑을 깊이 간직한 채 너무나 아쉬운 마음을 뒤로하고 이웃 교회로 자리를 옮겼다.

>이 동네에서 너희를 박해하거든 저 동리로 피하라
>- 마 10:22-23

가까운 이웃 교회로 옮긴 이후에, 한번은 주일예배를 마치고 집에 돌아가려고 다른 구역 성도들을 데려다주고 돌아오는 교회 봉고차를 기다릴 때였다. 구역 성도가 나한테 바짝 다가오더니 귓속말로 소곤거렸다.
"저를 위해서 기도 좀 해 줘유!"
내가 무슨 일이 있느냐고 물었다.
"내 얼굴 좀 봐유!"
순간 웃음이 터지려는 걸 간신히 참았다. 안면신경마비증세(구안와사)였다. 입을 꼭 다물었을 때는 전혀 표시가 나지 않았으나, 말을 하거나 웃을 때면 입이 한쪽으로 휙 돌아갔다. 나한테 기도까지 요청하는 걸 보니, 정상으로 회복되기가 수월하지 않은 모양이었다.

"병원에도 다니고 한의원에도 다녔지만, 입이 자꾸 옆으로 돌아가니 어쩌면 좋대유. 이대로 굳어 버리면 어쩐대유. 조금도 차도가 없이 한 달이 넘어가고 있으니, 걱정이 이만저만이 아니네유! 병원만 쳐다보면서 세월만 넘기고 있으니 어쩜 좋대유!"

구안와사는 조기에 치료받지 못하면 안면신경이 마비되어 장애를 입게 되는 질병이다. 한 달이 넘도록 한방과 양방을 번갈아 다니면서도 차도를 보이지 않으니, 얼마나 걱정일지 넉넉히 짐작되었다.

그때부터 기도 시간에 그 성도의 안면 마비가 풀어져서 입을 정상으로 회복시켜 달라고 간절히 기도하기 시작했다. 그날도 기도하는 중이었는데 '네가 가서 기도해 주거라!'고 성령께서 말씀하셨다. 전혀 예상하지 못한 성령의 말씀에 당황스러워하자, 이런저런 생각들이 벌떼처럼 달려들었다. 환자를 찾아가서 기도해 주라는 성령의 음성을 들은 것은 그때가 처음이었다.

심사가 매우 복잡했다. 나무 목다리가 매달린 것처럼 뻣뻣한 뻗정다리로 겨우 걸음 연습하는 내가 환자를 찾아가서 기도해 주겠다고 말하면, 기도는 당신이 받아야 할 것 같은데 무슨 말이냐고 하면, 망신도 그런 망신이 어디 있겠는가! 그런데 성령께서 나보고 가서 기도해 주라고 말씀하셨다.

10여 년 동안 누워 있던 몸을 일으켰다고 해서, 오랫동안 활동이 멈추었던 근육과 인대의 탄력기능이 하루아침에 복원되어서 뛰기도 하고 걸은 것이 아니다. 주님만이 그렇게 하실 수 있다. 하지만 대개는 누워 있던 시간보다도 훨씬 더 많은 재활치료의 시간이 필요할 수도 있다. 그렇게 많은 시간을 보낸다고 해서 저절로 기능이 회복되어서 전처럼 활동할 수 있는 재기가 보장되는 것도 아니다.

아무튼 나는 발을 땅을 디디고 걷는 것만으로도 그저 감개무량할 뿐이다. 이쯤에서 내가 걸어 다닐 수 있는 범위를 굳이 말해 보자면, 굴곡이 심하지 않은 평평한 도로나 편의시설이 잘 갖춰진 건물이나 아파트 정도였다. 계단이나 높낮이의 편차가 제멋대로 생겨 먹은 시골 재래식 주택은 아예 접근조차 불가능한 금지구역이었다.

그 성도의 집도 전형적인 농촌 재래식 주택이었다. 내 형편이 이런 줄 뻔히 아시는 주님은 한 번도 아니고 두 번도 아니고 세 번씩이나 '네가 가서 기도해 주라!'고 말씀하셨다. 그래서 직접 가서 기도해 줄 수 없는 이유를 장황하게 말씀드리지 않을 수 없었다. 지금까지 어머니의 아픈 배에 손을 얹고 기도했다가 응답받은 경험과 어린 조카에게 손을 얹고 기도했다가 응답받은 경험 말고는, 다른 사람에게 기도해 준 경험이 없다는 것도 말씀드렸다.

하지만 순종하기 어려운 속내는 따로 있었다. 그것조차도 일일이 말씀드렸다. 우선 그 성도가 자기 집으로 직접 와서 기도해 달라고 부탁하지 않았다는 것과 그분은 입만 옆으로 돌아갈 뿐이지 사지가 멀쩡해서, 내가 그 성도에게 기도받으러 가는 것이 아닌가 하고 헷갈릴 지경이라고 했다. 설령 불편한 몸을 누가 도와준다고 쳐도, 그게 기도 받으러 가는 사람의 모습이지, 기도해 주러 가는 사람의 모양새는 아니라고 말씀드렸다. 간단하게 말해서 '기도해 주러 못 간다'는 말이었다.

"다른 거라면 몰라도 이것만은 순종할 수 없어요! 그 가정을 방문하려면 높은 마루도 올라가야 하고 온돌방에서도 자유롭게 앉았다 일어나기도 어렵고, 저는 도저히 못 가요! 그렇지만 그분의 입은 제자리로 돌아오게 해 주세요!"

"네가 가서 기도해 줘라!"

주님은 네가 가서 기도해 주라고 세 번째 말씀하셨다. 그래서 내가 또 말씀드렸다.

"그 성도가 자기 집으로 직접 와서 기도해 달라는 요청도 하지 않는데, 제가 먼저 집으로 가서 기도해 준다고 말해요?"

그제야 환자가 자기 집으로 와서 기도해 달라고 말하면 갈 수 있음을 내비쳤다. 그때 놀랍게도 그분이 전화를 걸었다.

"내가 지금 죽을 것 같아유! 빨리 우리 집으로 와서 기도 좀 해 줘유!"

"죽을 것 같다니, 그게 무슨 말인가요?"

"금방 목사님 내외가 오셔서 예배드리고 기도해 주었는데, 갑자기 열이 펄펄 올라가면서 머리가 금방 터져서 죽을 것 같네유! 방 안이 빙글빙글 돌아가고 몸은 공중으로 둥둥 떠서 올라가는 것 같아서 눈을 쪼끔도 뜰 수가 없슈! 우리 아들을 보낼 테니 빨리 좀 와서 기도 좀 해 줘유! 금방 죽을 것 같아유!"

"알았어요!"

앞뒤 복잡하게 생각할 겨를도 없이 빨리 가겠다고 약속했다. 그러나 분명한 건 내가 먼저 간다고 말하지 않았다는 점이다. 다만 환자가 기도를 부탁하면 기도해 주러 갈 수 있다고 마음을 먹었을 때, 바로 그때 거짓말처럼 환자가 빨리 와서 기도 좀 해 달라고 요청했고, 잠시 후에 환자의 아들을 보냈다.

그래서 환자는 아들의 도움을 받아서 방에 들어오는 내 모습을 보지 못했다. 주님의 역사는 이렇게 놀라웠다. 누구의 도움을 받지 않으면 재래식 주택조차 출입이 어려운 모습을 환자에게 보이지 않으려는 내 심정까지 완벽하게 챙겨 주셨다. 정말 세심하게 살피시는 하나님에 대한 사랑이 뜨겁게 솟구쳤다. 아들은 눈도 뜨지 못하는 환자의 머리를 두 손으로 떠받쳐서 상체를 일으켰다.

"밤새 귀신들이 쫓아다니면서 괴롭히는 바람에 한숨도 못 잤슈! 꿈자리가 얼마나 뒤숭숭하던지 밤새 도망 다니느라고, 세상에 난리도 그런 난리가 없었슈!"

"집안에 무슨 일이 있었나요?"

"입이 정상으로 돌아오지 않으니, 하루도 마음이 편한 날이 있겠슈! 병원하고 한의원을 번갈아 찾아다녔어도 차도가 조금도 없으니, 그냥 죽고 싶은 심정뿐이유! 어젯밤에는 시커먼 장정들이 쫓아다니는 바람에, 밤새 도망 다니느라고 한숨도 못 잤슈! 그리고 아침에 일어나려는데 머리가 터질 듯이 아프더라고유! 오죽하면 목사님께 예배를 드려 달라고 부탁했겠슈!"

여전히 눈을 뜨지 못했다. 얼굴은 술 취한 사람처럼 벌겋게 달아올라 있었다. 얘기할 때마다 입이 옆으로 돌아갔다.

"아무것도 염려하지 마세요. 밤새 쫓아다녔던 그놈들을 쫓아내면 돼요!"

"꿈속에서 쫓아다니던 놈들이 귀신 맞쥬?"

"맞아요!"

"나도 그런 줄 알았슈! 어떡하면 좋대유!"

"그놈들이 가장 두려워하는 분이 누군지 잘 알죠?"

1부 걸어서 주님의 교회로

"알다마다유! 예수님이지유!"

그분은 내가 전하는 말에 적극적으로 반응하며 화답했다. 이분도 신앙 초기에 믿음으로 병을 치료받은 귀중한 경험이 있었다. 하나님을 깊이 체험한 분으로서, 믿음으로 병 고치는 것에 대해서도 매우 긍정적이고 적극적이었으며, 그동안에도 어려운 문제가 발생할 때마다 주님에 대한 의존도가 매우 강해서 응답받은 간증이 많은 분이었다. 이분은 긴 설명이 필요하지 않을 만큼 전하는 말씀을 액면 그대로 받아들였다.

"예수 이름으로 귀신을 쫓으라고 했으니까 쫓으면 돼요! 혹시 성도님을 괴롭히는 것이 하나님이라고 생각하는 건 아니죠?"

"하나님이 왜 밤새 쫓아다니면서 괴롭혔겠슈!"

"누가 알아요? 하나님이 무엇을 깨닫게 하려고 입을 옆으로 돌아가게 했다고 생각하실지도요?"

"이게 마귀 수작이라는 건 저도 다 알아유. 밤새 괴롭혀서 죽을 것 같아유!"

"맞아요! 마귀의 수작이에요. 그러면 예수님이 당신의 이름으로 쫓으라고 하셨으니까 쫓아야죠?"

"말하면 뭐 해유! 쫓아야쥬!"

이 성도가 믿음에 대해서 능동적이면서 적극적이라는 건 알았지만, 이렇게 민감하게 즉각적으로 말씀을 받아들일 줄은 상상하지 못했다. 이런 분이었으니 주님이 가서 기도해 주라고 하셨다는 걸 깨달았다. 성도는 영적인 눈이 활짝 열려 있었다. 믿음으로 치료받을 준비가 되어 있었다는 말이다.

"하나님은 병을 주시는 분이 아니라 치료하시는 분입니다! 말씀이 곧 만병을 치료하는 치료제입니다. 설령 우리가 육신의 생각을 따라서 행하다가 말씀에 불순종한 결과로 질병이나 고통이 생겼더라도, 결과적으로 악한 영이 지배하도록 허용했기 때문이죠. 그러니까 주님이 질병을 주신 것이 아니라는 말이에요."

"알아유! 하나님은 치료해 주시는 분이세유!"

"성도님의 믿음을 따라서 지금 당장 치료해 주실 겁니다!"

"아멘!"

안면이 마비된 성도의 얼굴에 손을 댔다. 그리고 주님께 기도했다.

"거룩하신 아버지! 성도님의 입이 옆으로 돌아가고 머리는 터질 듯이 아파서 고통당하고 있습니다! 병든 자에게 손을 얹은즉 나으리라는 약속을 믿고 손을 얹었습니다. 지금 치료해 주소서!"

그리고 더러운 귀신에게 명령했다.

"밤새 성도님을 괴롭혔던 더러운 귀신아! 예수 이름으로 명하노니 당장 떠날지어다!"

그러자 환자가 감았던 눈을 활짝 뜨면서 말했다.

"떠났슈!"

"떠났어요?"

"예! 정수리에서 뭐가 쑥 빠져나가는 것 같더니. 깨질 것 같았던 머리 통증이 순식간에 사라졌슈! 온몸이 날아갈 것처럼 가벼워졌슈!"

내가 놀란 것은 두통이 사라졌다는 말 때문이 아니었다. 성도가 말하는 도중에도 입이 옆으로 휙 돌아가지 않았기 때문이다. 말할 때마다 옆으로 휙휙 돌아가던 입이 얌전하게 제자리에 있었다. 귀신이 굴복하고 떠나는 것은 눈으로 볼 수 없으나, 입이 정상으로 돌아온 것을 보니, 떠나라는 말에 굴복하고 귀신이 떠난 것이 확인되었다. 주님의 약속은 진실이었다. 너무나 기뻐서 입이 찢어지도록 웃고 떠들어도 입은 얌전하게 제자리에 있었다. 성도는 기쁨의 눈물을 흘리면서 하나님 아버지께 감사의 찬양을 드렸다.

"아무리 생각해도 너무나 신기하네유! 한 달 동안 여기저기 헤매고 돌아다니면서 숱한 돈이 들었는데, 돈 한 푼도 들이지 않고 주님이 거저 고쳐 주셨네유!"

"당연하지요! 하나님은 믿는 자들의 아버지니까요! 모든 영광은 하나님께 돌리세요!"

"예수 이름의 권세가 이렇게 엄청난 줄은 미처 몰랐네유! 그동안 너무나 멍청하게 신앙생활을 했슈!"

성령께서 환자의 옆으로 돌아가는 입을 고쳐 주시려고, 나한테 가서 기도하라고 하셨다는 것을 비로소 깨달았다. 나는 활동에 제약이 많은 외모 때문에 환자를 방문해서 기도해 주기를 심히 꺼렸다. 그러나 다리가 꼬부라졌거나 뒤틀어졌거나, 걸음걸이가 뒤뚱거리거나, 부축해서 몸을 이동하거나, 주님께는 우리의 외모가 전혀 걸림돌이 되지 않았다. 환자를 고치시는 분은 내가 아니라 주님이셨기 때문이다. 내가 환자를 업어야 하거나 들쳐 메고 고치는 일이 아니었다. 주님이 전하시려는 말씀을 가르치는 입만 멀쩡하면 되고, 손을 들어서 환자의 몸에 댈 수 있기만 하면 되었다. 그러면 성령께서 병을 고치고 믿음으로 변화시키고 회복시키셨다.

이것이 내가 처음으로 성령의 음성을 따라 환자를 찾아가서 기도하고 병이 고쳐지는 경험이었다. 장애가 많은 육신임에도 불구하고 나를 통해서 말씀하시고 일하시는 주님의 병 고치는 역사를 처음으로 경험하게 되었다. 주님은 불편한 내 신체로 인해서 아무런 제약도 받지 않으셨다. 이런 외적인 모습에도 불구하고 성령께서 병을 고치실 줄은 꿈에서도 생각하지 못했다.

그런데 성령께서 병을 고쳐 주신 이 사건이 엄청난 파장을 불러일으켰다. 성령의 역사에 대해서 가장 기뻐하는 곳이 교회라고 믿었던 내 생각은 완전히 빗나갔다. 나는 교회를 다녀 본 경험이 없어서 이런 파장이 일어나는 이유를 도무지 이해하기 어려웠다.

성도의 입이 하루아침에 정상으로 회복한 것이 궁금했던 교인들이 어떻게 고쳤는지를 물었던 모양이다. 그 성도는 하나님께서 고쳐 주셨다고 자랑스럽게 간증했다. 그러자 성도들 사이에서 소문이 퍼져 나갔다. 복음서에도 '예수께서 삼가 아무에게도 알리지 말라 하셨으나 그들이 나가서 예수의 소문을 그 온 땅에 퍼뜨렸다(마 9:30-31)'는 기록만 봐도, 복음은 소문이 퍼져 나가도록 설계되었고, 소문을 듣고 더 많은 환자가 예수님을 찾아와서 구원받는 기회가 되었다.

그때는 교회를 옮기고 얼마 되지 않았기 때문에 매사가 낯설고 서먹서먹했어도, 어쨌거나 영성이 뜨겁다고 생각해서 안심하고 지낼 때였다. 내가 일부러 그 성도를 꼬드겨서 기도한 것도 아니고, 성령께서 네가 가서 기도해 주라고 말씀하셔서, 가서 기도하고 병이 고쳐졌기 때문에, 치료받은 성도도 입을 꾹 다물고 있기가 어려웠을 것이다. 그때나 지금이나 세상이나 교회나 질병으로 고통당하는 이들이 수두룩했기 때문에, 성령께서 고쳐 주셨다는 사실을 간증하지 않을 수 없었을 것이다.

문제는 간증하는 과정에서 정인숙이 기도했더니 성령께서 돌아간 입을 고쳐 주셨다고 말하는 대목이었다. 이 과정에서 내 이름만 빠지면 아무런 문제가 없었을 텐데 말이다. 그러나 성령께선 반드시 믿는 자와 함께 일하신다. 그때부터 담임목사는 나를 경계하기 시작했고, 교인들은 눈치를 보면서 나한테 기도를 요청하기 시작했다. 그러나 나는 담임목사의 가르침을 받는 평신도였다.

'저 동네에서 (핍박을) 피하여 이 동네로 왔으나(마 10:23)' 이 동네도 성령께서 요청하시는 말씀을 따라서 순종하기가 순탄치 않을 것이 예상되었다. 내가 행한 일은 성령의 요청에 따라서 아픈 환자를 고쳐 달라고 주님께 기도했고, 내 기도에 응답하신 하나님께서 병을 고쳐 주신 것밖에는, 어떤 불미한 행동을 했거나 교회에 해를 끼치는 어떤 행동도 하지 않았는데도 말이다.

> 인자로 말미암아 사람들이 너희를 미워하며 멀리하고 욕하고 너희 이름을 악하다 하여 버릴 때에는 너희에게 복이 있도다. 그날에 기뻐하고 뛰놀라. 하늘에서 너희 상이 큼이라
> - 눅 6:22-23

귀신 들려서 위험하다

주일예배를 마치고 교회 마당으로 나오자 어떤 성도가 주위를 살피면서 조심스럽게 다가왔다.

"제 부탁 좀 들어주세요!"

"부탁이라니요?"

"손아랫동서가 죽게 생겼어요. 병원에서 더 이상 도와줄 것이 없다고 해서 그냥 집으로 돌아왔는데, 제발 한 번만 방문해 주세요!"

죽게 생겼다는 말에 매정하게 거절할 수도 없어서 주춤거리다가, 일단 복잡한 생각은 뒤로 밀치면서 무조건 방문을 결정했다. 죽게 생긴 환자라는데 내 안위만 생각하고 도와달라는 손길을 뿌리친다면 주님이 기뻐하지 않을 거라는 생각에 미쳤기 때문이다. 우선 죽게 생긴 환자부터 살리고 보자는 심정으로 그분을 따라갔다. 집에 도착하니 환자와 가족들과 동기간들이 모두 거실에 모여서 나를 기다렸다. 나는 자리에 앉자마자 하나님이 살아 계심과 주님이 약속한 성경 말씀이 진실이라는 것을 강력하게 전하기 시작했다.

"제가 사지가 꼬부라져서 누워서만 살다가 예수를 믿고 다시 일어나서 걷는다는 소문을 들었을 거예요. 지금 제 몸에는 아무 병도 없어요. 그러나 질병 때문에 전신 관절이 심하게 망가져서 장애를 입게 되었어요. 그런데도 이렇게 걸어 다니는 건 몸에서 병이 떠났기 때문이에요. 누구라도 건강이 회복되려면 반드시 병이 떠나야 합니다.

저는 예수 믿는 사람을 가장 싫어했던 사람이에요. 그랬던 제가 병들어 죽게 생겨서야 비로소 예수가 모든 병을 고치는 의사라는 걸 알게 되었고 믿게 되었어요. 그때부터 성경에 기록한 주님의 약속을 믿고 따르기 시작했습니다. 죽을힘을 다하여 말씀이 하라는 대로 순종했습니다. 그랬더니 질병이 떠나고 건강이 회복되어서, 이렇게 다시 일어나서 걷게 되었어요.

하나님이 모든 병을 다 고치시는 치료자이셨던 겁니다. 말씀이 만병을 다 고치는 길로 안내해 주는 처방전이었던 겁니다. 예수님을 모든 병을 다 고치시는 구세주로 믿기만 하세요! 우리가 두려워하는 질병이 가장 두려워하는 분이 예수님이십니다. 믿는 자에게 병은 두려운 존재가 아닙니다! 예수님이 훨씬 더 두려운 분입니다. 예수께서는 이따위 질병은 파리를 쫓는 것보다 더 쉽게 고치십니다! 말씀으로 쫓아내십니다! 특정한 어떤 병이 아니라 모든 병을 다 고치십니다! 그렇게 능력 있고 말씀으로 만병을 고치시는 예수님을 믿고 따라 보지 않겠어요? 나도 그분을 믿고 따르다가 병을 고쳤어요! 예수님을 믿고 따르면 어떤 병도 다 고칠 수 있어요!"

이렇게 힘써 말씀을 전하는데 느닷없이 그 성도가 소리쳤다.

"동서 얼굴이 정상으로 돌아왔어! 저거 봐! 얼굴 색깔이 정상이 되었어!"

일제히 고개를 돌려서 환자를 쳐다보았다.

"그러네! 정말 그러네! 얼굴색이 정상으로 돌아왔네!"

환자가 내가 전하는 말씀을 믿음으로 받아들였다는 증거였다. 말씀은 모든 것을 치료하는 치료제이다. 그래서 말씀을 듣고 믿으면 질병의 기세가 확 꺾어져서 순식간에 병세가 호전되는 역사가 나타난다. 이렇게 믿음의 역사는 순식간에 벌어진다. 환자는 예수를 전혀 알지 못하는 비신자였다. 그런데 말씀을 듣다가 예수가 모든 질병을 치료하시는 의사라는 것을 믿게 되었을 것이다.

환자에게 기도하기 전에 먼저 복음을 전해야 하는 이유는, 믿음이 없거나 의심하거나 병 고침을 부인하는 곳에서는 성령께서 능력으로 역사하시지 않기 때문이다. 믿음은 들음에서 생긴다(롬 10:17). 환자는 죽음의 두려움을 벗어나서 믿음으로 치료받을 수 있다는 소망이 생긴 것이 분명하다. 죽게 생긴 환자에게 죽을병을 고치는 길이 있다는 소식보다 더 기쁜 소식은 존재하지 않는다. 나는 죽을병도 고칠 수 있는 길이 있다는 소식을 전하려고 환자를 찾아갔고, 환자는 일생일대의 가장 기쁜 소식을 듣게 되었다.

복음은 아버지의 음성이고 예수의 음성이고 성령의 음성이다. 그리스도의 복음, 즉 믿음의 복음은 영을 살리고 마음을 살리고 죽을 몸도 살리는 치료제이다. 주님이 가시는 곳곳에서 말씀을 가르치고 복음이 선포하실 때마다 모든 병이 고쳐지고, 더러운 귀신이 떠나가고, 모든 약한 것들이 고쳐지는(마 9:36) 이유이다. 나는 환자가 믿음으로 살아나는 걸 보면서, 예수 믿기를 강력하게 권하고 돌아왔다.

그런데 내가 집에 도착하기도 전에, 그 환자한테 달려간 교회 사모가 환자와 가족들에게 정인숙은 영적으로 잘못되어서 매우 위험한 사람이니 가까이하지 말라고 권고한 후에, 환자를 설득해서 가까운 기도원에 데려다주었다는 얘기를 전해 들었다.

물론 어떤 모함에도 따지거나 그에 대해서 맞대응한 적은 없다. 그렇다고 해서 환자나 비신자에게 하나님이 살아 계신다고 전하기를 중단한 적도 없다. 그런데 비신자일지라도 내가 방문했던 곳은 반드시 찾아가서 나를 비방하고 험담하면서, 다시는 찾아오지 못하게 막으라고 당부한다는 소문이 들렸다.

교회의 주인은 주님이시다. 나한테 병들어 소외되고 절망하는 이들에게 이 소식을 전하라고 명하신 분도 주님이시다. 주님 외에 내가 전도하는 것에 대해서 왈가왈부할 사람은 아무도 없다는 말이다. 그때는 나처럼 고통당하는 이웃들에게 예수를 전하고 싶은 욕구가 불같이 일어났다. 심지어 나처럼 고통당하는 이들에게 예수를 전하는 것이, 다시 일어나서 걷게 된 이유이고 목적이라고 생각했다. 게다가 주님의 은혜에 보답하는 길은, 다른 이들도 나처럼 예수를 믿어서 병을 고치도록 복음을 전하는 일이라고 생각했다.

사실은 교회 마당도 쓸고 싶었고, 예배당도 청소하고 싶었고, 식당에서 음식 봉사도 하고 싶었고, 심지어 화장실 청소도 하고 싶었다. 그러나 자유로운 활동이 어려운 내 신체 중에서 유일하게 마음대로 사용할 수 있는 곳은 말(speech)하는 입뿐이었다.

어쩌면 전도자에게 가장 중요한 것이 가르치는 능력일지도 모른다. 지금도 그렇지만 나를 고쳐 주신 하나님을 자랑하고 증언하는 일이 가장 신나고 즐거웠다. 또한 너처럼 병들고 소외되어 고통당하고 절망하는 이들에게 이 소식을 전해서 기쁨과 평화를 누리다가 함께 천국에 오라고 소명(召命)하신 이도 주님이셨다.

내가 살면 얼마나 더 살겠는가! 오래 산다고 쳐도 몇십 년밖에 더 되겠는가! 그러니 영혼이 구원받아서 영원히 산다는 이 소식을 전하는 게 얼마나 급하고 중요한 일이겠는가! 내가 꼬부라진 몸을 펴고 다시 일어나서 걷는 것은, 주님의 약속이 진실하다는 증거이고, 복음을 믿고 따라서 행했던 내 믿음이 진실했다는 증거였다. 그러나 병을 고친 것이 내 인생에서 가장 중요했어도 영원한 생명을 소유한 것에 비한다면 조족지혈에 불과했다. 그러니 누가 병들었다는 소식을 들으면 찾아가서 복음을 전하고 치료받길 간절히 권하지 않을 수 있었겠는가!

그때는 아버지의 오토바이 뒤꽁무니에 올라타고서 여기저기 다녔다. 아버지도 딸을 고쳐 주신 하나님을 자랑하기에 바빴다. 상상이나 해 보았는가? 10년 가까이 새우처럼 사지를 꼬부리고 한 자리에 누워서, 먹고 마시고 싸면서 사는 신세가 어떤 것인지를! 그런 몸을 다시 일으켜서 걷게 하신 하나님의 은혜에 대한 고마운 마음이 어느 수준이었을지 가늠이나 해 보았는가! 아픈 다리를 끌고 다니면서 주님이 가장 기뻐하시는 복음을 전하는 심정이 어떠했을지 이해가 되겠는가! 엉덩이로 뭉그적거려서라도 가 보고 싶었던 교회였고, 꼬부라진 무릎을 펴고 발바닥을 땅에 대 보기라도 하고 싶었는데, 발목의 무서운 통증조차도 걷기를 중단시킬 수 없었다.

> 집으로 돌아가 하나님이 네게 어떻게 큰일을 행하셨는지를 말하라 하시니, 그가 가서 예수께서 자기에게 어떻게 큰일을 행하셨는지를 온 성내에 전파하니라
>
> - 눅 8:39

이런 내 열망은 아무도 막지 못했다. 다만 망가진 발목이 내 열망을 따라 주지 못할 뿐이다. 그래도 뒤뚱거리며 걸었다. 두 다리를 쭉 펴고 땅을 디디고 서서 걷는 것만으로도 날마다 기쁘고 행복했다. 기도할 때마다 하

나님의 사랑과 은혜를 전하고 싶은 욕구가 불같이 일어났다. 그건 가슴에서 뜨겁게 용솟음치는 생명력이었다. 그럴 때마다 환자들을 찾아가서 주님의 사랑과 은혜를 전하면 성령께서 함께 역사하셨다. 이렇게 성령께서 일하시는데 어떻게 가만히 있을 수 있겠는가!

그럴 때마다 병한테 난도질당한 발목과 발가락들이 제발 그만 걷자고 아우성치면 꼼짝달싹하지 못하고 가만히 서 있을 때도 많았다. 이런 나한테 누가 전도하러 나가라고 등을 떠밀어 내보냈겠는가? 아무도 전도하라고 등을 떠다민 사람은 없었다.

그러나 이런 몸을 이끌고 전도하러 나가면 주님이 함께 일하셨다. 이런 몸을 통해서도 성령께서 함께 일하셨다. 그러니 내가 의지할 분은 주님밖에 없었고, 이런 내가 위로받을 분도 주님밖에 없었다.

언젠가 아픈 발목 때문에 꼼짝없이 길에 서 있을 때였다. 무심코 하늘을 우러러보았다.

"주님! 발가락과 발목이 너무나 아파요. 한 발짝도 걸음을 떼지 못해서 길에 서 있는 거 보이시죠! 오늘도 이런 저를 통해서 성령께서 일하셨어요. 내가 전도할 때마다 함께 일하시는 주님을 보았어요! 그런데도 발이 너무나 아파서 한 발짝도 걸음을 뗄 수가 없어요! 지금이라도 주님 곁으로 가고 싶어요! 이런 몸으로 복음을 전하는 일이 자꾸만 자신감이 없어지려고 해요. 그럴지라도 주님이 기뻐하시면 할게요! 주님이 기뻐하시면 통증이 발목을 잡아도 복음을 전할게요!"

얼굴 위로 눈물이 주르르 흘러내렸다. 길에서 꼼짝달싹하지 못하고 서 있는 나를 보고 계실 주님이 너무나 보고 싶어서 울었다. 제대로 걸음도 걷지 못하는 나와 함께 일하시는 성령님을 생각하면서 울었다. 더더욱 통증에 시달리는 몸을 떠나서 주님 곁으로 가고 싶어서 목이 뻐근해지기까지 속울음을 울면서 길에 서 있었다.

바로 그때 어디선가 은혜로운 찬양 소리가 들렸다. 깜짝 놀라서 찬양 소리가 들리는 방향으로 고개를 돌렸다. 연립주택이 밀집된 골목에서 들려왔다. 찬양 소리가 점점 가까워지면서 카세트테이프가 실린 상자가 주택 골목에서 스스로 걸어 나왔다. 너무나 이상해서 눈을 떼지 못하고 바라보고 있는데, 놀랍게도 상자 뒤쪽에서 땅바닥에 앉은 사람이 뭉그적뭉그적 앞으로 몸을 이동하면서 상자를 밀고 있었다. 그는 양다리가 절단된 장애인이었다. 커다란 타이어에 상체를 묶고 앉아서 상자 위에 있는 찬양 테이프를 팔았다. 순간 목이 꽉 메었다.

"아픈 발목을 잘라 버리고 차라리 의족을 하고 싶다고 말했던 저를 용서하소서! 양다리가 없는 저분에게는 두 다리로 서 있는 제가 얼마나 부러울까요? 두 다리로 서서 땅이라도 밟아 보고 싶었던 게 엊그제였는데, 벌써 그 시절을 잊어버렸어요! 주님, 혹독하게 괴롭히는 이 통증도 떠날 거예요. 그리고 자유롭게 걸을 거예요. 그리고 마음껏 다니면서 주님이 기뻐하는 일을 하게 하소서. 그러면 족할 것입니다!"

저분을 여기서 만나게 하신 것도 주님이셨다. 어떤 상황에서도 감사하는 법을 가르치시려는 주님의 사랑이었다. 그제야 감사하면서 발을 앞으로 내디뎌 보니 걸음이 걸어졌다. 그리고 사지가 꼬부라진 앉은뱅이 때, 지금 만난 저 장애인처럼, 엉덩이로 뭉그적거려서라도 몸을 이동할 수 있는 사람조차 얼마나 부러워했던가! 어떤 상황에서도 말씀만이 옳고 또 옳았다.

> 항상 기뻐하라. 쉬지 말고 기도하라. 범사에 감사하라. 이는 그리스도 예수 안에서 너희를 향하신 하나님의 뜻이니라
> - 살전 5:16-18

어떤 날은 질병에 시달리는 교인이 나한테 기도받기를 간청했다. 교회에서 내 처지가 얼마나 딱하게 되었는지를 너무나 잘 아는 분이었다. 나도 그분이 생각날 때마다 안타까운 마음으로 병을 고쳐 달라고 기도하는 중이었다. 차마 거절할 수 없어서 약속했다. 그리고 그날 저녁 잠이 들었는데, 시커먼 옷을 입은 두 청년이 달려들더니 느닷없이 목을 조였다. 숨이 막혀서 괴로워하다가 더러운 놈들이라는 것을 깨달았다.

"너희들은 누구냐!"

"네가 귀신만 쫓지 않는다면 괴롭히지 않겠다!"

"감히 하나님의 자녀인 내 목에 손을 대고 조였어? 당장 내 목에서 손을 떼지 못해! 예수께서 너희들을 쫓아내라(막 16:17)고 말씀하신 거 알잖아? 더러운 놈들아! 예수 이름으로 명하노니 당장 내 목에서 손을 떼고 꺼져 버려!"

즉시 사라졌다. 그리고 잠에서 깨어났다. 성령을 따라서 일하는 주님의 일꾼들은 영적 싸움의 최전선에서 더러운 영들과 직접적인 대결을 펼치지 않을 수 없다. 차마 입에 올리기도 부끄러운 모함과 수많은 핍박을 당하는 것도 저놈들의 공격이라는 것을 너무나 잘 안다. 주님도 제자들을 보내면서 '내가 너희를 보냄이 양을 이리 가운데로 보냄과 같도다(마 10:16)'고 말씀하셨다. 사도 바울도 점치는 귀신 들린 여종에게서 귀신을 쫓아냈다가 매를 맞고 옥에 갇히는 엄청난 수모를 겪었다(행 16:16-23).

주님의 사역은 마귀에게 눌린 자를 예수께로 인도하여 구원받게 하는 생명의 일이다. 그것이 마귀의 손아귀에서 구출해 내는 일이다. 그래서 그들의 엄청난 저항과 공격의 표적이 될 수밖에 없다. 그러나 주님이 '세상에서는 너희가 환란을 당하나 담대하라. 내가 세상을 이기었노라(요 16:33)'고 말씀하셨다. 어떤 핍박에도 굴복하지 않고 끝까지 참고 견디면 반드시 이기지 않을 수 없는 이유이다. 그러나 믿음과 말씀과 기도와 성령으로 무장하지 못한 채로 영적 전쟁에 뛰어들었다간, 오히려 주님의 일꾼들을 시기하고 방해하는 불행한 당사자로 전락할 위험한 길이기도 하다(엡 12,16-17). 성령은 눈으로 볼 수 없는 분이다.

우리의 싸움의 상대는 사람이 아니다. 눈에 보이지 않는 악한 영들이다. 그러므로 육신의 혹독한 훈련이 필요한 것이 아니다. 말씀을 따르고 성령을 따라서 믿음의 기도를 쉬지 않는 영적인 훈련만이 필요하다. 성경 교육 과정을 마쳤고, 신학 과정을 마친 것이, 영적 무장이 되었다는 것을 의미하지 않는 이유이다.

다음 날, 약속한 예배 장소에서 기도를 요청한 분을 포함하여 몇몇 분들이 나를 기다렸다. 내가 치료받는 믿음에 대해서 가르쳤다. 그리고 아픈 분의 몸에 손을 얹고 기도하는데, 어깨에서 미세하게 시작한 전류 같은 것이 팔을 타고 흐르더니 손끝까지 내려왔다. 그때 귀신이 정체를 드러냈다. 나는 그들이 어떤 놈들인지 즉시 알아봤다.

"어젯밤에 내 목을 조이던 놈들이지?"

"맞아! 우리가 갔었어! 그런데 너무 무서워서 얼른 도망쳐 왔어. 예수님이 네 뒤에서 지키고 있었거든!"

"그걸 몰라서 온 거야? 그동안 이분에게 무슨 짓을 했어!"

"상여를 만들어 놓고 여러 번 보여 주었어! 내가 데려가려고 그랬거든!"
"이젠 네 뜻대로 안 돼! 예수 이름으로 명한다, 당장 떠날지어다!"
그러자 즉시 떠났다. 성도가 굉장히 놀란 눈으로 나를 쳐다보았다.
"세상에, 몸이 날아갈 듯이 가벼워졌슈! 정말 놀랐슈! 꿈에서 상여를 여러 번 봤는데, 귀신들이 한 짓이었네유! 나를 데려가려고 그랬다네유! 꿈에 상여를 본 날은 몸이 더 아프고 엄청 힘들었는데, 그게 다 나를 죽이려고 그랬다네유! 이런 일은 지금까지 들어 본 적이 없어유!"
"복음서에는 예수 앞에서 귀신들이 쫓겨나고 병이 고쳐지는 기록들이 너무나 많아요. 교회를 수십 년 동안 다녔는데도, 마귀나 귀신에 대해서 설교를 들어 본 적이 없다는 말인가요? 나는 그 말이 더 충격적이고 놀라운데요! 믿음과 말씀도 영이고, 오늘 병 고치는 경험도 질병의 배후에서 더러운 영들이 그동안 무슨 짓을 했는지, 그들의 말로 생생하게 자백하는 소리를 직접 들었잖아요!"

> 마침 그들의 회당에 더러운 귀신 들린 사람이 있어 소리 질러 이르되, 나사렛 예수여, 우리가 당신과 무슨 상관이 있나이까. 우리를 멸하러 왔나이까. 나는 당신이 누구인 줄 아노니 하나님의 거룩한 자니이다. 예수께서 꾸짖어 이르시되 잠잠하고 그 사람에게서 나오라 하시니
> - 막 1:23-25

그런데 이분에게서 귀신이 떠나고 병이 호전된 이후로 내 처지는 점점 더 딱해졌다. 성령께서 역사하신 병 고치는 경험과 더러운 귀신들이 항복하고 떠나는 놀라운 경험들이 교인들 사이에서 소문이 퍼져 나갈수록, 강

단에서 노골적으로 나를 무시하고 깔보면서 공격하기 시작했다. 물론 세속적으로 화려한 경력도 없고, 외모만이라도 근사했더라면 그나마 좋았을 것을, 쳐다보기에도 민망하게 생긴 외모였으니, 그렇더라도 내가 행한 일이 업신여김을 당하고 깔보임 당할 만큼 교회에 해를 끼치는 일인지, 도무지 알다가도 모를 일이었다. 오히려 성령께서 무엇을 하라고 말씀하실 때마다 내가 거절했던 이유가 바로 모든 이들에게 걸림돌이 되지 않을 수 없는 외모 때문이었다.

이렇게 부실하게 생긴 몸으로 무슨 커다란 비전을 품을 수 있으며, 대단한 야심을 펼쳐 보려고 이러는 것이겠는가! 다만 환자를 찾아가서 말씀을 가르치고 기도하면 성령께서 함께 일하셨을 뿐이다. 그런데도 상황은 점점 더 혹독하게 변했다. 주일 날 공개적으로 나를 가까이하지 말라고 광고하는 지경까지 이르렀다. 그리고 얼굴을 들지 못할 정도로 추잡한 소문을 퍼뜨리기 시작했다. 그런데도 일체 함구하는 나한테 한 성도가 다가와서 울분을 터뜨렸다.

"사모님이 교인들을 만나거나 심방 가서 정인숙 씨에 대해서 얼마나 모욕적인 소문을 퍼뜨리고 중상모략하는지 다 알면서도 한마디 말을 안 하세요? 다 거짓말이라고 변명하셔야죠! 일체 말이 없으니까 교인들이 다 진짜인 줄로 오해한단 말이에요. 도저히 듣기에도 거북한 추잡한 얘기를 마구잡이로 만들어서 소문을 내는지 다 알고 있잖아요!"

"내가 입을 열어서 변명하면, 나를 모욕하기로 작정하고 소문을 퍼트리는 사람은 어떻게 되겠어요? 정말로 못된 사람이 되는 거잖아요! 그러면 교인들이 어떻게 되겠어요! 큰 혼란에 빠져서 성도들이 시험에 들어 넘어질 것이 너무나 분명하잖아요? 차라리 내가 귀신 들리고 비정상적이고 추잡한 사람이 되는 것이 교인들의 혼란을 막는 거잖아요! 그분들이 나쁜 사람이라고 명명백백히 밝혀서 무엇을 어떻게 하려고요? 나만 참고 견디면 교회는 조용하잖아요. 나는 교인들이 내 진실을 알아주길 기대하지 않아요! 나는 사람에게 인정받으려고 이런 일을 하는 것도 아니고, 사람들이 인정할 수 있는 일도 아니잖아요. 그러니 나를 욕하고 중상모략해도 신경 쓰지 마시고 내버려두세요! 나는 다 괜찮아요! 어쨌거나 마음을 써 줘서 고마워요!"

"이렇게 신실한 분을 중상모략하는 것이 너무나 화가 나고 속상해서 그래요!"

"못 들은 체하세요! 나는 다 괜찮아요!"

"알았어요! 이젠 나도 못 들은 체할게요!"

그날도 주일예배를 마치고 교회 마당에 우두커니 서서 다른 구역 성도들을 데려다주고 돌아오는 교회 봉고차를 기다렸다. 그때 교회당 바로 옆에 붙어 있는 목사관에서 한 성도가 맨발로 뛰어나오더니 소리쳤다.

"정인숙 씨, 빨리 좀 와 주세요! 큰일 났어요! 어서 사택으로 와 주세요!"

사색이 되어 다급하게 도움을 요청하는 성도의 말에 영문도 모르고 사택으로 향했다. 아무리 급해도 빨리 걸을 수 없었지만, 최대한 빠르게 걸어 보려니 더욱 뒤뚱거리면서 사택 출입문 손잡이를 비틀어 열었다. 바로 그때 나도 익히 아는 청년 자매가 후다닥 내 앞으로 달려와서 무릎을 꿇더니, 손바닥을 마주 대고 싹싹 비비면서 애원했다.

"나는 아무 짓도 하지 않았어요! 내가 그런 게 아니라고요!"

그때까지 내가 한 행동이라곤 출입문을 열고 사택 안으로 들어가서 출입구에 서 있는 것뿐이다. 거실에는 여러 명의 성도가 긴장이 고조된 표정으로 이 상황을 지켜보면서도 무슨 말을 해 주는 이가 하나도 없었다. 거실은 어둡고 살벌한 긴장감이 감돌았는데, 바로 그때 청년 자매가 정신질환자라는 생각이 퍼뜩 떠올랐다.

"무슨 짓을 한 거예요! 어서 말해요!"

"나는 아무 짓도 하지 않았어요! 정말이에요!"

내 앞에서 두 손을 싹싹 비비고 있는 자매가 무슨 일을 저지른 것이 분명했다.

"그렇게 살면 안 되잖아요! 예수 믿고 병을 고쳐야지, 왜 그렇게 사는 거야!"

"나도 병을 고치고 싶어요. 예수 믿고 병을 고치고 싶어요!"

"그럼, 내 말을 잘 들어요!"

출입구에 계속 서 있기가 어려운 나는 핍박의 진원지인 사택에서 정신질환자의 안타까운 처지를 생각하고, 출입구에서 가까운 작은 방으로 들어가자 자매가 따라서 들어왔다, 그리고 내 앞에서 무릎을 꿇고 앉아서 병을 고치고 싶다고 간절하게 호소했다. 거실에 서 있던 성도들도 안심하면서 따라 들어와서 자매 옆으로 죽 앉았다.

내가 하나님이 살아 계심을 전하기 시작했다. 예수 믿으면 병을 고칠 수 있다고 간곡하게 전하는데, 사모가 방에 들어오더니 두 팔을 휘휘 내저으면서 다들 방에서 나가라고 쫓기 시작했다. 그 바람에 성도들이 우르르 방을 빠져나가자마자 방바닥에 털썩 주저앉더니 고개를 숙이고 주기도문을 암송하기 시작했다. 그리고 고개를 들더니 다시 자매를 방에서 나가라고 내쫓더니 나도 빨리 나가라고 내몰았다.

나중에 들은 얘기지만, 그날 거실에 있던 한 성도가 화장실에서 볼일을 보는 중이었다. 그런데 그 자매가 들어오더니 느닷없이 목을 꽉 누르고 조이는 바람에 화장실 바닥에 나동그라졌다. 비명을 지르는 소리에 놀라서 화장실로 달려간 목사가 성도의 목을 짓누르는 자매의 손을 떼려고 하자, 달려들어서 목을 조이고 누르는 바람에 화장실 바닥에 나동그라졌다.

그걸 본 사모가 달려들어서 손을 떼려고 했으나 그에게도 달려들어서 목을 누르고 조이는 바람에 화장실 바닥에 나동그라졌다. 사태가 워낙 다급하다 보니 지켜보던 성도들도 달려들어서 자매의 행동을 저지해 보려고 했으나, 그들에게도 똑같이 달려들어서 목을 누르고 공격하는 바람에 당해 낼 수가 없었다. 그때 교회 마당에 혼자 서 있던 나를 보았던 성도가 도망쳐 나와서 도움을 요청했다는 뒷이야기를 들었다.

그런 이후로 나한테 가해진 핍박은 아주 잔혹해졌다. 주일마다 교회에서 운행하는 봉고차가 나를 포함하여 우리 동네 성도들을 싣고 다녔다. 그래서 주일마다 지정된 장소에서 약속된 시간에 봉고차를 기다렸다. 나도 집 앞에서 봉고차를 기다렸다.

어느 날이었다. 아무리 기다려도 봉고차가 오지 않았다. 주일예배 시간이 40분 정도가 지나갔을 무렵에, 어쩔 수 없이 집으로 들어가서 혼자 예배드렸다. 그리고 예배가 끝났을 무렵에, 헌금을 정산하려고 목사관에 모여 있는 장로에게 전화를 걸었다. 그리고 교회 봉고차가 우리 구역에는 왜 안 왔는지 물어보았다.

"그 구역 성도들이 다 와서 예배드렸는데요! 그러잖아도 정인숙 씨가 보이지 않아서 무슨 일이 있나 하고 생각했는데, 교회 봉고차가 거기로 안 갔다고요? 그거 참 이상한 일이네요. 제가 확인해 보고 연락할게요."

잠시 후에 장로로부터 전화가 왔다. 봉고차가 우리 구역에 들어가서 성도들을 싣고 오긴 했는데, 내가 차를 타지 못하도록 대책을 세웠더라고 말한 장로가 잠시 후에 우리 집으로 왔다.

"정인숙 씨가 하나님께 받은 은혜가 너무나 커서 된서리를 맞은 겁니다. 내가 장로로 취임해서 오늘까지 수십 년 동안 많은 목사님을 섬겨 봤는데, 하나님께 받은 은혜가 큰 성도를 핍박하지 않는 목사님은 단 한 사람도 보지 못했어요. 그런데도 오늘처럼 목사님한테 직접 그 이유를 따져 물은 것은 처음이네요."

"장로님은 워낙 말이 없으시잖아요!"

"교회에 일꾼이 없는 마당에 일꾼으로 쓰지는 못할망정 정인숙 씨를 왜 그렇게 핍박하느냐고 따져서 물었어요. 그랬더니 정인숙을 감당하기 어려워서 그런다고 대답하시데요. 그러니 제가 더 이상 무슨 말로 따지겠어요! 하나님의 은혜가 너무 커서 받는 핍박이라고 생각해야지 무엇을 탓하겠어요."

장로는 내가 봉고차를 탈 수 없었던 경위를 자세하게 설명했다, 토요일 날 사모가 우리 구역 성도들에게 일일이 전화를 걸었다. 봉고차가 우리 집 앞으로 지나가는 걸 막으려고 동네로 진입하는 입구로 나와서 기다리라고 했다는 것이다.

그런데도 교회를 떠나지 않았고 주일예배를 포기하지 않았다. 교회의 주인이 주님이시기 때문이며, 그렇게라도 도와주는 차가 없으면 교회에서 주일예배를 드릴 수 없었기 때문이다. 나는 엉덩이로 뭉그적거려서라도 교회에 갈 수 있기만 하다면, 교회로 가서 많은 성도와 함께 예배를 드리고 싶어서 견딜 수 없었던 사람이다. 그런데 이 정도의 핍박으로 주일예배를 호락호락 포기할 내가 아니다. 게다가 성령께서 함께 일하신다는 이유로 핍박하는 게 아닌가?

> 나로 말미암아 너희를 욕하고 박해하고 거짓으로 너희를 거슬러 모든 악한 말을 할 때에는 너희에게 복이 있나니, 기뻐하고 즐거워하라. 하늘에서 너희 상이 큼이니라
> - 마 5:11-12

그 후로 인근에서 기도원을 운영한다는 분을 저녁 예배에 강사로 초빙했다. 담임목사는 예배 전에 사람의 심령을 유리처럼 훤하게 들여다보는 분이라고 광고했다. 그분이 설교하는 도중에 언성을 높이기 시작했다.

"정인숙 씨가 귀신이 들려서 저런 행동을 하는 것이니, 말을 붙이지도 말고 가까이하지도 말고 무조건 멀리하세요! 영적으로 너무나 위험한 상태에 있습니다! 그러니까 교회에서도 전도하지 못하게 막으세요! 환자를 찾아가는 것도 막으세요!"

그분의 협박 공갈은 거기서 그치지 않았다.

"아무것도 아닌 주제에, 그야말로 뭐가 뭔지도 모르면서 감히 어디라고, 그 주제에 환자를 찾아다녀! 나한테 와서 정식으로 말씀을 배우세요! 앞으로 전도는 일체 중단하세요! 더 이상 환자를 찾아다니지 말라고! 이 정도로 경고했으면 말귀를 알아들었겠지!"

이렇게 협박, 공갈을 당하면서도 말없이 앉아 있는 나를 쳐다보려고 몇몇 성도가 뒤를 돌아보았으나, 나머지 성도들은 일제히 고개를 숙였다. 나는 말을 알아듣지 못하는 청각장애인처럼 앉아 있었다.

나는 어떤 핍박의 말에도 따지거나 대응하지도 않았다. 그리고 변함없

이 주일예배와 새벽기도에 참석했다. 그러던 어느 날 새벽기도를 마치고 집에 도착하자마자 담임목사한테서 전화가 걸려 왔다.

"이젠 모든 활동을 일체 중단하세요! 전도하러 다니지도 말고, 환자도 찾아다니지 마세요! 담임목사로서 마지막으로 경고하는 겁니다!"

그리고 전화를 딱 끊어 버렸다. 그동안 전도하지 말라는 여러 형태의 압박과 경고에도 불구하고 기회가 되면 전도하기를 쉬지 않았다. 전도는 인류구원을 위해서 주님이 명하신 것이다. 그런데 담임목사가 나한테 한 마지막 경고가 전도를 중단하라는 것이다. 비로소 담임목사의 마지막 경고에 순종하기로 결심하고, 그동안 아픈 발목을 참고 견디면서 힘겹게 해오던 주님의 사랑과 은혜를 전하던 모든 활동을 중단했다.

2부

걸어서 다시 세상으로

다시 세상으로 보내시다

어느 날 장애인단체의 임원이라는 분이 찾아왔다. 세상 단체에서 나를 방문해 준 것은 그때가 처음이었다. 그들은 내가 장애인이라는 걸 어떻게 알았는지 용케도 알고 찾아왔다. 그분은 목발을 짚고 걸었다.

그때까지도 내 의식 속에는 중증장애인보다는, 치료를 기다리는 중환자로 불리는 것이 훨씬 더 익숙하게 느껴질 때였다. 어떤 이의 간증처럼, 주님의 은혜로 망가진 전신 관절들과 주변 조직들이 한순간에 새것으로 교체되어서, 건강할 때보다도 더 건강하게 되어서 뛰기도 하고 걷기도 한다면야 무슨 말이 더 필요했으랴! 그러나 망가진 관절마다 한 걸음을 내디딜 때마다, 자유로운 활보를 소망하는 내 믿음에 협조하기는커녕 통증으로 압박하면서 대들기만 했으니 말이다. 중증 환자와 중증장애인의 경계를 자유자재로 넘나드는 몸이지만, 중증 환자를 넘어서고, 중증장애인을 넘어서서, 자유롭게 활보하려는 내 믿음을 꺾지는 못했다. 믿음이 소망하는 것을 실체로 만든다는 걸 알기 때문이다.

그런데 10년 가까이 누워서 지낼 때 단 한 번도 찾아온 적이 없는 장애인단체에서 처음으로 나를 방문했다. 주님이 하신 일이 아닐 수 없었다. 이 정도 걸음걸이로도 충분하다고 생각하셨는지, 주님은 나를 다시 세상으로 보내려고 하셨다. 기도하는 사람에게 우연이란 존재하지 않는다. 이 교회 저 교회에서 따돌림당하고 핍박받던 나를 주님은 장애인들이 모여 있는 일반인들의 단체로 보내려고 하셨다.

나는 교회도 낯설었지만, 세상도 너무나 낯설고 서툴렀다. 그동안 나의 신앙생활의 행동반경은 교회가 아니라 좁아터진 방이었다. 교인들과 자유로운 친교가 불가능했던 나는 항상 혼자 지내면서, 성경 말씀을 따르는 것이 더 익숙했고, 성령의 음성을 따르는 것이 더 친숙했다. 더군다나 장애인단체가 있다는 것조차 알지 못했다.

대소변 처리를 위한 최소한의 활동조차 허용되지 않은 상태에서, 수많은 세월 동안 교회나 어떤 사회단체에서도, 한 사람의 일원으로 소속할 수 없었던 중증 환자로 살았다. 그때는 내 육신을 먹여 살리는 유일한 수단이 구걸밖에 없을지라도, 그 정도의 활동 능력만이라도 보장받을 수 있다면, 걸인조차도 기꺼이 받아들일 수 있었다. 내 목숨을 부지하는 최소한의 생계라도 책임질 만한 정도의 건강만이라도 허락되는 조건이라면 말이다. 그렇게 비참하게 살았던 나를, 장애인단체의 모임에서 초청한 것은, 그 초청에 응할 정도의 활동이 가능해졌다는 의미이다.

빨리 그들을 만나고 싶었다. 나 같은 사람에게 임원까지 보내면서 그들의 모임에 초대한 그 단체가 너무나 궁금했다. 나는 단체에서 보내 준 차를 타고 보무도 당당하지는 않지만, 단체에서 초청받을 정도의 당당한 일원으로 장애인들이 모여서 회의하는 장소에 처음으로 참석하게 되었다.

서로 다른 역경 속에서 장애를 입은 장애인들을 보니, 진한 연민의 감정이 마음에서 올라왔다. 그동안 순탄하게 살지 못했을 그들의 삶을 동정하던 그때도 나는 주님이 먼저 생각났다. 이 세상에는, 사람들과 대등하게 어울려 살지 못하고 소외되어 살아가는 장애인들이 너무나 많은 것을 처음으로 보았다. 배움의 기회도, 경제활동의 기회도, 적절하게 지원받지 못하고 가족들의 무거운 짐이 되어 절망하며 살아가는 이들은, 나처럼 방안에서 혼자 지내는 이들이었고, 나처럼 오라는 이도 없고, 찾아오는 이도 없이, 혼자 외롭게 지내는 이들이었다. 소아마비성 질환으로, 여러 가지 질병이나 교통사고나 산업현장에서 일하다가 장애인이 된 이들을 보면 볼수록 가슴이 먹먹하고 슬펐다.

장애인들끼리 모인 단체를 만들었지만, 거기서 장애인들을 위해 할 수 있는 일이 많지 않다는 것을 처음으로 알았다. 국가공무원 단체장들이나 고위공직자들을 찾아다니면서 장애인에 대한 인식개선책이나 공공시설 확충이나 특수보조장비들을 요청하는 수준이었고, 여기저기 후원자들을 찾아보려는 노력이나 특별행사를 개최하여 장애인들에 대한 사회적 관심도를 끌어내려는 정도에 불과했다.

사회 각처의 사람들을 만나서 어려움을 호소해 보지만, 정작 장애인들의 삶에 직접적으로 힘을 보탤 수 있는 어떤 조치를 마련하는 것은, 그래도 국가 권력이나 행정기관만이 할 수 있는 일로 보였다. 누구에게나 그렇겠지만, 장애인들에게도 가장 절박한 문제는 역시 경제적인 자립일 것이다.

옛말에도 가난은 나라님도 해결할 수 없다고 했다. 세상이 존재하는 동안에는 가난과 질병과 재난은 항상 있을 것이고, 장애인들에게도 가장 절박한 이 문제를 해결한다는 것은, 임원들이 모여서 밤새 토론한다고 해결될 수 있는 일이 아니었다. 장애인들이 모인 단체일지라도, 장애인들의 복지와 관련된 역할을 극적으로 기대하기란 쉽지 않다는 것을 보게 되었다. 정부에서 지원하는 장애인들의 복지와 관련된 정보를 안내하는 정도만으로도 큰 역할이 되었다. 이런 모든 것도 실상은 장애인들의 외형적인 문제개선에 국한된 것이었다. 물론 이것이 현실적으로 절박하고 중요한 문제인 것만은 분명했다.

나도 처음으로 초청받아서 참석했다가 엉겁결에 장애인단체의 임원으로 지명되었고, 임원들이 모이는 회의에 참석해서 의견을 개진할 수 있는 자격을 얻게 되었다. 사지를 꼬부리고 누워서 짐승처럼 살아가던 내가, 사회의 당당한 일원이 되어 사회단체에서 직함을 받은 것은, 높은 벼슬자리를 얻은 것보다 훨씬 더 값진 것이었다. 짐승의 지위에서 사람의 지위로 올라갔다는 증표이기 때문이다. 이것을 어쭙잖은 출세와 감히 비교할 수 있으랴!

좁은 방에서 혼자 지내다가 장애인들이 모이는 단체에 들어가서 처음으로 접해 보는 회의였다. 장애인들의 인권이나 시설에 대한 심도 있는 토론을 지켜보면서, 내심 기대가 생기는 것도 사실이었다. 그날 모임에는 장애인들뿐만 아니라 일반인들도 많이 참석했다. 그리고 회의하는 장면들을 카메라로 사진을 찍는 이도 있었다.

회의가 거의 끝나 갈 무렵이었다. 회장이 내 이름을 부르더니, 10년 가까이 앉은뱅이로 누워서 살다가 예수 믿고 다시 일어나서 걷게 된 사연을, 간단하게라도 얘기해 달라고 부탁했다. 처음으로 경험하는 생소한 장면들을 눈에 담기도 버거운 지경이었는데, 난데없이 예수하곤 아무 상관없는 세상 단체에서, 예수 믿고 일어나서 다시 걷게 된 얘기를 해 달라고 주문했다.

얼떨결에 일어나서 지금 우리가 고민하는 어떤 문제라도, 하나님은 다 해결해 주실 수 있는 분이라고 말문을 열었다. 처음으로 많은 사람이 모인 곳에서, 나는 하나님을 믿고 의지해서 꼬부라지고 앉은뱅이로 살았던 삶을 청산하고, 다시 일어나서 걷게 해 주신 주님의 사랑과 은혜를 당당하게 전달했다.

첫 번째 간증 집회

"저는 읍내에 있는 ××교회 담임목사입니다. 오늘 장애인 모임에 저도 참석했습니다. 거기서 정인숙 씨가 짧게 하나님의 은혜를 전하는 간증을 들었습니다. 우리 교회에 오셔서 간증해 주시겠어요?"

처음으로 일반단체인 장애인들의 모임에서 짤막하게 내 얘기를 전하고 돌아온 저녁에 걸려 온 전화였다.

"간증이 뭔데요?"

나는 성경에서 사용하는 단어라면 모르는 것이 없을 정도로 친숙하지만, 간증이라는 용어는 본 적이 없었다.

"하나님께 받은 사랑과 은혜를 전하는 것이 간증입니다!"

"××교회라면 교인들이 많이 모이는 교회가 아닌가요?"

"예! 많이 모입니다!"

"저는 못 가요!"

나는 생각할 필요도 없이 단번에 거절했다.

"일주일간 시간을 줄 테니까, 하나님께 기도해 보시고 마음이 정해지면 전화를 주세요!"

전화를 끊으려는데 일주일간 시간을 줄 테니 기도해 보라는 것이다. 참으로 이해할 수 없는 일이었다. 내가 거절했으면 그만둘 일이지, 내 몸의 형편을 직접 보고서도 일주일간 시간을 줄 테니 연락을 다시 달라고 하니, 도무지 저러는 이유를 알 수가 없었다.

그때 나는 처음으로 사람들이 많이 모이는 세상 단체에 모습을 드러냈다. 그런데 수많은 교인이 모인 교회에서 간증해 달라니, 뭔가 복잡하게 꼬이는 느낌이었다. 이런 몸으로 대중 앞에 나선다는 건 상상조차 해 보지 않았다. 내 몸을 아래위로 쭉 훑어보았다. 쳐다보면 쳐다볼수록 마음이 심란해졌다. 비쩍 마른 몸무게는 40kg 초반대이고, 걸음걸이는 자라가 동류로 착각하고 따라올 지경이고, 입성은 몸에 딱 붙지 못하고 빨랫줄에 걸린 빨래처럼 이리저리로 휘둘리는 형편이었다. 머리부터 발끝까지 중증장애인이 되어 버린 이런 모습을 보고도, 그분은 어떻게 교인들 앞에서 간증하라고 부탁할 수 있단 말인가! 정말이지 희한하고 속 터지는 일이었다.

저녁 기도 시간이었다. 속 터지는 얘기를 주님께 시시콜콜 털어놓았다. 그때까지도 ××교회에 가서 간증한다는 생각은 0.1%도 없었고, 대중 앞에 나서서 무엇을 한다는 생각을 추호도 해 본 적이 없었다.

"주님! 읍내까지 나가서 장애인들과 자유로운 교제를 누리는 것으로도 만족하고 또 만족합니다. 그런데 난데없이 ××교회 담임목사님이 간증을 요청했지만, 제가 단번에 거절한 거 보셨죠? 부끄러운 모습을 대놓고 보여 주기에는 아직도 숨기고 싶은 마음이 더 많다는 것도 아시죠? 하물며 교인들이 많이 모이는 교회에서 자랑이라도 하듯이 이런 몸을 보여 주러 갈 수는 없잖아요! 아시다시피 저는 그렇게는 못 해요! 강단에 서는 사람은 건강하고 멋있고 잘나고 훌륭한 사람들일 텐데, 아무튼 저는 못 해요!"

바로 그때 성령께서 말씀하셨다.

"너 자랑하라고 거기 세우는 줄 아느냐? 가서 하나님께 받은 사랑과 은혜만을 자랑하거라!"

"예? 가라고요? 가서 하나님께 받은 사랑과 은혜만을 자랑하라고요?"

그때까지도 나한테 간증을 요청한 분이 지극히 개인적인 판단 실수로 인해서 나를 곤란하게 만든다고 생각했다. 그러나 그 목사님이 나를 초청하도록 마음을 움직인 분이 성령이시라는 걸 알게 되었다. 참으로 우연히 벌어지는 일이 하나도 없다는 걸 깨달았다.

깜짝 놀라서 앞뒤 생각할 겨를도 없이 성령께 즉시 순종했다. 성령께서 가라 하시면 어디인들 못 갈 곳이 있으랴! 더군다나 주님만 자랑하라고 하시면, 어디 가서라도 자랑할 수 있다. 나는 지체하지 않고 전화를 걸어서 승낙했다.

산골 마을의 작은 교회를 다녔는데, 그나마도 귀신 들려서 영적으로 매우 위험한 사람이라고 경고까지 받았던 내가, 난생처음 ××교회 예배당의 맨 앞자리에 앉아서 간증할 차례를 기다렸다.

문제는 그동안 겪었던 복잡다단한 사정이 아니라, 그냥 집에 돌아가고 싶을 정도로 떨리는 마음이었다. 지금처럼 영상매체가 발달하지 못한 그 시절에, 시골에서 갓 교회 생활을 시작한 초짜가, 이렇게 큰 교회 강단에 올라가야 하는 부담감은, 어떤 문제보다도 버거울 정도로 나를 압박했다.

강단에 올라갈 시간이 가까워질수록 심장은 벌렁거리고, 입은 쩍쩍 말라붙고, 생각은 이리저리 요동을 치고 있었으니, 이러다간 주님께 받은 사랑과 은혜를 전하기는 고사하고, 아무 말도 못 하고 횡설수설하다가 강단에서 내려올 것이 뻔했다. 이대로라면 간증이고 뭐고 간에 다 틀려먹은 상황이었다. 그제야 하나님께 도움을 요청해야 한다는 생각이 떠올랐다.

2부 걸어서 다시 세상으로

주님이 도와주지 않으면 강단에 올라가지도 못하고 상황이 종료될 판이었다.

"주님! 저 너무나 떨려요! 이 상태로 강단에 올라간다면 입은 벌려 보지도 못하고 우두커니 서서 떨기만 하다가 그냥 내려올 것이 분명한데요, 주님! 현재로선 아무것도 바라지 않아요! 제발, 떨리지 않게만 해 주신다면, 제게 베푸신 주님의 사랑과 은혜를 마음껏 자랑할게요! 제발, 벌렁거리는 심장을 진정시켜 주세요! 몸도 마음도 떨리지만 않게 도와주소서!"

그렇지만 강단 앞에 설 때까지 달라진 것이 아무것도 없었다. 이대로 그냥 집에 돌아가겠다고 말할 수 없어서, 어쩔 수 없이 강단에 올라가기는 했지만, 심장이 하도 요란하게 벌렁대는 바람에 걸음걸이도 더 많이 허둥거릴 정도였으니, 그런 나를 바라보는 담임목사와 성도들의 마음이 얼마나 조마조마했을지 짐작하고도 남았다.

그런데 놀라운 주님의 응답이 나타났다. 주님이 나를 이대로 덜덜 떨다가 그대로 내려가도록 내버려두지 않으셨다. 강단 앞에 서서 성도들을 바라보는 순간, 전신을 휘감고 뒤흔들어 대던 떨리는 증상이 순식간에 사라졌다. 이렇게 일하시는 분은 주님밖에 없다. 한없는 평화가 온 마음을 사로잡았다. 이제 싸움은 끝났다. 끝까지 포기하지 않고 뒤뚱뒤뚱 걸어서 강단으로 올라간 내가 이겼다. 10년 가까이 좁은 방에서 혼자 지내던 나를, 주님은 처음으로 수많은 청중 앞에 모습을 드러내도록 하셨다.

그제야 맨 뒤쪽까지 의자를 가득 메운 성도들이 한눈에 들어왔고, 미처 의자에 앉지 못한 성도들이 뒤쪽에 서 있는 모습까지 눈에 들어왔다. 그런데도 떨리기는 고사하고 마음이 강하고 담대해지면서, 내 입술을 통해서 함께 역사하실 주님에 대한 기대가 더욱 증폭되었다. 내가 넘치는 자신감으로 입을 열어 사지가 다 꼬부라지고 앉은뱅이로 죽어 가던 나를 치료하시고, 다시 일으켜서 걷게 하신 하나님의 사랑과 은혜를 마음껏 자랑하기 시작했다. 물론 간증을 마칠 때까지 단 한 번도 떨리지 않았다.

간증을 마치고 가운데 통로를 따라서 뒤쪽 출구를 향해서 걸어가는데, 성도들이 내 손을 잡으면서 큰 은혜를 받았다고 눈물을 흘리면서까지 감사했다. 그리고 자기들의 건강한 몸이 오히려 부끄럽다고 말했다. 예측하지 못했던 성도들의 놀라운 반응을 난생처음으로 경험한 나는 위축되었던 마음에 자신감이 생겼고, 주님의 사랑과 은혜를 더 크게 경험하는 첫 번째 간증이었다.

그날 저녁 기도 시간이었다. 떨리던 마음은 벌써 다 잊어버리고, 하나님의 사랑과 은혜를 세련되게 전달하지 못한 아쉬움을 주님께 말씀드렸다.

"어떻게 전했는지 잘 기억나지는 않지만, 주님의 은혜를 좀 더 잘 전달하지 못한 것 같아서 아쉬움이 생겨요, 주님!"

그때 성령께서 이렇게 말씀하셨다.

"첫술에 배부르냐?"

나는 기도하다 말고 웃음을 터뜨렸다. 이렇게 친숙한 속담으로 말씀하시는 주님이 더 가깝고 더 친숙하고 더 좋았다. 나한테 이보다 더 적절한 표현이 있었으랴!

"첫술에 배 안 불러요! 주님! 앞으로는 간증을 더 잘할 수 있도록 지혜와 능력을 덧입혀 주소서! 어디를 가든지 주님의 사랑과 은혜를 마음껏 자랑할게요!"

병신에 짓눌린 아주머니

어느 날 40대 중반쯤으로 보이는 장애인 아주머니가 방문했다. 아주머니도 내가 속한 장애인단체의 임원이라고 했다. 내 얘기를 듣고 몹시 궁금하기도 하고, 개인적으로 교제도 하고 싶어서 찾아왔다고 말했다.

당시에도 고립된 생활에 익숙하기도 했지만, 보행이 어려운 두 다리의 활동 반경이 겨우 문지방을 넘어서 집 주위를 맴도는 수준이었으니, 사람을 만나야 사귐을 갖든지 말든지 할 터인데 활동 범위가 이 지경이니, 사람들과 자유로운 만남이 어려운 것은 홀로 누워서 지낼 때와 별반 다르지 않았다. 그러니 나하고 교제하고 싶어서 방문했다는 아주머니가 반갑지 않을 수 없었다! 아주머니는 왼쪽 팔다리가 소아마비성 장애를 입은 분이었다.

"소문을 듣고 와서 보니 어때요?"
"소문을 들은 것보다는 좀 더 좋아 보여요."
"아주머니처럼 나도 전신 관절들이 망가져서 장애를 입었어요."
"예수 믿고 다시 일어났다는 소문을 들었어요."
"혹시 예수를 믿으시나요?"
"나도 교회는 다녔는데, 지금은 안 다녀요."
"왜요?"

"아유! 나 예수 얘기하려고 온 거 아닌데, 왜 자꾸 예수 얘기를 해요! 예수 얘기는 하기 싫어요!"

나는 예수 얘기가 더 절박한 분이라는 것을 직감했다. 더군다나 교회를 다니다가 그만두었다면 그만한 사정이 있을 것이다. 나는 그 얘기를 먼저 듣지 않으면 다른 얘기에 흥미가 생기지 않을 것 같았다. 내 믿음으로는 예수를 믿다가 그만둔다는 것은 상상하기 어렵기 때문이다.

"왜 그만두었어요?"

"그 얘기를 계속할 거에요?"

"난 그 얘기를 먼저 들어야겠어요. 나는 예수 믿던 사람이 교회를 떠난다는 건 상상할 수 없거든요. 그 얘기를 먼저 듣고 싶어요."

"소문대로 예수꾼이 맞긴 맞네요!"

"그래요. 어떻게 말해도 좋으나, 나는 예수를 믿다가 포기한 이유는 알아야겠어요!"

"아유! 내가 못 살아! 그럼 그 얘기부터 할게요. 이런 얘기는 아무에게도 말해 본 적이 없는데, 정인숙 씨한테는 말하지 않을 수 없겠네요!"

"그래요. 나한테는 무엇이든지 마음 놓고 얘기해도 돼요!"

"나는 어릴 때 소아마비에 걸렸어요. 그러니까 어릴 때부터 장애를 입었다는 말이에요. 성인이 되어서 질병이나 어떤 사고로 장애를 입은 사람들하고는 다르다는 얘기예요. 나는 어릴 때부터 친구들이 없었어요. 다리를 절룩거리면서 학교에 가면 같은 반 아이들이 등 뒤에서 냅다 떠밀고 장난쳤어요! 그러면 맞대응할 수 없는 나는 그대로 거꾸러지면서 땅바닥에서 나뒹굴었어요.

그러면 아이들이 재미있다고 깔깔거리면서 웃고 떠들었어요. 땅바닥에서 후딱 일어나지 못하고 뭉그적거리면 절름발이 흉내를 내면서 약을 올리다가 다시 밀치고 넘어뜨리고 괴롭혀도 꼼짝없이 당하기만 했어요. 아이들의 괴롭힘 때문에 결국 초등학교도 마치지 못하고 그만두었어요.

그렇지만 우리 동기간들은 하나같이 대학을 졸업하고 대학원까지 나와서 의사도 되고, 고위공직자도 되고, 독일 유학까지 다녀왔어요. 밖에 나가면 사람들이 쩔뚝거리는 내 다리만 쳐다보는 것 같아서 방에만 콕 박혀서 살았어요. 이래서 친구를 사귈 수가 없었어요. 건강한 아이들하고 친구로 지낸다는 것은 상상할 수도 없었고요.

사춘기가 되면서부터는 아예 가족들하고도 어울려 지내지 못하고, 내 방에만 틀어박혀서 병신 신세만 비관하다가 죽을 궁리만 했어요. 부모님과 동기간들은 방에 틀어박혀 있는 나 때문에 집 안에서는 마음대로 웃고 떠들면서 대화한다는 건 상상하지 못했어요. 우리 가족들도 숨을 죽이고 살았어요. 우리 집은 항상 우울했어요. 하루는 부모님과 동기간들을 원망하면서 자살을 시도했어요. 근데 죽는 것도 마음대로 안 되더라고요. 훗, 훗!"

"실패했군요!"

"남산에 올라가다가 인적이 거의 없는 한적한 곳을 찾아서 자살을 시도했는데, 지나가던 사람한테 발견되고 말았어요. 그 사람이 전화했는지 구급차가 와서 응급실로 실어 갔어요. 응급실 의사한테 얼마나 구박당하고 혼났던지…."

"사람을 살리는 의사라면 당연히 혼을 냈겠죠! 죽어 가는 환자들을 살리려고 밤을 새우면서 고생하는 응급실 의사들인데, 스스로 목숨을 끊으려고 했던 사람을 살려야 하는 의사로선 당연히 화가 났겠죠! 그래서 자살을 포기했군요."

"아뇨! 그 뒤로도 몇 번 더 시도했지만 다 실패했어요. 그런 후로 어떤 분의 간절한 권유로 교회를 다니게 됐어요. 역시 세상인심하곤 확실히 다르데요! 장애인이라고 차별하는 이도 없었고, 장애인을 의식하지 않고도 건강한 사람들하고 자유롭게 어울릴 수 있게 되었어요. 처음으로 사람대접을 받는 거 같았어요. 나는 교회가 너무너무 좋았어요! 비로소 건강한 교인들과 어울려 지내면서 사람 사는 맛을 알게 되었으니까요! 교인들이 너무너무 좋았어요. 나는 교회에서 살다시피 했어요. 지금 돌아보니 예수를 믿었는지 그건 잘 모르겠어요!"

"물론 어려서부터 친구도 없이 방에서 혼자 지내다가 교인들과 자유롭게 어울려 지낼 수 있었으니 얼마나 좋았겠어요! 그것만으로도 너무나 다행한 일이지만, 그렇게 좋아했던 교회를 지금 다니지 않는 걸 보면, 예수를 구세주로 믿었다고 보기는 어려워요. 예수를 믿었다면 어떤 이유로도 교회를 떠나지 않았을 테니까요!"

일단은 안심이 되었다. 예수를 믿다가 그만둔 것이 아니고, 교회를 다니다가 그만두었기 때문이다. 주님을 믿고 의지했다면 죽어도 그렇게 흐지부지 떠날 수는 없다.

"그래도 교회 봉사는 참 열심히 했어요! 워낙 성품이 부지런하고 활동하기를 좋아해서 봉사할 일거리만 생기면 교회로 득달같이 달려가서 열심히 봉사했어요."

"그런 교회를 지금은 왜 안 다녀요?"

"결혼하고 남편을 따라서 여기 읍내로 내려오고 보니, 어쩔 수 없이 그 교회를 떠나지 않을 수 없었어요. 남편이 비신자이기도 했지만, 여기로 와서 낯선 교회로 선뜻 발을 내딛기가 쉽지 않데요! 그러고 보면 예수를 믿은 건 아닌 거 같아요!"

"남편은 무슨 일을 하세요?"

"남편도 장애인이에요. 가족끼리 타이어를 만드는 공장에 다녀요! 일이 굉장히 힘들대요. 남편은 장애가 심한 편은 아니어서 건강한 사람하고 똑같은 분량의 일을 하는데도 월급은 절반밖에 안 주어요. 정부에서 주는 수급비를 받아도 사는 게 매우 힘들어요."

아주머니 얘기는 계속 이어졌다. 이분은 단독주택 뒤쪽에 달린 단칸방에서 사글세를 살았다. 그나마도 남편이 벌어오는 월급으로는 해마다 올라가는 사글세를 감당하기가 쉽지 않아서 먹고 마시는 생계 유지비 외에는 지출하는 것이 거의 없었다. 그래서 월세 방이라도 유지할 수 있었다. 결혼 이후에도 이웃 사람들과 자유로운 교류를 갖지 못하다 보니, 방에 콕 박혀서 퇴근하는 남편만 기다리는 생활이 계속되었다.

그러다가 장애인 남편의 적은 돈벌이만 의지하고 사는 것도 미안해서 여기저기 다니면서 잡심부름도 했지만, 열심히 일하고도 월급을 떼이거나 손에 몇 푼 쥐여 주는 것이 전부여서 그만둔 것도 여러 번이었다. 아무리 열심히 일해도 손에 몇 푼 쥐여 주면서 자선을 베푸는 것처럼 생색까지 내는 바람에, 지금은 차라리 집에서 그냥 논다는 것이다.

남편이 출근하면 방콕 생활이 계속되다 보니, 결혼 전에 교인들하고 어울려서 웃고 떠들면서 즐겁게 봉사하던 시절이 그리워져서, 다시 교회를 다니고 싶은 마음이 간절해졌다. 그런데도 혼자 교회를 찾아가기도 쑥스럽고 전도하는 이도 만나지 못해서, 온종일 온기 없는 텔레비전과 얼굴을 맞대고 앉아서 시간을 소일했다.

사정이 그렇다 보니 하루는 용기를 내서 바로 옆집의 문을 두드렸다. 천만다행으로 젊은 새댁이 나오더니 아는 체하면서 반갑게 맞이했다. 건강한 사람들은 장애인을 싫어한다는 고정관념을 잊어버릴 정도로 새댁은 마음이 넉넉하고 따뜻했다. 물론 처음에는 새댁의 친절조차 선뜻 받아들이기 어려웠다. 경험에 비춰 보면 동정하던 마음도 얼마 지나지 않아서 변질하기 때문이다.

그러나 시간이 흘러도 새댁은 변함없이 친절하고 따뜻했다. 그때부터 새댁은 아주머니의 좋은 이웃이 되었다. 서로 마주 보고 앉아서, 살아가는 자잘한 얘기를 주고받노라면 TV 연속극에 비교할 바가 아니었다. 그렇게 가까워지면서 음식도 나누고 과일도 나누게 되었다.

새댁은 인근에 있는 교회를 다니는 집사였다. 가끔 구역 예배드리러 오는 교인들과 마주칠 때도 있었다. 그때마다 자리를 피해 주려고 나오지만, 함께 예배드리자고 붙잡아 주기를 간절히 기대했다. 새댁이 다니는 교회에서 신앙생활을 다시 시작하고 싶었다. 구역 식구들도 따뜻하고 친절해 보였다. 아주머니가 먼저 교회를 다니고 싶다고 말할까 하다가도, 차마 입이 떨어지지 않아서 꾹 참는 중이었다.

그날도 새댁네로 놀러 갔다. 구역예배를 드렸는지 새댁이 다과 접시를 막 치우는 중이었다. 아주머니는 용기를 내서 교회를 다니고 싶은 속마음을 말해야겠다고 결심한 날이다.

"구역예배를 드렸나 보네요!"

"예배 마치고 금방 돌아갔어요!"

그런데 항상 웃는 얼굴로 말하던 새댁의 표정이 몹시 어두웠다. 아주머니의 얼굴을 피하는 눈치도 보였다.

"왜 그래요? 무슨 일이 있었어요?"

새댁이 치우는 접시를 같이 치우면서 아주머니가 물었으나 새댁의 표정이 더욱 난처하게 변했다.

"아무래도 무슨 일이 있었던 모양이네? 말하기가 싫으면 안 해도 돼요."

아주머니는 새댁의 불편한 마음을 건드리고 싶지 않았다.

"아까 아주머니가 대문을 나갈 때 마주쳤던 분 생각나죠?"

"화장을 좀 진하게 한 것 같던 아주머니 말인가요?"

"예! 맞아요, 그 아주머니가 뭐라고 말했는지 아세요?"

새댁은 불쾌한 표정을 겉으로 확 드러냈다.

"뭐랬는데요?"

"어디, 같이 놀 사람이 없어서, 하필이면 저런 병신하고 노느냐고요! 구역 식구들 앞에서 대놓고 면박을 주더라고요!"

그때 새댁의 얼굴에는 모멸감을 견디지 못하겠다는 표정이 생생하게 드러났다. 순간 망치로 뒤통수를 호되게 얻어맞은 것처럼 머리가 띵해서 바닥에 털썩 주저앉을 뻔했다. 새댁의 입에서 나온 말은 아주머니가 가장 두려워하는 말이었다. 그럼에도 불구하고 아주머니에게는 가장 익숙하게 들은 말이었다. 가슴 밑바닥에 억눌려 있던 분노와 배신감이 거세게 치밀고 올라왔다. 배신감은 화장을 짙게 한 집사의 말 때문이 아니라 새댁의 표정 때문이었다.

새댁의 표정에는 병신과 같은 수준급으로 취급당한 모멸감이 가득했기 때문이다. 등을 돌리다가 그릇을 치우는 새댁을 다시 쳐다보았다. 감히 병신하고는 수준을 같이할 수 없는 고품격의 멀쩡한 지체가 아주머니의 눈을 점령했다. 어떤 노력으로도 감히 따라갈 수 없는 새댁의 멀쩡한 팔다리가 눈을 사로잡았다. 눈물이 앞을 가로막았다. 품격이 바닥으로 떨어지고 천박하게 쩔뚝거리는 팔다리가 힘이 빠지면서 허둥거렸다.

"교회 집사님이라면서 그런 말을 해요?"

아주머니가 휘청거리는 마음을 다잡아 보려고 생각한 말은 '집사'라는 그의 직분이었다. 이런 정도의 저항조차도 의미가 없다는 것을 알지만, 적어도 '집사'라는 직분에 거는 기대는 놓치고 싶지 않았다. 그동안 새댁의 친절도 교회의 집사라서 가능하다고 생각했었다. 그래서 다시 새댁이 다니는 교회를 다니고 싶은 마음이 생겼던 것이다.

새댁은 대답할 가치도 없다는 듯이 방으로 들어가더니 문을 쾅 닫아 버렸다. 쩔뚝거리며 대문을 나서는 아주머니의 다리가 자꾸만 바닥에 주저앉으려고 했다. 쥐구멍이라도 보이면 들어가서 병신 팔다리를 숨기고 싶었다. 등 뒤에서 쩔뚝거리는 아주머니를 쳐다보고 있을지도 모를 새댁을 생각하니 온몸이 허둥거렸다. 한두 번 겪은 일도 아니면서 아직도 병신이라는 말에 익숙해지지 않는 이유는 무엇일까?

컴컴한 방에 들어와서 방바닥에 털썩 주저앉았다. 그야말로 모멸감이 온몸을 휘감았다. 제대로 성장하지 못해서 왜소한 한쪽 어깨가 심하게 흔들렸다.

한참 동안 웅크리고 앉아서 마음을 진정시킨 아주머니가 다시 몸을 일으키고 쩔뚝거리며 방을 나섰다. 그리고 상가마다 네온의 불빛이 빛나는 거리를 절룩거리며 걷다가 고개를 들고, 새댁이 다니는 교회의 첨탑 끝에서 빨갛게 빛나는 십자가를 쳐다보았다. 그리고 십자가를 향해서 부지런히 걸음을 옮겼다.

아주머니가 당했던 수모가 예수께서 가르쳐 주신 가르침이냐고 따져

보고 싶었다. 여전히 구세주를 믿는다는 확신은 없지만, 그래도 마음속에는 예수만은 기댈 만한 분이라는 믿음을 버린 적이 없었다. 그래서 누군가를 믿고 기대야 한다면 예수님이라고 생각했다. 그분에게 사지가 멀쩡한 사람들이 병신을 병신이라고 무시하고 깔보는 것이 하나님이 기뻐하시는 일인지를 묻고 싶었다.

어느새 아주머니는 교회 마당에 서 있었다. 예배당에서 하나님을 찬양하고 높이는 찬송가가 크게 울려 나왔다. 사지가 멀쩡한 교인들이 빠르게 예배당으로 속속 들어갔다. 교회 마당 가에 움츠리고 서서 주춤거리던 아주머니는 끝내 예배당으로 들어가지 않았다. 그때 물어보려고 했던 질문을 비로소 나한테 물었다.

"정인숙 씨는 대답해 줄 수 있죠?"

"무얼 말이에요?"

"예수님은 어떤 분이신가요?"

"예수님은 살아 있는 모든 존재의 근원이시고, 우리를 이 땅에 살게 하신 창조주 아버지이세요."

"그런데 믿는 사람들조차 하나님을 닮은 마음이 없는 거지요?"

"하나님이 아니고 사람이라서 그렇죠! 아주머니가 알아야 할 것은 예수님은 단 한 번도 사람을 믿고 의지하라고 말씀하신 적이 없어요. 우리가 믿고 의지해야 할 분은 오직 하나님밖에 없다고 하셨어요. 이 말은 어떤 사람의 말이나 태도에 자기의 운명을 걸지 말라는 말이에요."

"그래도 믿는 사람은 기대를 걸게 되잖아요."

"물론 주님은 서로 사랑하라고 하셨어요. 그러나 사람은 자기를 미워하는 원수를 사랑할 수 없어요. 자기를 미워하는 원수를 용서하지 못해요.

주님의 말씀은 사람이 따를 수가 없어요! 여기서 사람은 세속적인 육신의 사람을 말하는 거예요. 그러나 믿음의 사람, 즉 영의 사람, 신령한 속사람은 말씀을 따라서 행할 수 있어요. 육신의 사람은 자신을 괴롭히고 힘들게 하는 사람을 죽어도 용서할 수 없고 사랑할 수 없지만, 믿음의 사람, 영의 사람인 속사람은 원수도 사랑할 수 있고 모욕하는 자를 위하여 축복할 수 있고 용서할 수 있어요. 예수를 믿는다는 것은, 육신을 따르지 않고 영을 따라 사는 그리스도인을 의미해요."

"믿는다는 건 말씀을 따르는 능력이 생겼다는 말이네요?"

"믿음이 강하다는 것은, 육신의 감정이나 기분을 따라서 행동하지 않고, 말씀을 따라서 행동하는 힘이 강하다는 것을 의미하는 말이에요. 아주머니는 세상에 사랑이 없다고 말했지만, 아주머니도 사랑이 없는 건 마찬가지예요. 아주머니 마음엔 세상에 대한 굉장한 적대감과 미움으로 가득해요. 그것뿐만 아니라 자기 자신조차 미워하고 학대하고 괴롭혀요. 심지어 자기 몸을 살해하려고 여러 번 시도했을 정도로 자기를 죽이고 싶도록 미워하고 저주해요. 자기도 죽이고 싶을 정도로 미워하면서 사랑하지 못하는 병신 몸인데, 누구한테 그런 병신 몸을 사랑해 주길 바랄 수 있어요! 그건 불가능한 일이지요."

"이런 말은 처음 들어요. 듣고 보니 정말 맞는 말이네요!"

"예수께서 사랑하라고 하셨지, 사랑받기를 사모하라고 말씀하지 않았어요. 사랑하라는 말씀 속에는 자기의 병신 몸도 포함된다는 것을 반드시 알아야 해요. 불행한 처지에 있는 자기를 자기가 사랑할 줄 아는 사람이, 자기처럼 불행한 처지에 있는 사람을 사랑할 수 있어요. 불행한 처지에 있는 병신 몸을 미워하고 저주하다 못해 살해까지 하려고 했던 사람이,

누구를 사랑할 수 있을까요? 감히 누구한테 사랑받을 수 있다고 생각해요? 세상에는 아주머니의 사랑을 기다리는 소외된 사람들이 얼마든지 많아요. 병신이라는 이유로 아주머니를 무시하고 깔보는 사지가 멀쩡한 사람들에게 관심을 기울이지 마세요.

세상에는 아주머니보다 더 외롭고 처지가 딱한 사람들이 얼마든지 많아요. 건강한 사람들이 무시하고 깔본다고 말했지만, 사실은 아주머니가 자기의 몸을 훨씬 더 깔보고 무시하고 죽이려고까지 했어요. 저도 그렇지만 몸이 장애를 입은 것은 죄가 아니에요. 어떤 사람이 이런 몸을 무시하고 깔보는 것은 아주머니가 책임질 일이 아니에요. 아주머니가 무얼 하려고 하지 마세요!

이 말은 그들 때문에 주눅 들지 말라는 말이에요. 불행한 이들을 무시하고 깔보는 사람들의 말 때문에, 자기 삶을 엉망진창으로 만들지 마세요. 할 수 있다면 그런 이들의 말을 무시하세요. 그런 사람들이 더 불행한 사람들이에요. 나는 병든 내 몸에게 미안하다고 말한 적이 많아요. 주인인 나를 잘못 만나 관리를 잘못해서 너무나 많은 고통을 겪게 해서 미안하다고요."

"상상도 못 해 본 말이네요!"

"그런 이들의 말과 행동을 시시비비 따지면서 시간을 허비하지 마세요! 다른 이들이 잘못하는 것에 대해선 우리가 책임지지 않아요. 그러나 자기를 미워하고 저주하고 용서하지 못한 것은 반드시 책임이 따라요. 불행해진다는 말이에요. 자기가 자기를 살해하는 엄청난 저주가 벌어진다는 말이에요! 그러니까 남들이 판단하는 말에 관심을 쓰지 말고, 자기 안에서 썩어 가고 부패하는 미움이나 살해의 감정이나 좌절감이나 잘 챙기면서 다스리라는 말이에요. 겉으론 멀쩡해 보이는 사람들도, 마음에는 자기를 괴롭히는 아픔과 상처와 절망감들이 엄청나다는 것을 알아야 해요.

아주머니는 상대방의 잘못을 따지려고만 했지, 자기에 대해선 전혀 관심을 기울이고 돌보려고 하지 않았어요. 예수님은 다른 사람의 잘잘못에 대해서 시시비비를 가리고 따지라고 말씀을 주지 않았어요. 나를 고치고 치료하고 회복시키라고 말씀을 주셨어요! 그러나 아주머니의 좌절감과 절망감과 자기를 미워하고 저주한 것에 대해선 물으실 거예요.

우리는 하나님의 피조물이기 때문에, 자기도 사랑하며 존중해야 하지만 남도 존중하고 사랑해야 해요. 그것이 인간이라는 작품을 만드신 하나님을 존중하고 섬기는 일이니까요. 인간의 육체는 너무나 연약해서 병들기 쉽고 장애를 입기가 쉬워요. 그래서 우리는 약해져야 약한 이들을 생각할 수 있어요. 무슨 말인지 이해가 되세요?"

"나는 이런 생각을 한 번도 해 보지 못했어요!"

"사람은 용서할 능력이 없어요. 서로 사랑할 능력도 없어요. 그러나 주님을 믿고 따르는 사람은 그분의 사랑과 은혜를 힘입어 용서할 수 있고 사랑할 수 있어요. 주님은 겉모습으로 사람을 차별하지 않아요. 이제는 아주머니도 자기를 미워하고 저주하면서 소외되어 살지 마시고 예수님을 구세주로 영접하세요. 이제는 건강한 사람들만 쳐다보면서 위로받길 기다리지 말고, 아주머니가 소외되어 절망하는 사람들을 돌보는 사람이 되어 보세요! 위로받고 싶었던 대로 소외된 이들을 위로해 보세요!"

"그럼 예수 믿는 사람들이 남을 멸시하는 것은 주님의 뜻이 아니지요?"

"남을 멸시하는 사람은 하나님을 멸시하는 거예요! 자기 자신을 멸시하는 것도 하나님을 멸시하는 거예요!"

"무슨 소린지 분명히 알아들었어요. 나도 예수님이 믿고 싶어졌어요! 이제는 교인들과 어울리려고 쫓아다니는 신앙생활이 아니라 진짜 예수님이 믿고 싶어졌어요!"

그날 아주머니의 마음을 억누르던 모든 것들이 풀어져 내리는 것을 보았다.

그 후로 아주머니는 진짜 예수를 구주로 영접했다. 이제는 사람들과 어울리려고 교회를 다니는 사람이 아니었다. 진정 주님을 사랑하고 가까이 하는 그리스도인으로서 당당하게 성도들과 어울렸고, 장애를 입은 팔다리도 전혀 부끄러워하지 않았다. 어린이들에게 병신 팔을 번쩍번쩍 올렸다 내렸다 하면서 율동을 가르치는 당당한 교사로 섬기게 되었다. 그가 불편한 팔을 당당하게 들어 올리면서 율동을 가르치는 모습을 보는 사람마다 주님의 사랑이 얼마나 크고 아름다운지를 찬양했다. 주님은 그런 육체를 사용하여 충성하는 모습과 함께 경제적인 어려움도 풀어 주셨다.

내가 장애인 선교회 회장직을 맡아 일할 때도, 아주머니보다도 훨씬 더 자유롭지 못한 내 팔다리를 대신해서 도와주었던 아주머니는 구역장으로 섬기고 있다. 심지어 부모님도 예수를 영접하도록 헌신했고, 동기간들도 예수를 구주로 영접하는 데 헌신했다. 가족들을 가장 힘들게 했던 아주머니는, 임종 때까지 부모를 모시면서 친히 돌보았고, 동기간들에게도 믿음 안에서 가장 고마운 분이 되었다.

"언니의 기도로 우리 동기간과 친척들이 예수님을 믿게 되었어요. 언니의 고마움은 평생 잊지 못할 거예요!"

방송으로 퍼져 나갔다

︎❦︎

　처음으로 장애인단체에 참석했다가 짧게 전했던 간증은, ××교회에서 처음으로 간증하는 계기가 되었고, 대전에 있는 장애인단체가 주최하는 행사에서 두 번째 간증하는 기회가 되었다.
　장애인단체에서 두 번째 간증할 때는, 나를 강단에서 끌어내리라는 불교 신자들과 비신자들의 거친 항의가 빗발치는 가운데서 진행되었으나, 첫 번째 간증 집회하고는 전혀 다르게, 조금도 위축되지 않고 주님이 살아 계심을 증언하기도 했다. 이렇게 호불호가 극명하게 엇갈리면서 엄청난 소란이 벌어지는 간증 집회 현장에는 모 신문사 편집부장도 지켜보고 있었다.
　"그동안 간증 집회를 많이 참석해 보았어요. 그런데 정인숙 씨의 간증은 확실히 달랐어요. 굉장한 감동을 불러일으켰어요! 신앙에 굉장한 도전을 불러일으킵니다! 정인숙 씨의 간증은 몇몇 사람들이 들어야 할 내용이 아닙니다. 방송에 나가서 많은 사람이 들어야 할 내용입니다. 방송국에 꼭 나가서 주님의 은혜를 전하세요! 정인숙 씨의 간증은 세상에서 절망하는 모든 사람에게 희망을 주는 메시지입니다! 오늘 여기 있는 사람들에게도 굉장한 감동을 불러일으켰어요."
　나를 강단에서 끌어내리라고 소리치는 일단의 무리와 함께 지켜보았을 신문사 편집부장은, 그날 굉장한 감동을 불러일으켰다고 말하면서, 방송국에 나가서 꼭 전하라고 말할 때도, 그것이 무엇을 의미하는지 전혀 알지 못했다. 10년이 넘도록 방송국 TV나 신문지 조각도 본 적이 없는 나는, 편집부장이라는 직함도, 방송국에 꼭 나가라는 말도, 제대로 알아듣지 못했다.

그때가 일반 대중들이 모인 곳에서 두 번째로 전하는 간증 집회였다. 거기서 불교 신자들이 강당을 뛰쳐나가는 소동이 벌어질 정도로 강하게 주님을 전한 것은, 강단에 서는 순간 내 눈을 사로잡는 사람들이 있었기 때문이었다. 물론 장애인을 위로하는 행사의 의미를 이해하지 못하는 바는 아니었으나, 호텔 행사장에는 침상에 누워 있는 분, 목발을 짚은 분들, 휠체어에 앉아 있는 분들, 이런저런 장애로 불편한 분들이 내 눈을 확 사로잡았다.

불편한 다리를 뒤뚱거리면서 강단에 오르는 나를 지켜보았을 그들에게 하나님의 사랑과 은혜를 전하는 간증자로서, 세상의 가장 낮은 자리에서 소외되어 외롭게 살아가는 그들에게 도움을 주어야 한다는 무거운 책임감은, 곧바로 주님을 강하게 증언하지 않을 수 없게 만드는 계기로 작용했다.

그들의 눈이 온통 나에게로 집중되었다. 그런 이들에게 행사장의 오락 프로그램에 어울리는 재담을 섞어 가면서 재미로 삼아 살아 계신 하나님을 소개할 수는 없었다. 나는 그런 식으로 주님을 만나지 않았다. 하나님은 비참한 운명을 좌우할 수 있는 엄청난 분이었다. 나를 쳐다보는 그들의 운명이 얼마만큼 비참한 처지에 있는지 너무나 잘 아는 사람이었고, 그들도 진짜 예수를 만나게 해서 비참한 운명을 바꾸게 해야 한다는 열망이, 마음에서 불 일듯 일어났기 때문이다.

　그런 이들에게 예수를 믿음의 주로 영접하도록 강력하게 전달하는 것은 너무나 당연했다. 나한테 어떤 비판과 항의가 날아오더라도, 나는 그들에게 예수를 목숨처럼 붙잡도록 강권하지 않을 수 없었다. 욕을 먹거나 항의가 빗발치는 것은 내 관심 밖이었다. 온 마음을 다하여 내가 전하는 말에 집중하여 듣는 이들에게 하나님이 살아 계심을 전하느라 소란이 벌어지는 뒤쪽에는 쳐다보지도 않았다. 그래서 두 번째 간증은 시끄럽고 소란스러운 청중들 속에서 강력하게 전하지 않을 수 없었던 이유였다.

　얼마 후에 협회 회장이 전화를 걸었다. KBS 대전 지국에서 나를 촬영하러 왔다는 전화였다. 두 번째로 간증했던 행사장에서 보았던 신문사 편집국장이 방송국에 꼭 나가라고 권면했던 말이, 이렇게 방송국 촬영팀을 보낸다는 의미로 이해하는 건 불가능했다.

　그야말로 좁아터진 방에서 10년 가까이 혼자 지냈고, 그곳에서 주님을 찬양하고 경배하며 주님과 은밀하게 기도로 교제했다. 그런데 '너희가 어두운 데서 말한 모든 것이 광명한 데서 들리고, 너희가 골방에서 귀에 대고 말한 것이, 지붕 위에서 전파되리라(눅 12:3)'는 주님의 말씀은, 어떤 특별한 상황에서 어떤 특별한 사람에게 일어나는 일이라고 생각했다.

　잠시 후에 협회 회장의 안내를 받은 방송촬영팀이 우리 집에 도착했다. 처음 보는 방송촬영 장비와 맞닥뜨리자마자 가슴이 벌렁거리기 시작했다. 그때도 방송에 꼭 나가라고 했던 그분의 말은 전혀 기억하지 못했다. 10년이 넘도록 TV도 보지 않고 살아온 내가 방송국 카메라 앞에 서게 되었다.

　××교회에서 처음으로 간증을 요청했을 때도 단번에 거절한 이유가 장

애를 심하게 입은 외모를 많은 사람에게 보이고 싶지 않았기 때문이었다. 그런 나한테 무슨 일이 벌어지고 있는 것일까! 꼭꼭 숨기려고 했던 몸을, 아예 대놓고 방송국 카메라 앞에 세우셨다, 주님이! 아무튼 뭐가 뭔지 생각해 볼 겨를도 없이, 경황없는 일들이 빠르게 펼쳐졌다.

10년 가까이, 아니 지금도 살아가는 두세 평 되는 재래식 방을 영상카메라가 찍었다. 그때까지도 날마다 쉬지 않고 주님을 찬양하며 기도하고 성경을 읽는 골방이고, 나를 따뜻하게 품어준 내 보금자리를 영상카메라가 촬영했다. 이곳에 주님도 오셨고, 천사들도 와서 함께 주님을 찬양하며 춤을 추었다. 작은 재래식 골방에서 성령은 말씀 가운데로 인도하시고 말씀을 가르치시고 깨닫게 하셨다.

초라하기 짝이 없고 볼품없는 내 재래식 방을 세상에 공개하려고 방송국 카메라를 보내셨다, 주님이! 지금 내가 다시 일어나서 걷게 된 것이 주님의 작품이기 때문이다. 나를 통해서 하나님의 사랑과 은혜가 얼마나 크고 놀라운지를 세상에 널리 전파하려는 것이다. 지금도 주님은 살아서 역사하신다는 것을 세상에 널리 알리시려는 것이다.

화장실 출입만이라도 스스로 할 수 있다면 아무 걱정이 없다는 어머니를 따라서 이웃집에 마실 가는 것이 소원이었던 나를, 하나님께서 방송국 카메라 앞에 서게 하실 줄은 꿈에서도 생각하지 못했다!

> 기록된바 하나님이 자기를 사랑하는 자들을 위하여 예비하신 모든 것은, 눈으로 보지 못하고 귀로 듣지 못하고, 사람의 마음으로 생각하지 못하였다 함과 같으니라
> - 고전 2:9

이렇게 촬영해 간 영상은, 서울에 있는 KBS 방송을 통해서 전국으로 방영되었다. 누구에게도 보이지 않으려고 했던 내 모습은 전국에서 모든 이들이 보게 되는 초유의 사태가 벌어졌다. 세상에 어찌 이런 일이! 방송을 통해서 내 소식을 접한 사람들의 전화가 전국에서 빗발쳤다. 그 뒤로 KBS '아침마당'에 출연해서 내 소문은 전국 각처로 퍼져 나갔다.

그 후로 기독교 방송국 '42번가의 기적' 팀은 시골집까지 찾아와서 나의 모든 근황을 영상에 담아다가, 내가 방송국에 출연하여 간증할 때 자료화면으로 사용했다. 그 뒤로 내가 매일 기쁘게, 새롭게 하소서, 주님으로 채우소서, 힐링 토크, 극동 방송 등등 여러 기독교 방송에 출연하여 주님의 뜨거운 사랑과 은혜를 마음껏 전하게 하셨다. 그리고 국민일보, 기독연합신문 등등 여러 교단 신문과 일반 월간지에서도 내 기사를 특별기사로 실었다.

정말로 저기 충청도 두메산골에 있는 재래식 골방에서 홀로 외롭게 앉아서 주님과 교제했던 일이, TV 방송을 타고 전국 각처로 퍼져 나갔다. 병들어 고통당하는 이들의 전화가 쇄도했고, 많은 교회에서 간증 집회를 요청했다.

이러므로 너희가 어두운 데서 말한 모든 것이 광명한 데서 들리고, 너희가 골방에서 귀에 대고 말한 것이 지붕 위에서 전파되리라
- 눅 12:3

그 소문이 그 온 땅에 퍼지니라
- 마 9:26

세 평 남짓한 골방에 홀로 지내면서 오로지 주님만을 찬양하고 높이면서 그분과 기도로 교제를 누리던 생생한 내 간증이 전국 각처로 퍼져 나가게 하셨다. 성령의 인도하심을 따라서 믿음으로 행동했던 일들을 전국에 퍼뜨렸다. 골방에서 말한 것이 지붕에서 전파되는 일이 진짜로 벌어졌다. 다시 일어나서 걷는 것도 기적이지만, 내 얘기가 전파를 타고 방방곡곡으로 퍼져 나간 것도 기적이었다. 모두 다 주님이 인도하신 은혜였다.

감추인 것이 드러나지 않을 것이 없고 숨긴 것이 알려지지 않을 것이 없나니

- 눅 12:2

장애인들의 예배 모임

교회에서 전도 활동을 중단하라는 마지막 경고까지 했지만, 장애인협회를 통해서 활동을 지속하도록 주님이 역사하셨다. 주님의 일꾼들에겐 일터가 따로 없었다. 이 동네에서 저 동네로, 저 동네에서 다시 건너 동네로 가더라도 그곳이 곧 일터였다. 내가 가는 곳에서는 어디라도 복음이 전달되지 않을 수 없었다. 내가 가진 재산도, 내가 가진 지식도, 모두가 그리스도의 복음뿐이기 때문이다.

처음으로 나를 초청해 준 장애인단체에서도 내가 하는 일은 복음을 나누는 일이었다. 협회의 일원으로 장애인들과 교제하면서 기독교 모임을 만들었다. 특정 종교인들끼리 모여서 예배드리지 말라는 회원들의 불평도 있었으나, 내가 회장직을 맡아서 매주 한 번씩 협회 사무실에 모여서 예배드리는 모임을 시작했다.

처음에는 예배 모임을 희망하는 장애인들끼리 모였으나, 점차로 외출이 어려운 중증장애인을 불러내기 시작했다. 바깥출입이 어려운 이들에게 일주일에 한 번이라도 외로운 환경을 벗어나서, 같은 처지의 장애인들과 교제도 나누고, 하나님께 예배드리는 기회를 만들기 위한 취지였다. 우리의 기대에 부응하여 장애인들의 호응은 뜨거웠다.

그러나 일주일에 한 번씩 사무실에 모여서 예배드린다는 건 쉬운 일이 아니었다. 각자 사는 지역이 다른 장애인들을 일일이 찾아가서 몸을 부축하고 차에 태워서 데려오고 다시 데려다주려면 많은 사람의 협조가 필요했다. 역시 협회의 각 지역 임원들과 회원들의 헌신과 차량 봉사가 자발적으로 일어났다. 이것도 어차피 협회 회원들의 모임이었다.

도움의 손길이 가장 많이 필요한 문밖출입이 어려운 장애인들을 먼저 모임에 참여시킨 것은, 10년 가까이 좁아터진 방에서 방문을 열어 주지 않으면 안마당조차 내다볼 수 없었던 처절한 경험 때문이었다. 문밖에서 아이들이 떠들고 노는 소리만 들려도 방문을 열고 들어와 주길 기대했을 정도로 사람이 그리웠던 기억 때문이었다. 게다가 늘 혼자 예배드리면서 여럿이 모여서 예배드리는 곳이라면, 엉덩이로 뭉그적거리면서라도 가서 함께 예배드리고 싶었던 간절한 기억 때문이었다.

내 경험은 이들에게 그대로 반영되어서 자기들의 처지를 깊이 이해하는 기독교 예배 모임의 회장으로 믿고 따랐으며, 일주일에 한 번 외출할 수 있는 예배 모임을 일주일 내내 기다리는 모임이 되도록 만들었다. 나는 이들의 기다림이 무언지 너무나 잘 아는 회장으로서, 차량 봉사하는 임원들에게 이들이 미안하지 않고도 편안하게 바깥 외출이 되도록 자상한 배려와 따뜻함을 요구했다. 쪼끔 더 나은 위치에 있으나 어차피 같은 처지의 장애인들이기에 하나같이 따뜻한 봉사로 화답했다.

기독교 예배 모임은 친교의 장으로 충분히 활용되어 속마음을 터놓고 교제하다가 결혼이 성사되는 사례도 생겼다. 더더욱 살아 계신 하나님을 마음껏 찬양하며 기도하고 생명의 말씀을 듣는 기쁨과 감사의 시간이 되었다. 그러다 보니 입소문이 나면서 참석자가 점점 늘어나다가 협회 사무실로는 비좁은 형편이 되었다. 예배 때마다 협회 사무실은 생동감이 넘쳤고, 협회 행사도 활발해지는 결과로 이어졌다.

　나는 소외되고 외로운 이들에게 열정적으로 주님을 소개하다 보면 예배는 뜨거워지고 기쁨이 넘치는 찬양과 경배는 여느 부흥 집회보다 조금도 부족하지 않았다. 나는 예배 때마다 어찌하든지 불행한 삶을 능히 바꿔 주실 수 있는 예수님을 믿고 따르게 하려고 온 힘을 기울였다. 비참한 내 운명을 바꿔 주신 주님을 간증하면서, 그들의 처참한 운명도 벗어날 수 있다고 가르쳤다. 특별히 소외되고 가난하고 경제활동 능력이 없는 장애인들이기에 더욱 나누는 것을 가르쳤다. 하나님은 주는 자에게 흔들어 넘치게 주신다고 약속하셨기 때문이다(눅 6:38).

　사회에서도, 가정에서도 도움을 받지 못하면 스스로 살아갈 수 없는 이들에게 주님께 도움을 구하도록 설득했다. 이렇게 섬기는 예배는 부흥 집회처럼 뜨거운 감동이 넘쳤다. 나는 장애인들에게 이것저것 요구사항이 많았다.

　"건강한 사람들이 먼저 장애인을 이해해 주길 바라지 마세요! 우리가 먼저 건강한 사람들의 마음을 이해하면 어떨까요. 아무리 이해심이 많은 사람도 자신이 경험하지 않은 것은 낯설고 거북한 거예요. 정말 미안한 얘기지만, 나도 건강할 때는 장애인들은 가까이하기 어려운 사람들이라고 생각했으니까요!

　장애인이 된 지금에야 그것을 생각하게 되었어요. 누구라도 질병이나 사고를 당하면 장애인이 될 수 있는 것이 사람의 한계라는 것도요. 그런데도 장애인이 되기 전까지는 그런 생각을 못 하는 것이, 또한 사람의 연약한 점이에요. 장애인이라면 왜 그런지, 거리감이 느껴지고 멀리하고 싶고, 건강한 사람들처럼 자유롭게 말할 수 없는 사람이라고 생각해요. 어

2부 걸어서 다시 세상으로

쩌면 그것이 사실일지도 몰라요.

 우리가 건강한 사람들에게 거부감을 느끼는 것이, 또한 건강한 이들이 우리에게 거부감을 느끼는 부분이거든요. 그래서 우리가 먼저 건강한 사람들을 이해한다면 장애라는 이유가 사람들과의 자유로운 교제를 망가뜨리지 않을 거예요. 우리가 건강한 사람들에 대해서 거부감을 가지면서, 따뜻하게 대해 주길 기대한다면 욕심이겠죠!

 더군다나 건강한 사람들이 우리의 약점을 공격하면서 욕해도 절망하지 말자고요. 우리도 건강할 때는 가난한 사람들을 깔보았고, 배움이 적은 사람들을 얕잡아 보았고, 외모를 비하하면서 욕했던 경험이 있잖아요! 열등감에 시달리는 사람들은 상대의 약점을 꼬집고 기를 꺾어야 자존감이 높아진다고 착각해요. 그런 일로 억울하거나 분노하면 그야말로 그들의 자존감을 높여 주는 꼴이 되는 거예요. 그래서 우리의 최대의 약점인 장애를 병신이라고 모욕하며 얕잡아 욕하더라도 절망하지 말자고요. 병신은 욕이 아니라 진실이잖아요!

 그렇게 욕하는 건강한 사람들도 수만 가지의 자기 비하의 욕설에 시달리면서 살아요. 가난하다고, 못났다고, 무식하다고, 후레자식이라고, 고아라고, 과부라고, 늙은이라고, 쌍놈이라고. 누구나 갖가지 모욕적인 욕설을 들으면서 살아가는 곳이 이 세상이잖아요! 어쩌면 그렇게 욕하는 사람들이 우리보다 훨씬 더 불쌍한 사람들이라고 생각할 수 있어요. 자기의 삶에 도움이 안 되는 말은 다 무시하자고요! 욕을 먹었다고 해서 우리의 삶의 질이 나빠지지 않아요! 그런 욕설을 먹었다고 더 불행해지지 않아요! 그러나 그런 말을 듣고 절망하고 좌절하면 불행해져요!"

 동병상련이라던가! 그들은 가슴 깊은 곳에서 자기들이 잘되기를 너무나 바라는 심정을 알고, 내가 어떤 말을 해도 진실로 이해하고 따라 주었다. 우리 모임을 통해서 내가 장애인들에게 주려는 것은 아주 단순했다. 내가 그랬듯이, 예수 그리스도를 믿음으로 만나서 그들의 삶이 변화되기를 기대한 것이다. 또한 내가 그랬듯이, 바깥출입이 어렵고 친교가 불가능한 이들에게 사람들을 만나서 잠시나마 고독함이 줄어들길 기대했다.

그러나 나는 너무나 잘 알고 있다. 이런 외부의 지원으로 잠시 외출의 기회가 주어지고 친교의 기회가 주어졌다고 해도, 오래 지속될 수 없다는 것을! 그러므로 나는 능동적으로 살아가는 힘을 제공하시는 예수를 믿고 의지하게 하려고 모든 힘을 기울였다. 내가 경험했듯이, 하나님을 믿고 따르면 능동적으로 살아갈 능력을 주시고 환경과 여건도 만들어 주시기 때문이다. 어려운 현실도 넉넉하게 돌파할 수 있도록 도우시기 때문이다.

장애인이 된 자기를 위해서 일생을 곁에서 헌신해 줄 사람은 세상에 존재하지 않기 때문이고, 하나님은 그런 삶조차도 완전히 벗어나서 독립적이고 능동적으로 살아가게 하실 능력이 있기 때문이다. 사회에서도, 가정에서도, 짐짝처럼 이리저리 채이면서 살아가는 그들에게, 자기의 삶을 완전히 바꿔 주실 주님을 믿고 따르자고 호소하고 또 간절히 호소했다. 주님이 나를 그렇게 바꿔 주신 것처럼. 내가 사회를 맡아서 찬양과 기도를 인도하던 선교회 예배는 감동과 열기로 후끈거렸다.

내가 가르치는 말이라면 전적으로 믿고 따르는 선교회 회원들이, 믿음으로 변화를 받아서 어떤 처지에 있더라도 자기의 삶을 주도적으로 이끌어 갈 수 있기를 간절히 기대했다. 사회도, 가족도, 우리의 불행한 삶을 전적으로 책임질 수 없으나, 하나님은 어떤 형편에 처했더라도 누구든지 다 책임질 수 있으시기 때문이다.

불야성을 이룬 거리

　기독교 선교회 모임은 대중교통을 자유롭게 이용할 수 없는 내게도 매주 한 번씩 읍내로 외출할 수 있는 기회를 제공해 주었다. 그날은 예배를 마치고 협회 일을 거들다가 날이 저물었다. 누구도 상상할 수 없겠지만, 비로소 눈이 부시게 화려한 거리의 야경을 볼 수 있는 운수 좋은 날이었다. 낮과는 전혀 다른 거리의 모습이 눈앞에서 펼쳐졌다. 밤거리는 눈이 부시게 아름다웠다. 나는 네온 간판에서 뿜어내는 화려한 빛깔이 넘실대는 거리를 뒤뚱뒤뚱 걷기 시작했다. 낭만을 위한 외출이 허용되지 않는 나한테는 뜻밖에 맞닥뜨린 횡재였다.
　도대체 얼마 만에 두 발로 땅을 디디고 밤거리에 서서, 눈이 부시게 화려한 야경을 바라보는 것일까? 라디오도 없고, TV도 없고, 글씨가 박힌 종이쪽지 하나도 보지 않고 나무처럼 한자리에 누워 먹고 싸면서, 눈만 껌뻑거리면서 빛바랜 벽지 꽃무늬가 내가 바라보는 것의 전부였던 그 세월이, 손가락을 하나씩 접었다 펴면서 셈하기도 쉽지 않을 정도로 길었지만, 그날은 두 발로 걸어서 도시의 야경을 구경하게 되었다!
　10여 년 만에 바라보는 거리의 야경은 눈이 어지러울 만큼 황홀했다. 마음 깊은 곳에서 보지 못한 굶주림과 보고 싶은 그리움의 감정이, 서로 뒤엉켜서 치밀고 올라오는 바람에 고개를 숙였다. 더 깊은 곳에서 거리의 빛보다 더 찬란하게 빛나는 하나님의 사랑과 은혜의 빛이 볼을 타고 흘러내렸다. 내 평생에 두 발로 땅을 딛고 서서 아름다운 야경을 바라볼 수 있게 되었다니!

몸에 손만 살짝 스쳐도 아프다고 소리치던 내가 불빛이 환장하게 화려한 도시의 거리를 뒤뚱뒤뚱 걷고 있으니, 이 모습은 오롯이 주님이 만드신 작품이고, 오롯이 그분만 믿고 따라온 결과였다. 거리의 찬란한 빛깔 너머로 주님을 향한 열렬한 사랑의 감정이 가슴을 타고 올라와서 볼을 타고 흘러내렸다.

다시는 경험할 수 없을 줄 알았던 세상의 수많은 것들을! 그래서 이런 세상과 접촉되는 모든 미디어를 멀리하면서 빛바랜 벽지 꽃무늬만 쳐다보고 산 것도, 다시는 채울 수 없는 세상에 대한 그리움의 감정을 피해 보려는 내 나름의 발버둥이었다! 처절하게 그리운 바깥세상을 보지 못하고 방에 갇혀 사는 것보다도 더 가혹했던 것은, 어쩌면 여전히 이렇게 살고 있다는 부담감이었다!

뜨거운 눈물이 자꾸만 볼을 타고 흘러내린다. 단순히 아름다운 야경에 취해서 그런가? 아니다! 결단코 아니다! 내 발로 밤거리에 서서 바라보는 야경이 아름다워서 그런 것만이 아니다. 사람들이 살아가는 평범한 일상의 모습을, 차창 너머로 구경하는 구경꾼이 아니라, 거리를 당당하게 활보하는 사람들처럼, 두 발로 길을 걷는 행인의 한 사람이 되었기 때문이다.

아직도 차창 너머로 불야성을 이룬 거리를 먼발치에서 구경하는 신세였다면, 이런 거리를 바라보다가 더욱 주눅이 들어서 빛바랜 벽지 꽃무늬 말고는 아무것도 볼 것이 없는 좁아터진 방으로 더 깊숙이 숨어들어 가려고 했을 것이 뻔하다. 주님이 선물하신 '앉은뱅이가 다시 일어나서 걷게 하신' 최고의 극적인 선물에 대한 뜨거운 감사가 자꾸만 볼을 타고 흘러내렸다.

그때 문득 K가 생각났다. 두 번째 간증을 요청받은 대전으로 가는 승합차 안에는, 그곳에서 초청받은 K도 함께 타고 있었다. 10여 년 만에 처음으로 장거리 여행에 대한 기대감에 들떠 있던 나를 물끄러미 바라보기만 했던 그였다. 차창 너머로 스치는 풍경을 볼 때마다 격하게 감동하는 나를 보면서도 일절 말이 없던 그였다. 그는 좁은 방에 누워서 살아가는 세월이 30년이었다.

척수염 환자인 그는 반듯하게 누워 있는 자세로 굳어 버린 몸을 이동하려면 승합차가 필요했다. 내가 10여 년 만에 처음으로 떠나는 장거리 여행이라고 호들갑을 떨었으나, 그는 30여 년 만에 처음으로 바깥세상을 구경하는 날이었다. 아마도 변함없이 또 그렇게 살아야 할 처지를 생각하면, 무엇을 보더라도 기가 더 꺾이고 위축감이 더 커졌을 것이다. 지금은 인내하는 것이 아니라 죽지 않으니까 그냥 사는 것이라고 말하던 그분에게, 나는 10여 년 동안 좁은 방에서 홀로 살아온 처절한 세월을 말할 수 없었다.

그는 30여 년 만에 마주하는 수많은 산하의 풍경을, 어쩌면 죽기 전에 또다시 볼 수 있을지도 기약할 수 없는 수많은 거리의 광경을, 하나도 놓치지 않고 눈에 담으려고, 손에 꼭 쥐고 있는 작은 손거울에서 한순간도 눈을 떼지 못했다. 반듯하게 굳어 있는 목은 좌우로 돌리지 못했다. 그래서 작은 손거울을 차창 밖으로 향하여 세우고는 거울 속으로 지나가는 풍경을 보았다. 승합차 안에서도 그는 거울이 비춰 주는 거리의 풍경밖에 볼 수 없었다.

30여 년 만에 손거울에 비친 거리의 풍경은 어떠했을까? 가슴이 시리도록 반가웠을까? 무덤덤한 그의 표정에서 무엇을 짐작하기란 쉽지 않았다. 어디까지 추락해야 불행의 끝이라고 말할 수 있을까? 그동안 단 한 번도 바깥세상을 볼 수 없었다고 말했다.

집안에 경조사가 생기면 불가피하게 건넛방으로 내 몸을 옮겨 주기만 해도 달라진 방 분위기에 마음이 설레곤 했는데, 30년 동안 단 한 번도 누워 있는 방에서 떠나 본 적이 없다는 그의 고백은, 돌보는 이들의 고통과 절망까지 복잡하게 얽혀 있는 생각 속에서도 마음이 너무나 아리고 아팠다.

손거울로 바라보는 거리의 풍경, 나처럼 눈이 부시게 아름다울 것이다. 활력이 넘쳐서 자유롭게 활동하는 거리의 사람들이, 죽었다 깨어나도 다가갈 수 없는 동화 속의 별나라 사람들처럼 보일 것이다. 어쩌면 그래도 살아 있기에 볼 수 있어서 감사했을지도 모른다. 어쩌면 군 복무까지 마치고 꿈에 부풀었던 건강한 청년 시절을 회상하며 속으로 울었을지도 모른다.

"모든 것을 잊은 지 오래요. 다 옛날얘기지요!"

내 말에 어쩔 수 없이 대답한 한 마디는 이랬다. 모든 것을 잊지 않으면 어쩔 것인가! 그의 축축한 목소리는 이런 나들이를 배려한 이들에게 감사의 말조차 익숙하지 못했다. 그의 삶 자체가 미안하고 죄송하고 고마운 것의 연속이었을 테니, 30여 년 만에 베풀어 준 나들이는 고마움이 아니라 오히려 야박한 세상인심에 대해서 서러운 마음이 더 커지는 시간이었을지도 모른다. 바깥나들이가 이렇게 좋은 것인데 하고!

10년 가까이 단 한 번도 이런 세상인심을 경험하지 못한 나로서도, 이분에게 또 이런 나들이가 허락될지 알 수 없었으나, 그래도 세상인심을 기대하고 싶었다. 누워서 외롭게 지내는 이들을 위해서가 아니라, 건강한 사람들의 삶이 그런 이들을 도우면서 감사와 풍요가 넘치는 것을 알기에, 이런 분들이 미안하거나 죄송하지 않아도 되는 너그러운 사람들의 배려가 많은 세상을 기대하고 싶다. 자기만을 위해서 사는 삶이 얼마나 메마르고 피폐하다는 것을 경험하는 우리는, 마음의 감사와 풍요는 세상에서 낮고 낮은 자에게 베푼 사람이 거두는 열매라는 것을 안다. 이분의 순하디순한 목소리는 조금 더 이어졌다.

"이렇게 살아도 주님이 항상 지켜 주셔요! 내가 하나님만을 의지하고 주님의 위로를 받는 곳이기 때문에, 하늘나라를 바라볼 수 있는 좁은 내 방이, 세상에서 가장 넓은 장소라고 알고 살아가요!"

여전히 좁은 방에 갇혀 있을 그를 생각하면서, 수많은 네온사인이 번쩍거리는 거리를 뒤뚱뒤뚱 걸으면서 두리번거렸다. 이런 날에도 한편에선 이게 꿈이면 어떡하지 하는 두려운 생각이 스치듯 지나가지만, 내 생애에 이렇게 멋진 날도 준비되어 있었다! 그러나 사람들이 빠르게 스치고 지나는 거리는 안전지대가 아니었다. 작게 돌출된 것이라도 발이 걸리면 고목 쓰러지듯 대책 없이 넘어지기 때문에 조심조심 걸으려니 다리는 더 자꾸 뒤뚱거렸다.

한낮의 거리의 모습과는 전혀 다른 밤거리의 야경은, 빛바랜 벽지만 바라보던 내 눈에는 온통 화려하고 아름다운 것뿐이었다. 그토록 아름다운 거리에서 동행한 아주머니하고 나는 여기저기 서성거리기만 했다. 주머니가 텅 비었다는 이유만은 아니었다. 여전히 뒤뚱거리면서 마땅하게 찾아갈 곳을 발견하지 못했기 때문이다. 바로 길 건너에 네온이 화려하게 번쩍거리는 제과점이 보였다. 저녁 시간이 훌쩍 지난 때여서 배가 출출했다. 아주머니하고 나는 제과점을 바라보고 서 있었다. 그때 아주머니가 나를 쳐다보더니 배가 고프지 않으냐고 물었다.

"빵이 먹고 싶긴 한데…"

나는 혼잣말처럼 우물거렸다. 아주머니가 또 물었다.

"저런 제과점에 들어가 본 적이 있어요?"

아주머니가 묻는 말을 언뜻 이해하지 못하다가, 자기보다 걸음걸이가 훨씬 더 불편한 나를 보고, 아마도 저런 곳에 들어가서 빵을 사 보지 못했을 거라고 짐작했다는 걸 생각했다.

"그건 왜 물어요?"

아주머니는 목발을 의지하고 서 있는데도 자꾸만 다리가 기우뚱거렸다.

"나는 저런 곳에 한 번도 못 들어가 봤어요. 빵이 비쌀 것 같기도 하고, 근데 그것보다도, 불빛이 하도 번쩍거려서 들어가기가 겁이 나서요! 나는 쪼끄만 가게에서만 빵을 사 먹거든요. 정인숙 씨는 저런 데 들어가서 빵을 사 봤어요?"

장애가 심한 아주머니는, 불야성을 이룬 거리를 여기저기 두리번거리면서 자기보다 더 부실하게 걷는 내 다리를 보면서, 그동안 얼마나 딱하게 살았을지를 짐작했던 모양이다. 아주머니의 보는 눈은 정확했다.

사실은 나도 불빛이 환장하게 번쩍거리는 제과점에 들어가서 빵을 사 보았는지는 기억을 더듬어 보기도 어려웠다. 사방으로 두리번대는 내 눈은 내용 파악이 어려운 컴퓨터와 관련된 신조어 간판들을 보면서 심하게 낯가림하는 중이다. 그러면서도 한편으론 화려한 야경의 아름다움에 심취되어 살아 있음에 탄복하는 중이었다.

아주머니의 나이를 가늠해 보니 대충 삼십 대 후반쯤으로 보였다. 겁나서 저런 빵집에 들어가 보지 못했다는 그의 말이 마음을 아프게 했지만, 자기보다 더 불편하게 보이는 나 때문에 용기가 생기는 모양이었다.

"다리가 힘이 없어서 목발을 짚어도 자꾸만 넘어져요. 저런 곳에 들어가려면 마음이 떨려서 그런지 문을 열고 들어가다가 느닷없이 거꾸러지거든요! 그냥 나무토막처럼 후딱 엎어져요. 그러니 어떻게 들어가요. 창피해서 저런 곳에는 아예 들어갈 생각조차 안 해요! 오늘은 정인숙 씨하고 함께 있으니까 좋아요! 헤헤!"

아주머니는 나를 쳐다보면서 환하게 웃었다.

"뭐가 좋아요?"

"그냥 좋아요!"

동병상련할 수 있어서 그런가! 낯선 거리에서 고향 사람만 만나도 반가운 것처럼, 자기보다 더 부실하게 생겨 먹은 나 때문에, 항상 주눅이 들었던 마음이 조금은 줄어드는 것일까? 그러나 나는 그런 아주머니 때문에 더 초라하게 느껴져서 견딜 수 없다. 그동안 가 본 일이 없다는 제과점에 들어가서 맛있는 빵을 사 줄 수 없는 빈손 때문이다. 내 주머니는 무소유의 자유를 마음껏 누리는 중이었다. 너무나 가난한 이분과 함께 있으려니 텅 빈 주머니가 초라해서 서글픈 마음을 주체할 수가 없었다.

"내가 저기 가서 빵 좀 사 올까요?"

아주머니는 나를 위해서 가 본 일이 없다는 불빛이 번쩍거리는 제과점에 가려고 큰 용기를 냈다. 물론 내가 저곳까지 걸어가서 빵을 사 온다는 기대는 전혀 하지 않았을 것이다. 내가 안타까운 마음을 미소로 표현했다. 그리고 이렇게 말했다.

"나도 아주머니가 그냥 좋아요."

물론 빵을 사 준다고 해서 좋은 것이 아니다. 자기보다 낮은 자를 위해서 기꺼이 용기를 내는 아주머니가 그냥 좋았다. 하지만 나는 가난하지 않다. 지금 내 주머니가 텅 비었지만 내 아버지는 하나님이시고 내 주님은 예수 그리스도이시다. 예수 그리스도 안에는 생명과 건강과 풍요가 넘친다. 이것은 믿는 자들이 마음껏 누리도록 주신 권리이다. 그래서 나도 건강을 누리고 있으며, 풍요를 누릴 것이다. 나는 아주머니가 제과점에 들어가서 빵을 사 오겠다는 것을 끝까지 말렸다.

줄행랑을 놓는 귀신

　한번은 밤늦은 시간인데 목사님이 전화를 걸었다. 내일 중환자 심방이 있는데 동행해 줄 수 있느냐고 물었다. 장애인들의 예배 모임에서 설교로 섬겨 주는 분의 요청이므로 당연히 승낙했다.

　그리고 잠이 들었다. 그날 밤에 주님은 꿈에서 어떤 장면을 보여 주셨다. 깨끗한 양옥이 보였다. 안방처럼 보이는 아랫목에 중환자로 보이는 노인이 허리까지 이불을 덮고 앉아 있는 모습이었다.

　다음 날, 우리가 찾아간 곳은 꿈에서 보았던 집과 비슷하게 생긴 양옥이었다. 가족들이 우리를 환자가 있는 방으로 안내했다. 우리는 방문을 열고 들어갔다. 그때 주님이 보여 주신 모습과 똑같은 모습으로 앉아 있는 환자가 보였다. 내심 놀라워하는데, 나를 쳐다보던 환자가 느닷없이 비명을 질렀다.

　"에구머니나! 귀신이 곡할 노릇이네!"

　순간 심상치 않은 분위기가 감지되었다.

　"어머니! 무슨 일이 있어요?"

　뒤따라 들어온 며느리가 놀라면서 물었다.

　"내가 별꼴을 다 본다! 그동안 통증이 심하긴 했어도, 어젯밤처럼 심하게 아픈 적은 한 번도 없었다. 목사님이 방문하신다는 말을 들은 뒤부터,

통증이 얼마나 심해지던지, 지금까지 아픈 거랑은 비교가 안 될 정도로 심해서, 밤새 한숨도 못 자고 이렇게 앉아서 꼬박 새웠다! 그런데 저분이 방문을 열고 들어오자마자 통증이 깨끗하게 사라졌어! 지금은 하나도 안 아프다! 이게 귀신이 곡할 노릇이 아니면 뭐란 말이냐?"

주님은 환자가 앉아서 밤을 꼬박 새우는 모습을 보여 주셨다. 나는 환자에게 무슨 일이 벌어졌는지 즉시 알아보았다. 사람은 악한 영들을 눈으로 보지 못하지만, 그들은 우리의 영적 신분을 훤히 다 알아보았다.

> 더러운 귀신이 그 사람에게 경련을 일으키고 큰 소리를 지르며 나오는지라 … 예수께서 각종 병이 든 많은 사람을 고치시며, 많은 귀신을 내쫓으시되, 귀신이 자기를 알므로 그 말하는 것을 허락하지 아니하시니라
> - 막 1:26, 34

"맞아요! 귀신이 곡할 일이 벌어졌어요. 밤새 발악하던 놈들이 우리를 알아보고 피해서 도망쳤어요. 그래서 통증이 깨끗하게 사라졌어요!"

우리의 방문을 이미 알고 있던 그들은 밤새 환자를 괴롭히면서 발악했다. 환자의 간절한 기도에 응답하셨다는 걸 깨달았다. 그때까지 방문을 열고 방에 들어간 게 내가 행동한 전부였다. 비로소 환자를 살펴보니 유방에서 시작한 암 덩어리가 겨드랑이까지 크게 자라서 팔이 들려 있었다. 내가 환자 앞으로 바짝 다가갔다. 그리고 벌겋게 열을 뿜어내며 이글거리는 암 덩어리에 손을 댔다.

"주님! 병든 사람에게 손을 얹은즉 나으리라(막 16:18)는 말씀을 의지하여 아픈 곳에 손을 얹었습니다! 지금 역사하여 주시옵소서! 암 덩어리가

사라지도록 역사하소서!"

그리고 더러운 귀신에게 큰 소리로 명령했다.

"예수 이름으로 명하노니 더러운 귀신은 암 덩어리를 가지고 떠날지어다! 당장 떠날지어다!"

그러자 떠났어, 라는 말이 튀어나왔다.

"떠난 것이 왜 대답하는 거야?"

"무서워서 문 뒤에 숨어 있거든!"

"문 뒤에 숨지 말고 아주 멀리 떠나가라고!"

순간 돌덩이처럼 딱딱하고 벌겋게 열을 뿜어내던 암 덩어리가, 순식간에 줄어들더니 색깔이 거무스름하게 변했다. 옆에서 지켜보던 가족들이 '할렐루야'를 외치면서 하나님께 영광을 돌렸다. 나도 암 덩어리가 눈앞에서 순식간에 줄어드는 걸 처음으로 보았다. 그때 말씀이 떠올랐다.

> 귀신들이 너희에게 항복하는 것으로 기뻐하지 말고, 너희 이름이 하늘에 기록된 것으로 기뻐하라 하시니라
> - 눅 10:20

"수십 년 동안 교회를 다녔지만, 이런 경험은 처음이네요! 암 병이 귀신 역사라는 건 꿈에도 생각 못 해 봤네요!"

"귀신이 스스로 자기 정체를 드러내면서 떠나잖아요. 복음서에는 귀신들이 예수를 보고 스스로 정체를 드러내고 항복하고 떠나는 장면들을 많이 기록해 놓았어요. 예수께서 말씀으로 귀신들을 쫓아내시고 병든 자를 다 고치셨다(마 8:16)는 마태의 기록뿐만 아니라, 복음서를 몇 장만 넘겨

도 예수께서 귀신을 쫓아내시고 병을 고치셨다는 기록이 수없이 기록되었어요. 나는 불치병 환자였기 때문에, 예수께서 병을 고치는 장면마다 집중해서 읽지 않을 수 없었어요!"

"사실은 나도 젊은 시절에는 환자를 위해서 기도하면 병이 고쳐지는 경험을 많이 했어요! 지금 생각하면 억울하고 분하지만, 담임 목사님이 아픈 사람한테 기도해 주지 말라고 경고하는 바람에, 중단한 이후부터 지금까지 조용히 교회만 다녔슈! 그때는 담임목사 말에 불순종하면 큰일 나는 줄로만 알았거든유! 그래서 하나님이 이런 몹쓸 병을 주신 것 같아유! 지금 와서 어떻게 해야 할지 모르겠네요!"

"귀신이 떠나고 병이 고쳐지는 것은 성령께서 하시는 일이에요. 우리가 하는 일이 아니에요. 그러므로 우리를 방해한다고 생각하지만, 사실은 성령이 하시는 일을 훼방하는 거예요. 누가 성령이 하시는 일에 대해서 하라, 하지 말라고 명령할 수 있겠어요. 그런 일에 대해선 주님께 상의해야 한다는 말이에요. 그랬다면 성령께서 인도하셨을 텐데요!"

환자는 주님이 주신 사역을 감당하지 못한 죄책감에 시달리고 있었다.

"암 병을 포함해서 질병의 배후에서 더러운 귀신들이 역사했다는 걸 친히 경험하셨어요! 하나님이 몹쓸 병을 주신 것 같다고 말했지만, 어떤 상황에서도 하나님은 병을 주시는 분이 아니라 병을 고쳐 주시는 분이라는 증거이기도 해요. 말씀과 성령께서 인도하시는 길에서 벗어나면, 누구라도 더러운 영들의 공격을 피할 수 없어요! 그러니까 더러운 귀신들의 공격으로부터 보호받을 수 있는 보호자가 사라졌다는 말이에요."

"내가 잘못한 거 때문에 하나님이 무서운 병을 주셨다고 생각했어요!"

"어떤 이유로든 성령께서 하시려는 일을 제한한 것은, 악한 영의 공격으로부터 보호해 주던 하나님의 손길을 벗어났다는 말이거든요. 하나님은 어떤 사람에게도 암 병을 주시지 않아요. 만약에 하나님이 주신 병이라면, 누가 그분의 뜻을 거슬러서 병을 고칠 수 있겠어요? 더러운 영이 가져온 병이니까 예수 이름으로 고칠 수 있고, 떠나라고 명령하니까 즉시 떠나고, 암 덩어리가 순식간에 줄어 버리잖아요! 그러나 그들은 주변을 맴돌면서 쉽게 떠나지 않아요. 다시 들어올 틈을 만들려고 엿보는 거예요. 그들이 다시 들어오면 전보다 훨씬 더 상황이 나빠진다고 예수께서 말씀하셨어요!"

> 더러운 귀신이 사람에게서 나갔을 때에 물 없는 곳으로 다니며 쉬기를 구하되, 쉴 곳을 얻지 못하고, 이에 이르되 내가 나온 내 집으로 돌아가리라 하고 와 보니, 그 집이 비고 청소되고 수리되었거늘, 이에 가서 저보다 더 악한 귀신 일곱을 데리고 들어가서 거하니, 그 사람의 나중 형편이 전보다 더욱 심하게 되느니라
> - 마 12:43-45

"이젠 안 속아요! 절대로 넘어가지 않을 겁니다!"
환자는 더 이상 더러운 영의 공격으로부터 넘어가지 않겠다고 장담했다. 귀신을 쫓거나 기도 받고 즉시 질병이 호전되어 치료를 경험하는 환자들이 재발하지 않은 채 건강이 회복되는 길은, 기도해 주는 사람의 능력에만 의존하지 말고, 환자 본인의 믿음을 강하게 세우고 유지해야만 가능하다.
재발하는 원인은, 기도해 주는 사람의 능력의 문제가 아니라 환자 본인

의 믿음의 강도에 따라 좌우되기 때문이다. 귀신이 쫓아내는 사람 때문에 놀라서 떠났더라도, 환자 본인의 믿음이 약해지거나 치료받은 걸 의심하면 즉시 다시 들어온다. 그러면 질병도 즉시 재발한다. 그들이 떠나면 즉시 호전되었던 것처럼 재발하는 것도 즉시 나타난다. 그리스도 안에서 모든 병이 고쳐지는 건 기도하는 자의 믿음과 환자의 믿음과 성령의 역사가 함께 연합하여 펼치는 생명의 멋진 하모니가 빚어내는 결과이다.

우리는 어찌하여 쫓아내지 못하였나이까. 너희 믿음이 작은 까닭이니라
- 마 17:19-20

너희가 기도할 때에, 무엇이든지 믿고 구하는 것은 다 받으리라 하시니라
- 마 21:22

그리고 환자의 요청으로 다시 방문했을 때였다. 때가 여름이어서 환자와 가족들이 마루에 앉아 있었고, 나도 마루에 앉아 있었다. 그때 중년 여자가 울면서 안마당으로 들어왔다. 그리고 마루에 앉아 있는 환자를 두 팔로 끌어안더니 대성통곡했다.

"우리 어머니가 어쩌다가, 이렇게 불쌍한 신세가 되었을까! 아이고, 우리 어머니 불쌍해서 어떡해! 우리 어머니가 불쌍해서 어떡해!"

그러자 환자가 우는 딸을 부둥켜안으면서 대성통곡했다.

"아이고! 내 신세가 어쩌다가 이 모양이 되었는지 나도 모르겠다! 내 신세가 어쩌다가 이렇게 불쌍한 신세가 되었는지 나도 모르겠다!"

평화롭던 집 안은 삽시간에 초상집처럼 변하더니, 마루에 앉아 있던 가

족들도 따라서 울기 시작했다. 나는 돌발적인 상황이 벌어지는 것에 당황해서 적절하게 적응하지 못하고 어리벙벙하고 있는데, 내 안에서 노여워하는 감정이 거세게 올라오면서 마음이 싸늘해졌다. 순간 손발의 맥이 탁 풀어졌다.

그동안 어떤 상황이 닥치더라도 말씀을 믿고 의지하라고 가르쳤던 수고가 한순간에 물거품이 되는 것을 목격했다. 믿음을 세우려면 지루할 만큼 많은 시간이 소요되지만, 믿음이 무너져 내리는 건 아예 0.1초도 걸리지 않았다. 절대로 속지 않는다고 다짐하던 환자의 믿음은 모래성처럼 한순간에 허물어졌다.

어쩌면 환자의 마음속에는 '죽을병'이라는 깊은 불신앙이, 어쩔 수 없이 믿음에 눌려 있다가 툭 터져 나왔을 것이다. 그것이 완전히 떠나기까지 믿음을 세우는 기도를 쉬지 말아야 한다. 거기까지 도달하기에는 너무나 짧은 시간이었을까? 두려움과 의심과 불평과 불만은 귀신의 먹잇감으로는 최고급의 먹잇감이다.

그때 암 덩어리는 순식간에 원래 상태로 되돌아왔다. 믿음으로 병을 고치는 것은 복잡하지 않다. 믿는 순간 암 덩어리가 사라진다. 그러나 의심하는 순간 본래의 상태로 돌아온다. 믿음과 의심에 따라서 암 덩어리가 순식간에 줄어들기도 하고 커지기도 하는, 거짓말 같은 현상을 직접 눈으로 생생하게 볼 수 있었던 현장이었다.

믿음으로 병을 고쳤어도 믿음이 흔들리지 않도록 강하게 세워야 하는 이유이고, 참고 견디면서 끝까지 기도를 쉬지 말고 믿음을 유지해야 하는 이유이다. 하나님은 환자의 믿음을 통해서 일하신다. 하나님은 우리의 믿음을 통해서 역사하신다.

믿음과 의심은 질병을 고치느냐 못 고치느냐를 좌우하는 열쇠이다. 의심과 불신앙은 하나님의 능력을 차단하는 핵심적인 행위이다. 전선을 끊어서 전력공급을 중단시키는 것과 같은 어처구니없는 행위이다. 불신앙은 더러운 귀신에게 문을 활짝 열어 주면서 어서 들어오라고 손을 까부르는 행위이다. 믿느냐 의심하느냐 하는 것은 마음이 하는 일이지만, 그것이 육신의 병을 고치느냐 못 고치느냐를 결정하는 핵심 문제이다.

그러니 우리가 내세울 만한 것이 무엇입니까? 아무것도 없습니다. 우리가 어떻게 해서 하느님과 올바른 관계를 되찾게 되었습니까? 율법을 잘 지켜서 그렇게 된 것입니까? 아닙니다. 그것은 믿음을 통해서 이루어진 것입니다

- 롬 3:27(공동번역)

누가 목을 짓누르나

그날도 목사님을 따라간 곳은, 인근 지역에 사는 여동생이 다른 지역에 사는 언니를 위해서 심방을 요청한 곳이었다. 우리가 도착하자 밖에서 기다리던 동생이 언니가 있는 방으로 안내했다.

언니는 한쪽 팔을 몸에 바짝 붙인 채로 우리를 맞이했다. 우리는 방에 들어가자마자 고개를 숙이고 하나님께 기도부터 했다. 그러니까 서로 간에 인사조차 나누지 않은 상태였다. 그때 환자가 비명을 질러 댔다. 내가 기도를 중단하고 고개를 번쩍 들었는데, 환자가 목을 뒤로 확 젖히고 혀를 길게 빼문 채로 용을 쓰고 있었는데, 당장 구급차를 불러서 병원 응급실로 데려가야 할 것 같은 위기 상황이 벌어졌다. 환자는 당장 숨이 넘어갈 듯이 몸을 뒤틀어 대면서 외마디 비명을 질러 댔다.

물론 나는 전혀 당황하지 않았다. 환자의 목을 꽉 조이면서 짓누르는 놈의 정체를 훤히 알기 때문이다. 그러나 환자의 목을 실제로 짓누르는 사람은 아무도 없었다. 환자가 혼자서 목이 조이듯이 죽어 나자빠질 뿐이었다. 누가 보더라도 대책 없는 상황이었다. 목이 짓눌려 숨을 제대로 쉴 수 없는 환자를 위해서 할 수 있는 건 아무것도 없었다. 그를 괴롭히는 어떤 것도 보이는 것이 없었으니 말이다. 환자가 혼자서 혀를 빼물고 죽을 듯이 용쓰는 거 말고는 아무것도 보이는 게 없었다.

그러나 나는 실제로 환자의 목을 조이고 짓누르는 영적 존재를 너무나 잘 알고 있다. 예수께서 더러운 영들의 정체를 세상에 속속들이 까발리고 드러내셨다. 예수가 가시는 곳곳에서 더러운 영들이 정체를 드러내고 항복하고 떠났다. 이렇게 예수로부터 배우고 익힌 나도 그놈들이 환자를 죽일 듯이 괴롭히면서 난동을 피우는 이유도 너무나 잘 알고 있었다. 사람이 보지 못하기 때문에 철저하게 정체를 숨기고 활동하는 더러운 영들이지만, 이제는 자기들의 정체를 드러내고 떠나지 않을 수 없다는 걸 알고 마지막 발악하며 대드는 중이었다.

그때 더러운 귀신이 스스로 정체를 드러냈다. 환자 본인뿐만 아니라 가족들도 이들의 존재를 상상하지 못했지만, 나는 더러운 영의 정체를 즉시 알아봤다. 사람이 손으로 목을 짓누르는 것처럼, 더러운 영도 물리적인 힘을 가하듯이 환자의 목을 짓누를 수 있는지 상상하기 어렵지만, 아무튼 환자는 머리를 뒤로 휙 제치고 혀를 길게 빼물고 온몸이 뒤틀리면서 죽을 듯이 용을 썼다.

이런 영적 실상을 누가 무시할 수 있는가! 예수께서 대중들의 이목을 집중시키려고, 보이지 않는 귀신을 쫓는 쇼맨십을 하지 않은 것처럼, 이분도 목이 졸려서 죽어 가는 사람처럼 혀를 길게 빼물고 용을 쓰는 쇼맨십을 하는 게 아니다. 환자는 목이 짓눌리는 엄청난 고통을 실제로 겪는 중이었다. 실제로 더러운 귀신이 환자의 목을 조이는 것이고 환자는 숨통이 막혀서 발버둥을 치는 것이다.

그때까지도 내가 환자를 위해서 한 일은 아무것도 없었다. 단지 위급해 보이는 현장을 쳐다보고 있었을 뿐이었다. 그때 더러운 놈의 더러운 짓거리에 대한 분노가 치밀고 올라오는 바람에 목소리를 높였다.

"더 이상 괴롭히지 말고 떠나!"

"떠날 거야!"

"네가 누군지 정체를 밝히고 가!"

"미안해, ××야! 내가 떠나면 그 팔이 번쩍 올라가!"

"네놈이 팔을 못 쓰게 만든 거 다 알아! 예수 이름으로 명하노니 당장 떠날지어다!"

더러운 귀신이 대성통곡했다. 그리고 다시 혀를 빼물고 고개를 뒤로 젖히면서 죽을 듯이 용을 쓰던 환자가 방바닥으로 풀썩 쓰러졌다. 나는 '귀신이 소리 지르며 아이로 심히 경련을 일으키게 하고 나가니, 그 아이가 죽은 것같이 되어, 많은 사람이 말하기를 죽었다 하니(막 9:26)'라는 성경 기록을 기억했다. 비로소 죽은 듯이 누워 있는 환자의 몸에 손을 얹고 감사 기도를 드렸다. 잠시 후에 환자가 일어나서 앉았다. 사실 나는 그때 이분을 처음 보았고, 어떤 병에 시달리는 환자인지도 알지 못했다.

"팔을 위로 들어 보세요!"

수개월 동안 몸에 붙이고만 지냈다는 팔이 위로 번쩍 올라갔다. 그리고 앞뒤 좌우로 자유롭게 돌리면서 팔이 정상으로 돌아왔다고 말했다. 환자는 하나님께 눈물로 감사하며 찬양과 경배를 드렸다.

"더러운 귀신이 몇 달 전에 들어왔다는 말을 듣고 깜짝 놀랐어요. 사실은 몇 달 전부터 특별하게 다친 일도 없었는데, 오른쪽 어깨가 아프기 시작했어요. 그동안 팔을 조금도 벌리지 못하고 몸에 바짝 붙이고만 살았어요! 여기저기 병원을 찾아다녔어도 병의 원인은 고사하고 병명조차 알아내지 못했어요.

그래서 병원 치료를 포기하고, 하나님께 기도로 매달려서 고치기로 작정하고, 새벽마다 교회로 가서 하나님께 팔을 고쳐 달라고 부르짖고 있었는데, 제 동생이 여기로 와서 기도를 받아 보자고 했어요. 그래서 어제 동생네로 온 거예요. 하나님께서 제 기도를 들으시고 팔을 고쳐 주셨어요! 이제는 팔을 위로 번쩍 올려도 전혀 아프지 않아요. 건강한 팔로 완전히 돌아왔어요!"

"그동안 고생을 많이 하셨는데, 기도를 쉬지 말고 신앙생활을 더 열심히 하셔야 합니다. 그렇지 않으면 다시 나빠질 수 있으니까요."

사치한 단어, 여행

　우리 예배 모임에서 나들이를 계획했다. 많은 분의 적극적인 협조로 결정한 여행지는 대천 바다였다. 나들이 소식에 회원들은 탄성을 질렀다. 내 입에서도 탄성이 터졌다. 얼마나 그리워했던 바다였던가! 나를 포함하여 문밖출입이 자유롭지 못한 이들에게 대천 바다로 떠나는 여행은 최고의 선물이었다. 가족들이 돌보지 않으면 스스로 살아가지 못하는 이들에게, 여행이란 꿈의 단어에 불과했다. 돌보는 이들에게 무거운 짐짝이 되어 살아가는 천덕꾸러기 처지에 언감생심, 어찌 여행이란 사치스러운 단어를 입에 담아볼 수가 있었겠는가! 가족들에게 우리의 간절한 설득이 없었다면, 일주일에 한 번씩 예배 모임에 참석하기도 쉽지 않은 이들이었으니 말해 무엇하랴!
　겨우내 단 한 번도 다른 옷으로 바꿔 입을 옷이 없는 이들을 보면서, 새 옷 같은 구제품도 흔하디흔한 요즘 세상에, 바꿔 입을 옷이 하나도 없는 장애인들의 처지도 그렇지만, 저렴한 옷 한 벌 사 줄 수 없는 내 주머니의 형편도 나를 딱하게 만들었다. 그러나 내가 그들과 다른 것은 범사에 감사할 줄 아는 믿음이 있다는 것이다. 어린아이라도 이렇게 마음이 들뜨지는 않았을 것이다. 우리는 바다를 본다는 기대감으로 잠을 설치지 않을 수 없었다. 어쩌면 바다로 떠나는 여행을 결정한 것은, 바다에 대한 내 그리움을 채우려는 핑계였을지도 모른다. 10년이 넘도록 보지 못한 망망한 대해가 너무나 보고 싶었다!

여행이 설레는 것은, 미지의 장소에 대한 기대 때문일 것이다. 그러나 지금 나한테 여행이란, 미지의 장소에 대한 동경이 아니라, 유실될 위기에 처해 있는 바다의 추억을 다시 선명하게 되살리는 일이었다. 가물가물하게 지워지고 퇴색된 기억을 되살려 덧칠하려는 것이다.

바다 여행은 많은 이들의 협조와 지원으로 이루어졌다. 협회 임원들의 차량 지원은 물론 여러 후원자가 먹고 마시는 것들을 풍성하게 채워 주었다. 세상은 여전히 따뜻했다. 그런데도 도움을 받아야 비로소 따뜻하다고 생각하는 마음이 편한 것은 아니다. 주는 것이 받는 것보다 더 복되다는 것을 알기 때문이다.

10여 년 전에 보았던 충남 태안의 대천 바다는, 변함없이 웅대한 자태로 우리를 맞아 주었다. 눈앞에서 꿈틀거리는 광활한 바다는, 10여 년 만에 찾아온 나를 환영하듯이 푸른 파도가 하얀 물거품을 일으키며 급하게 달려와서 철썩거렸다. 얼마나 보고 싶었던 바다였나! 가슴 저 밑바닥에 눌려 있던 그리움의 덩어리가 치밀고 올라왔다. 바다가 뭐라고 눈시울까지 뜨거워지는 건가! 이 정도의 그리움만 채웠더라도 그처럼 고독하지는 않았을 것을!

바깥출입이 자유롭지 못한 장애인들을 위한 여행이라고 했지만, 그들을 챙길 겨를도 없이, 바다 모래사장을 향해서 뒤뚱뒤뚱 걸음을 옮겼다. 뒤쪽에서 두 팔을 치켜든 회원들이 반가움을 주체하지 못하고 바다를 향해서 외치는 소리가 들렸다. 바다를 보고 폭발할 것 같은 기쁨의 감정을 뿜어내는 외침들이 여기저기서 터져 나왔다. 서로를 의지하고 도와가면서 바다 모래사장까지 걸어온 회원들은 누가 시킨 것도 아닌데, 일제히 목소리를 높여 하나님을 찬양했다.

> 참 아름다워라. 주님의 세계는, 저 아침 해와 저녁놀 밤하늘 빛난 별, 망망한 바다와 늘 푸른 봉우리, 다 주 하나님 영광을 잘 드러내도다
> - 478장

거대한 자연을 우리의 이웃으로 주신 하나님께 어찌 찬양하지 않을 수 있으랴! 나도 그들과 함께 모래사장에 서서 거대한 바다를 다시 볼 수 있게 하신 하나님을 소리 높여 찬양했다. 그리고 끝없이 펼쳐진 모래사장을 기우뚱기우뚱 걸었다. 이런 날을 허락하신 주님을 찬양하는 현실은, 주님이 약속하신 것이고, 믿음으로 획득한 실상이었다.

어디를 가든, 무엇을 바라보든, 주님의 사랑과 은혜를 먼저 생각하지 않을 수 없는 이유이다! 내 안에 주님의 사랑이 차고 넘치므로, 세상에서 보는 것마다 찬란하고 아름답게 빛을 발산하는 것이리라. 철부지 아이처럼 기쁨을 주체하지 못하는 내 곁에서 목발을 의지하고 서서 바다를 바라보던 회원들이 말했다.

"46년 만에 처음으로 바다를 보네요!"

"뭐라고요? 46년 만이라고요?"

"직접 바다를 보는 건 태어나서 처음이에요!"

"세상에!"

그러자 내 곁에 서 있던 다른 분이 말했다.

"나도 20년 전에 바다를 보고서 이번이 두 번째로 보네요!"

아, 아, 이럴 수가! 어떻게 46년 동안이나, 20년 동안이나 바다도 볼 수 없었단 말인가! 나도 활동이 정지되었던 10년 가까이, 문밖에서 파릇파릇 자라나는 새싹조차도 볼 수 없었던 세월이, 불에 덴 자국처럼 가슴에 선명하게 흉터처럼 남아 있었다! 자잘한 그리움을 채우려고 통증에 허덕이는 몸을, 다른 사람의 도움을 받아 가면서까지 방에서 끌어낼 수는 없었다. 그대로 눈을 감을지언정 나는 그렇게 할 수 없었다. 그래서 올곧이 누워서 빛바랜 천장만 쳐다보고 살았다.

대개 자기가 당한 고난이 가장 크다고 생각하기 쉽다. 그렇다! 자기가 겪는 고통이 가장 큰 것은 사실이다. 아무리 큰 고통이라도 자기가 겪지 않으면 자기의 고통이 아니니까 말이다! 하지만 내가 바다를 보지 못한 10여 년의 세월은 이분들에게 비하면 결단코 긴 것이 아니었다.

나는 생각을 바꾸지 않을 수 없었다. 왜냐하면 그때까지도 하나님께서 바다를 그리워하는 내 그리움을 채워 주려고 계획한 바다 여행이라고 생각했기 때문이다. 그러나 결단코, 결단코 그게 아니었다. 바다 여행은 나를 포함하여 바깥출입이 자유롭지 못한 장애인 선교회 회원들을 위한 하나님의 커다란 배려였다. 그럼에도 불구하고, 주께서 병을 고쳐 주시고 다시 걷게 하지 않았다면, 20년이 되었어도, 46년이 되었어도, 내 발로 걸어서 만나볼 수 없었던 바다였던 것만은 틀림없었.

이분들에게 바다는 무엇이었을까? 하나님의 크고 위대하심을 경험하는 계기였을까?

나를 포함하여 선교회 회원들이 감동하는 걸 보면서, 곁에서 불편한 몸을 도와주는 건강한 이들도 똑같은 감동을 선물 받았던 굉장한 날이었다. 그래서 어려운 이웃을 돕는 일이 결과적으로 자기의 삶을 풍요롭게 만든다는 것을, 더욱 깊이 깨닫는 기회가 제공되었다. 그들과 함께 떠난 여행이 나를 너무나 풍요롭게 만들어 준 것처럼 말이다!

장애인 모임까지 해산시켰다

잠시 외지로 떠나는 바람에 중단했던 장애인 예배 모임을 다시 지속해 보기로 했다. 그러나 대중교통을 자유롭게 이용하지 못하는 장애인들의 모임은 협회의 긴밀한 협조가 불가피했다. 여러 종교인이 모인 장애인단체에서 특별히 기독교 모임만 활동하는 것에 대한 불만도 표출되었기에, 내 취지를 긍정적으로 이해한 협회에서 모임 장소를 포함하여 차량과 조직에 필요한 인력과 홍보까지 지원해 주는 바람에 독립적으로 예배 모임을 시작할 수 있게 되었다.

처음으로 협회의 지원으로 복지관 강당에 기독교 장애인들이 모여서 하나님께 예배를 드리기 시작했다. 그러나 얼마 지나지 않아서 기독교 모임을 중단시켜 달라는 민원이 들어왔다. 그것도 타 종교를 믿는 장애인협회 회원들이 아니라 인근에 있는 교회 목사들이 민원을 제기했다. 대중교통을 자유롭게 이용할 수 없는 장애인들이, 한자리에 모이려면 협회 차원의 차량지원과 임원들의 협조가 없이는 모임 자체가 불가능했다. 이런 예배 모임이라는 걸 너무나 잘 아는 목사들이, 후원자들의 민원에 매우 취약한 약점을 이용하여 협회까지 손을 뻗쳤다. 그리고 장애인들의 예배 모임을 해산시키도록 요청했다.

교회와 불편하게 엮일 일이 전혀 없는 장애인들의 모임인데도 거기까지 방해하는 손길을 뻗었다. 장애인들끼리 모이는 모임이 한없이 부실하고 열악한데도 예배를 드리기 시작했는데 말이다, 긴 세월을 세상과 격리되어서 살아온 나는 세속적인 물정에도 어두웠지만, 교회의 내부 사정에는 더더욱 맹탕이었다.

더군다나 주님을 향한 열정과 말씀을 의지하는 믿음이 아무리 뜨거워도, 실상은 그렇게 행동할 수 있도록 뒷받침해 줄 신체적인 여건조차 부실하기 짝이 없었다. 잠시나마 활동하는 흉내만 내는데도 침대에 누워서 쉬는 시간이 몇 곱절 더 필요했던 상황이었고, 주변의 긴밀한 협조가 있다고 해도 날이면 날마다 활동을 중단하고 편하게 쉬고 싶은 건 다른 사람의 요청이 아니라 바로 나 자신이었다.

나는 여전히 최소한의 필요한 경비조차 그때그때 해결하지 못하는 중증장애인에 불과했다. 더욱이 장애인들의 모임은 빈 주머니라도 다시 뒤지고 털어야 할 정도로 사정이 열악하고 딱한 실정이었다. 그런 모임을 중단시켜 달라는 목사들의 민원이 제기되었다는 것이다. 협회에서 회장과 임원들이 면담을 요청했다.

"이제는 복지관 강당에 모여서 예배드릴 수 없게 되었어요. 장애인들이 모여서 예배를 드리는 모임이라면 앞장서서 도와주리라 생각했던 목사님들이 강당에서 예배드리지 못하게 막아 달라는 전화를 걸어 왔거든요."

"목사님들이요?"

"예! 목사님한테서 그런 전화가 왔어요!"

"어떤 목사님들이죠?"

"그건 밝힐 수 없어요!"

"여기서 나가면 우리는 갈 곳이 없잖아요!"

"협회를 후원해 주시는 목사님들의 요청이라 거절하기가 어려워요!"
"예배 모임을 중단시키라는 이유가 뭐래요?"
"정인숙 씨가 장애인들을 데리고 모임을 만들어서 교회를 세우려고 그런다는 거예요."
"설령 내가 장애인들을 데리고 교회를 세운다고 쳐도, 그것이 목사님들에게 무슨 해를 끼친다고 하던가요?"
"예수를 믿지 않는 우리가 들어도 이해하기가 쉽지 않아요. 장애인들을 데리고 교회를 세운다면, 목사님들이 앞장서서 더 많이 도와주어야 맞는 거 같은데 말이에요! 장애인들을 데리고 목회한다면 그것이 얼마나 힘든 일인지 불 보듯이 뻔한데 말이에요. 예배 모임을 중단시켜 달라고 해서 우리도 깜짝 놀랐어요! 우리도 궁금해서 묻는 건데, 정인숙 씨가 예배 모임을 시작한 게 장애인들을 데리고 교회를 세우려고 그러는 건가요?"
"지금까지 저를 보고도 그렇게 말해요? 지금 내가 목사가 될 만한 몸이라고 생각하세요? 더군다나 장애인들을 돌보아 줄 만한 몸이라고 생각하세요? 나도 장애인들을 돌보면서 목사를 할 만한 신체라면 얼마나 좋겠어요? 언젠가 우리끼리 달리기를 한번 뛰어 보자고 했던 적이 있었죠? 그때 해 보나 마나 정인숙이 꼴찌라고 장담하면서 한바탕 웃었던 적도 있었잖아요! 이런 몸으로 교인들을 섬기는 목사를 한다고요? 얼마나 힘겹게 걸음을 옮기는지 너무나 잘 알면서 그러나요!
10년 가까이 작은 방에서 혼자 지내던 내가, 장애인들과 함께 모여서 하나님께 예배하는 것만으로도 얼마나 행복해하는지 너무나 잘 알잖아요! 지금까지 저를 본 그대로, 활동이 자유롭지 못한 장애인들과 일주일에 한 번이라도 바깥나들이 겸 하나님께 뜨거운 예배를 드리려는 거 다 알잖아요. 협회의 지원과 협조를 받지만, 그래도 협회가 특정 종교와 엮여서 불편하지 않도록 독립해서 예배하려는 것도 잘 알잖아요! 세상에서 소외되고 장애를 입어 경제활동이 불가능한 이들을 데리고, 무슨 잇속을 챙기며 무슨 목적을 가질 수 있어요!"

"우리도 정인숙 씨의 진심을 너무나 잘 알기에 감사하며 협조하는 거예요! 그래서 불우한 장애인들과 함께 교회를 세우려고 한다 해도, 오히려 목사님들이 나서서 도와줄 거라고 믿었어요. 그런데 도무지 알 수 없는 일이네요. 아무튼 강당은 예배 장소로 사용할 수 없게 되어서 죄송해요!"

"협회에서 돕지 않으면 모이기도 어렵고 예배할 장소도 없어요!"

"우리도 대충 알아보는 눈치는 있어요. 정인숙 씨가 활동하는 걸 방해하려고 그런다는 느낌은 받았어요! 그렇더라도 이 문제로 협회 차원에서 말썽이 벌어지면 다른 종교 회원들이 시비를 걸어 올 것이 뻔한데, 그러면 어차피 강당에 모여서 예배드리긴 어려워요."

그때는 주의 종이 되려는 것도 아니고, 교회를 세우려는 것도 아니었다. 육신이 허용하는 범위 안에서, 특별히 세상에서 소외되어 살아가는 장애인들에게 주님의 사랑과 은혜를 전하려고 힘썼을 뿐이다. 교회를 세우는 것이나 목회하는 일이 눈물이 나게 부럽더라도, 부실한 신체가 협조하지 않는 나한테는 그림의 떡에 불과했고, 꿈나라에서 들려오는 꿈꾸는 얘기에 불과했다.

장애인협회의 긴밀한 협조 때문에 일주일에 한 번씩 강당에 모여서 예배를 드릴 수 있었던 장애인들의 예배 모임은, 예배를 막아 달라는 목사들의 민원 제기로 복지관 강당에서 쫓겨난 뒤로, 여기저기로 몇 번 옮겨 다니면서 예배를 지속하려고 힘썼으나 결국 중단하게 되었다.

3부

성령의 음성을 따라서

그들이 아니라 바로 너다!

장애인들의 모임 단체인 협회에서 예배 모임을 시작한 것도, 사실은 전도를 중단하라는 담임목사의 마지막 경고에 순응하는 기간에 이루어진 일이었다. 그때는 환자들에게 마음껏 주님을 전하고 싶은 갈급함을 억누른 기간이기도 했다. 그런 갈증을 해결하려고 장애인들하고 노방전도까지 계획했을 정도였지만 사정이 여의찮아서 행동으로 옮기지는 못했다.

언제부터인지 이 문제를 하나님과 깊이 의논하고 싶은 마음이 생겼다. 나는 집에서도 쉬지 않고 기도했으므로, 특별히 기도할 장소가 따로 필요한 것은 아니지만, 난데없이 기도원으로 가서 기도하고 싶은 간절한 마음이 처음으로 생겼다. 누구의 도움이 없이는 자유로운 활동이 어려웠기 때문에, 기도원에 가려면 곁에서 도와줄 동행자가 필요했다. 나는 동행자를 붙여 달라고 기도하기 시작했다.

> 너희 안에서 행하시는 이는 하나님이시니, 자기의 기쁘신 뜻을 위하여 너희에게 소원을 두고 행하게 하시나니
> - 빌 2:13

서울에 사는 지인이 오랜만에 안부 전화를 걸었다. 별일 없느냐는 내 안

부의 말에 몇 가지 기도할 제목이 생겨서 가까운 기도원에 가려고 한다고 말했다. 동행자를 붙여 달라는 기도의 응답임을 즉시 알아차리고 동행을 요청했더니 나보다 더 좋아했다. 지인을 따라서 간 기도원은 금식기도원이었다. 전혀 예상하지 못했지만 나도 지인을 따라서 3일간 금식하기로 했다.

금식 첫날 오전 시간이었다. 아침도 금식이고 해서 4시간 동안 기도하기로 작정하고, 지인의 도움을 받아서 기도굴에 들어갔다. 그동안 마음을 짓누르던 문제를 주님께 작심하고 말씀드리려는 심산이었다.

"앉은뱅이로 누워서 살아가던 저를 일으켜서 다시 걷게 해 주신 주님의 은혜를 감사합니다! 주님께 받은 은혜가 너무나 커서 도무지 잠잠히 있기가 어려웠어요! 그런데 입을 닫고 잠잠히 있으라는 마지막 경고까지 받은 거 보셨죠? 그래서 장애인들과 함께 예배하면서도 항상 심령에 짓눌림이 있었던 것도 아시죠?

기도할 때마다 전도하고 싶은 욕구가 불같이 일어났어요! 그런데 제가 활동하는 걸 무조건 막고 방해만 하는데 어떡해요? 예수님의 은혜를 전하는 것이고, 환자들에게 복음을 전파하는 일인데 왜 막는 건가요? 저는 도무지 이해할 수가 없어요. 세상에서는 저 같은 사람을 가장 싫어한다고 해도, 교회에서는 저 같은 사람을 가장 기뻐하리라 생각했어요!

그런데 주님! 교회들마다 목사들조차도 저 같은 사람을 가장 싫어한다는 걸 전혀 예상하지 못했어요! 앉은뱅이가 되어 방에서 혼자 지낼 때보다도 덜 고독하지 않아요. 주님! 내가 주님을 전하는 곳곳에서 도와주기는커녕 방해하고 막기만 하는데, 이렇게 힘겨운 몸으로 저 혼자서 아무것도 할 수가 없어요. 주님! 무어라고 말씀해 주세요!"

나는 기도굴에 혼자 앉아서 대성통곡했다. 기도원에 오고 싶었던 이유를 알 것 같았다. 내 마음을 알아주는 이가 하나도 없어서 울었다. 너무나 고독해서 울었다. 무엇이 잘못되어서 그런 것인지 도무지 알 수가 없어서 울었다. 주님을 전할 때는 강하고 담대하다고 소문이 났을 정도였지만, 주님 앞에만 엎드리면 한없이 나약해지고 무능해져서 그냥 울기만 했다.

나는 사람들에게 말하지 못하는 많은 것들을 주님께 속속들이 일러바쳤다. 속이 후련할 정도로 엉엉 울어 대면서 고자질했다. 눈물, 콧물이 범벅될 정도로, 누구에게도 말할 수 없고, 누구에게 말해도 이해받기 어려운 문제를, 주님께는 마음껏 호소했다.

얼마나 고독했던가! 이런 고독을 누가 해결해 줄 수 있겠는가. 오로지 주님밖에 없다. 그래서 나도 주님의 위로를 받고 싶어서 기도원까지 올라왔다. 바로 그때였다. 성령께서 말씀하셨다.

"전도를 차단한 건 그들이 아니라 바로 너다!"

이게 무슨 적반하장의 말씀이란 말인가? 그동안 다 지켜보셨으면서 내가 전도를 차단했다니? 너무나 황당해서 눈물이 딱 멎어 버렸다. 그때 또다시 말씀하셨다.

"전도를 차단하는 일은 언제나 있을 것이나, 전도가 중단된 건 네가 전도를 중단했기 때문이다!"

아, 그렇구나! 정말 그렇구나! 즉시 깨달았다. 내가 전도하는 걸 막는 사람들이 전도를 중단시킨 것이 아니라, 내가 전도를 중단했기 때문에 전도가 막혔다는 것을! 아무도 내게 전도에 대해서 하라, 하지 말라 명령할 권리가 없다는 것을! 나한테 전도를 명하신 분이 주님이시기 때문이다. 그러므로 내게 하라, 하지 말라 명령하실 분은 오직 주님밖에 없다. 다만 이 교회로 가거나 저 교회로 가거나 심지어 장애인단체까지도 손을 뻗쳐서 예배를 방해하고, 갖가지 모함을 하고 공갈치고 협박하리라는 걸 전혀 예상하지 못했을 뿐이다.

교회는 음부의 세상에 세워졌다. 그러나 지금까지 내게 말씀하시고 가르치시고 이끄시며 인도하신 분은 성령이셨다. 그분이 죽어 가는 나를 살려 주셨다. 그렇게 일하신 하나님의 사랑과 은혜를 세상에 널리 전파하여, 나처럼 병들어 절망하는 이들에게 새 삶을 얻도록 해야 한다. 그러니까 누구라도 주님을 전하려는 나를 막을 권리가 없다. 그런데 지금까지 나는 누구의 말에 순종하면서 누구를 따랐단 말인가!

> 또 이르시되 너희는 온 천하에 다니며 만민에게 복음을 전파하라
> - 막 16:15

말씀은 하나님의 음성이다. 만민에게 복음을 전파하라고 명하신 이도 하나님이시다. 나는 지금까지 말씀에 순종했고, 성령님의 음성을 따라서 행동했던 사람이다. 그로 인해서 발생하는 문제들도 성령께 말씀드렸다. 그런데 지금 나는 사람에게 순종하느라고 성령의 인도하심을 따르지 못했다. 기도할 때마다 성령께서 뜨겁게 재촉하셨지만 제대로 분별하지 못했다. 그런데 성령께서 분명하게 깨닫게 하셨다. 어떤 이유가 발목을 잡아도 그 일을 중단하느냐 지속하느냐를 결정하는 건 특정한 어떤 사람들이 아니라 바로 나였다는 것을!

베드로와 요한이 대답하여 이르되, 하나님 앞에서 너희의 말을 듣는 것

이, 하나님의 말씀을 듣는 것보다 옳은가 판단하라

- 행 4:19

베드로와 사도들이 대답하여 이르되 사람보다 하나님께 순종하는 것이 마땅하니라

- 행 5:29

제자들이 목숨을 내놓고 성령의 인도하심을 따라서 전도한 기록들처럼, 성령께서 제한받아서 활동하지 못하는 상대는, 목숨을 위협하기까지 방해하는 저들이 아니라, 성령께서 활동하도록 인도하시는 바로 당사자라는 사실을! 그러니까 내가 전도를 중단했다고 말씀하시는 성령님의 말씀이 옳고 또 지당하신 말씀이었다. 교회 생활의 초보자였던 그때까지도 목사들이 성령이 하시는 일을 훼방하거나 제한하거나 방해한다는 것을 전혀 예상하지 못했다. 성령은 눈으로 볼 수 없어도 마음으로 깨달아 충분히 알 수 있는 분이시다.

그는 진리의 영이라. 세상은 능히 그를 받지 못하나니, 이는 그를 보지도 못하고 알지도 못함이라. 그러나 너희는 그를 아나니 그는 너희와 함께 거하심이요. 또 너희 속에 계시겠음이라

- 요 14:17

성령은 예수의 영이시다. 그분이 믿는 자의 영 안에 오셔서 하시는 일은, 예수께로 인도하시며, 주님의 말씀을 친히 증언하시고 보증하시며 확

증하신다. 그동안 내 안에서 전도의 열망을 불러일으키신 분이 성령이셨고, 말씀을 전할 때 내 입술을 사용하신 분도 성령이셨고, 그 말씀이 진실임을 보증하시려고 듣는 이들의 마음을 감동하시고 병든 자를 고치신 분도 성령이셨다.

> 사람들이 너희를 끌어다가 넘겨줄 때에, 무슨 말을 할까 미리 염려하지 말고 무엇이든지 그 때에 너희에게 주시는 그 말을 하라. 말하는 이는 너희가 아니요 성령이시니라
> - 막 13:11

> 제자들이 나가 두루 전파할새 주께서 함께 역사하사 그 따르는 표적으로 말씀을 확실히 증언하시니라
> - 막 16:20

이렇게 일하시는 분이므로, 성령을 훼방하고 방해하는 사람은, 아무리 기도하고 매달려도 하나님의 응답을 기대하기 어렵다는 사실이다! 참으로 안타깝지만, 성령을 훼방하거나 방해하는 사람은 비신자가 아니라 믿는 자들이라는 걸 성경이 증언하고 있다. 세상은 성령이 계신 줄을 알지 못해서(요 14:17) 그분을 훼방하거나 방해할 수가 없다.

나는 주님께 눈물로 회개했다. 내 기도를 들으시고 응답해 주시는 주님이 감사해서 울었다. 이런 응답을 주신 주님을 향하여 눈물로 찬양했다. 가슴으로부터 주님에 대한 사랑이 뜨겁게 솟아올랐다. 그래! 전하자! 누가 뭐라고 하든지 말든지 전하자! 나는 주님의 사랑의 빚을 졌다. 주님의

사랑이 얼마나 차고 넘쳤던가. 넘치는 이 사랑을 전하는 것은 너무나 당연하다. 그래서 세상 사람들 모두가 그분의 사랑을 힘입어 나처럼 주님의 사랑 안에서 병을 고치고 다시 살도록 도와야 한다. 그때 다시 성령께서 말씀하셨다.

"너만 나를 제한하지 않으면, 나는 너를 통해서 일할 것이다!"

금식 첫날에 기도굴에 들어가서 30분쯤 기도하는 중에, 그동안 겪으면서도 이해할 수 없었던 문제의 원인에 대해서 정확하게 깨닫도록 응답하셨다. 그리고 사흘간의 약속한 금식을 마치고 기쁜 마음으로 기도원을 내려왔다.

나보다 앞서가신 주님

가족이나 가까운 사람들에게 개인적으로 전도하는 것과 달리 특정 지역이나 길에 나가서 전도할 때는 차량지원과 같은 교회의 협력이 필요했다. 주님도 제자들을 전도하러 내보내실 때 생활지침까지 구체적으로 말씀하신 걸 기억한다. 물론 성령의 인도하심을 따르는 전도는, 그때그때 현장에서 부딪치는 일마다 주님이 챙기시고 보살핀다는 것도 잘 알고 있다. 그럼에도 불구하고 인간적으로 교회의 협조를 받으면서 성도들과 함께 어울려서 전도할 수 없는 나는 누구에게도 도움을 받거나 요청할 곳이 없었다. 그래서 나는 주님만 의지하기로 작정하고 갖은 핍박과 협박에 시달리던 교회를 등지고 세상으로 발길을 돌렸다.

> 어느 곳에서든지 너희를 영접지 아니하고 너희 말을 듣지도 아니하거든,
> 거기서 나갈 때에 발아래 먼지를 떨어 버려 저희에게 증거를 삼으라
> - 막 6:11

내가 눈길을 돌린 곳은 병원이었다. 지금은 병원 전도가 아예 불가능한 상태지만, 그때만 해도 종교가 환자들의 정신건강에 도움이 된다는 것을 알고, 병실을 자유롭게 전도하도록 개방했다. 대중교통을 자유롭게 이용

할 수 없었지만, 무엇이든지 구하면 주신다고 약속하신 말씀을 믿고 아무 것도 염려하지 않았다. 주께서 기뻐하시면 반드시 돕는 차량과 동행자를 붙여 주신다고 확신했다.

신체는 전도할 상황이 아니었어도 자신감이 넘쳤다. 하나님을 믿으니 부실한 몸도 염려되지 않았다. 주님께서 제자들을 보내시면서 '여행을 위하여 배낭이나 두 벌 옷이나 신이나 지팡이를 가지지 말라. 이는 일꾼이 자기의 먹을 것을 받는 것이 마땅하다(마 10:10)'고 말씀하셨고, 생활에 필요한 것들이 현장에서 충족될 것을 말씀하셨다. 그러나 '병든 자를 고치며, 죽은 자를 살리며, 나병 환자를 깨끗하게 하며, 귀신을 쫓아내되, 너희가 거저 받았으니 거저 주라(마 10:8)'고 말씀하셨다.

하나님은 전도하러 함께 다닐 사람을 붙여 주셨다. 주님도 둘씩 보내셨듯이, 나도 동행할 사람은 한 사람이면 충분했다. 그리고 전도에 대한 구체적인 계획은 아무것도 세우지 않았다. 내 다리가 활동 범위를 결정하기 때문이다.

> 내가 너희에게 말하기를 그들을 무서워하지 말라. 두려워하지 말라. 너희보다 먼저 가시는 너희의 하나님 여호와께서 애굽에서 너희를 위하여 너희 목전에서 모든 일을 행하신 것같이, 이제도 너희를 위하여 싸우실 것이며
> - 신 1:29-30

나는 30분 정도 걷기를 허용하면 30분 정도 환자들을 만났고, 1시간 정도 다리가 버티어 주면 1시간 정도 환자들을 만나서 하나님이 살아 계심

을 전했다. 방에서 쉬지 않고 불렀던 찬송가를 환자들 앞에서 열심히 부를 때도 많았다. '잠시 세상에 내가 살면서 항상 찬송 부르다가, 날이 저물어 오라 하시면 영광중에 나아가리. 열린 천국 문 내가 들어가 세상 짐을 내려놓고, 빛난 면류관 받아 쓰고서 주와 함께 길이 살리(492장).'

어디를 가서도 여건이 허용되면 주님을 먼저 찬양했다. 그때마다 어르신 환자들의 열렬한 호응을 받을 때도 많았다. 언젠가는 앙코르를 받고 더 열심히 부르다가 간호사한테 쫓겨난 적도 있었다. 그런데도 창피하거나 부끄러운 줄도 몰랐다. 오히려 한없이 감사하고 기쁘기만 했다. 내 영혼을 구원하시고, 병을 고쳐 주시고, 꼬부라진 사지를 펴고 일어나서 다시 걷게 하신 주님을 생각하면 찬양하다가 쫓겨나는 것이 무슨 대수이겠는가! 전도하다가 망신당하는 것이 무슨 대단한 모욕이었겠는가! 어떤 모욕이더라도 앉은뱅이보다 더 모욕적인 것이 있었겠는가!

나는 병들어 죽게 생기지 않았다면 죽었다 깨어나도 예수를 믿을 위인이 아니다. 게다가 하나님이 살아 계시지 않는다면 죽었다 깨어나도 아픈 다리를 끌고 다니면서 예수를 전하지 않는다. 지금도 환자라는 말만 들어도 가슴이 절절하다. 더 잃을 게 없이 죽음과 사투하는 병실에서, 절망에 처한 환자들을 만나면 마음이 너무나 아프다. 그래서 절실한 마음으로 예수를 전할 수 있기에, 나한테 병원은 희망의 장소이기도 하다. 세상에선 절망의 극단이지만, 바로 그 지점이 또 다른 희망의 시작 지점이기 때문이다. 그런 절망하는 곳에서 주님이 두 팔을 벌리고 우리를 맞이할 준비를 하고 계신다. 그래서 예수를 구주로 영접하려면, 절망의 극단에 서야 하는 것일까? 적어도 내 경험으론 그렇다.

내가 주릴 때에 너희가 먹을 것을 주었고, 목마를 때에 마시게 하였고, 나
그네 되었을 때에 영접하였고, 벗었을 때에 옷을 입혔고, 병들었을 때에
돌아보았고, 옥에 갇혔을 때에 와서 보았느니라

- 마 25:35-36

굳이 예수를 영접하기 위한 자격이 있다면, 내 경험에 비추어 슬픔과 실패와 절망이 아닐까? 굳이 주님을 사랑할 수 있는 자격이 있다면, 그것도 슬픔과 애통과 절망이 아닐까? 그래서 내 눈에는 병원이 주님을 소개하는 희망의 장소로 보였다. 질병의 고통과 죽음의 공포에 시달리는 환자가 있는 병원에 가면, 만병을 고치시는 의사이신 예수를 마음껏 소개할 수 있었으니까! 어쩌면 예수는 절망의 극단에 서야 비로소 보이는 분인지도 모른다. 누구라도 소망이 완전히 끊어진 끝자락까지 내몰리지 않으면, 주님을 향해 손을 벌리지 않는다. 그래서 병원이 내 눈에는 희망의 장소로 보이는 것이다.

"앉은뱅이였는데 예수를 믿고 다시 걷는다고? 저렇게 거짓말을 하고 다니는 X들 때문에 예수님이 욕먹는 거야! 거짓말을 하더라도 비슷하게 해야지! 뭐? 앉은뱅이였는데 다시 일어나서 걷는다고! 하다 하다 이젠 별걸 다 꾸며서 거짓말하고 다니네!"

"앉은뱅이로 누워서 살다가 예수 믿고 다시 일어나서 걷는 것은 진실인데요!"

"예수님 욕 먹이지 말고 당장 병실에서 나가!"

이렇게 욕을 배 터지게 얻어먹고 병실을 걸어 나오는 내 다리가 더 뒤뚱거리는 이유는 또 있다. 사지가 꼬부라진 채로 병실 침상에 누워 있을 때,

전도하는 일행들이 방문하면, 저들은 무슨 복이 많아서 예수를 전하러 다니는 지위에 있는지, 부럽다 못하여 시기, 질투가 생겼을 정도였다. 그랬던 내가 주님의 은혜로 병실의 환자들에게 예수를 전하러 다니는 지위를 갖게 되었다. 막상 주님을 전하는 전도자가 되어 보니, 마냥 부러워만 할 수 없는 변론과 욕설과 소란스러움과 모욕과 상처와 아픔이 넘쳐났다. 그러나 주님의 평안과 위로도 차고 넘쳤다.

나로 말미암아 너희를 욕하고 박해하고 거짓으로 너희를 거슬러 모든 악한 말을 할 때에는, 너희에게 복이 있나니, 기뻐하고 즐거워하라. 하늘에서 너희의 상이 큼이라. 너희 전에 있던 선지자들도 이같이 박해하였느니라
- 마 5:11-12

나도 핍박받는 전도자가 되었다. 내가 가는 곳곳마다 주님의 은혜가 넘치지만, 소란스러운 변론도 그치지 않았다. 전도는 성령의 인도하심을 따라서 예수를 전하기 때문에, 당연히 마찰이 생기지 않을 수 없었다. 때론 병실에서 쫓겨나기도 하고, 갖은 욕설과 봉변을 당하기도 하고, 전도지를 빼앗기는 수모를 겪기도 했다. 문전박대를 당하기도 하고, 원목실로 불려가서 한참 동안 전도를 중단하라는 목사의 훈계에 시달리기도 했다. 그러나 역에서, 시장에서, 사람들이 많이 모이는 곳에서, 하나님은 살아 계시고 예수가 우리의 구주라고 외쳤다. 누구도 내가 전도하는 걸 막지 못했다. 전도를 명하신 분이 주님이시기 때문이다.

"아니! 이런 신기한 일도 다 있나요?"

내가 4인용 병실 문을 열고 들어가서 왼편 침상에 누워 있는 환자 곁으로 다가가서 예수를 전하러 왔다고 말하자마자 화들짝 놀라면서 환자가 하는 말이었다.

"왜 그러세요? 무엇이 신기하다는 건가요?"

놀란 표정으로 환자가 눈을 몇 번 껌벅거리더니 나를 빤히 쳐다보았다.

"제 얘기 좀 들어 보세요. 저는 신경성 노이로제에 걸려서 잠을 거의 못 자는 사람입니다. 그래서 병원에 입원했고요. 저도 예수를 믿는다는 말은 하지만, 사실은 비신자하고 다르지 않아요. 그런데 아주머니가 이 병실에 들어오기 직전에 신기한 경험을 했어요. 아무래도 예수님이 살아 계신 모양입니다!"

"무슨 경험을 했는데요?"

"지금도 그 모습이 생생합니다. 아주머니가 이 병실에 들어오기 직전에 깜빡 졸았던 것 같아요. 잠을 거의 못 자는데 깜빡 졸았다는 것도 신기하고요! 아무튼 비몽사몽이라고 할까요? 하얀 세마포를 걸치신 예수님이 병실 문을 열고 들어오시더라고요. 그리고 제 침상으로 걸어오시는 겁니다. 그러니까 지금 아주머니가 서 있는 바로 그 자리에 서서 나를 쳐다보고 예수를 믿으라고 하시는 거예요!

너무나 놀라운 광경이어서 눈을 번쩍 떴어요. 그런데 신기하게도 아주머니가 병실 문을 열고 들어오더니, 예수님이 하셨던 것처럼 똑같이 내 침상으로 걸어와서 예수를 믿으라고 하는 거예요. 그러니 어떻게 놀라지 않을 수 있겠어요?"

환자의 말을 들으면서 나도 놀랐다. 나보다 앞서 주님이 이 환자를 찾아오셔서 전도하셨다는 걸 생각하니 가슴이 뜨겁게 감동되었다. 이분의 경험은 내게 주시려는 메시지이기도 했다. 내가 혼자 전도하러 다니는 것처럼 보였지만, 사실은 주님이 함께 다니신다는 것을 이 환자를 통해서 더 확실히 알게 하신 것이다. 설령 이런 장면이 목격되지 않았어도, 주님은 항상 나보다 앞서가셔서 전도하신다는 것을 깨닫게 하셨다.

이제 가서 내가 네게 말한 곳으로 백성을 인도하라. 내 사자가 네 앞서가리라
- 출 32:34

내가 너희에게 분부한 모든 것을 가르쳐 지키게 하라. 볼지어다. 내가 세상 끝날까지 너희와 항상 함께 있으리라 하시니라
- 마 28:2

"그럼요! 주님은 살아 계시지요! 제가 환자를 찾아온 것도 예수님이 인도하시지 않으면 오지 못해요! 제가 이 병실에 들어오기 전에 먼저 주님이 오셨네요! 환자가 예수 믿기를 얼마나 소망하셨으면 저보다 앞서 방문하셨겠어요! 이제는 예수님을 구세주로 영접하세요. 신경성 노이로제에 걸린 것은, 마음에 평안을 잃어버리고 불안과 두려움이 있기 때문입니다. 그러나 예수를 구세주로 영접하면 그리스도의 평강이 찾아옵니다. 그러면 불면증은 깨끗하게 사라집니다(시 127:2)."

아무것도 염려하지 말고, 다만 모든 일에 기도와 간구로 너희 구할 것을 감사함으로 하나님께 아뢰라. 그리하면 모든 지각에 뛰어난 하나님의 평

강이, 그리스도 예수 안에서 너희 마음과 생각을 지키시리라
- 빌 4:6-7

나는 환자에게 간증을 전하기 시작했다. 그러자 놀라운 표정을 거두지 못했다. 하나님은 우리 눈으로 볼 수 없는 영이시기 때문에, 조금 전에 환자에게 보여 주셨던 환상을 통해서 보여 주시기도 한다는 것을 가르쳤다. 하나님은 살아 계셔서 지금도 우리를 치료하시는 분이라고 전했다.

"예수를 믿어야겠어요. 병원에서 누워 있을 일이 아니라는 것을 알았어요. 당장 퇴원해서 교회부터 나가야겠어요."

"그럼요! 당연히 그렇게 하셔야죠. 하나님은 살아 계시니까요! 대책 없이 여기 누워서 이대로 시간만 허비하실 이유가 없어요. 저같이 사지를 꼬부리고 누워서 살던 사람도 다시 일어나서 걷는데, 잠 못 자는 정도는 질병도 아니지요! 오히려 하나님을 다시 만날 수 있는 축복의 기회가 되시는 겁니다. 더군다나 하나님이 살아 계신 증거를 경험하는 기회가 되시고요. 그래서 저는 어려운 문제에 시달리는 분들을 보면 하나님의 축복받을 기회가 찾아왔다고 생각해요. 지금도 저는 앉은뱅이로 살았던 세월이 가장 소중한걸요. 나한테 그런 처절한 절망이 없었다면, 결단코 예수님은 만나지 못했을 거니까요!"

"맞습니다! 나도 병원에 와야 아무 소용이 없다는 것을 알게 됐어요! 예수를 믿어야 산다는 것을 알게 됐어요! 아주머니 정말 고맙습니다!"

나는 환자의 손을 잡고 간절히 기도하고 병실을 나왔다. 주님이 나보다 앞서 전도하러 가셨다. 나는 혼자가 아니었다. 내가 전도하러 가는 길에 주님이 먼저 가셨다.

영들을 분별하지 않으면

한번은 1인용 병실에 들어갔을 때였다. 한쪽 벽에 작은 나무 십자가가 걸려 있었고, 환자 침상과 보조석에는 성경책이 놓여 있었다. 침상에 누운 환자의 건강 상태는 매우 위중해 보였고, 곁에서 병구완하는 보호자가 남편처럼 보였다. 독실한 기독교 신자인 것 같아서 굳이 전도는 하지 않았고, 70대 후반쯤으로 보이는 환자와 보호자의 요청대로 그의 몸에 손을 얹고 간절히 기도하고 병실을 나왔다.

그리고 다른 병실을 몇 군데 더 다니면서 기도도 하고 간증도 하다가 시간이 많이 지체되었다. 그날도 이젠 더 걷지 말자고 발목이 아우성칠 때까지 걸었다. 어쩔 수 없이 다른 병실을 가지 못한 아쉬움을 뒤로 하고 발길을 돌리지 않을 수 없었다. 다리를 절룩거리면서 택시를 타려고 병원 로비를 막 빠져나갈 때였다. 나이가 지긋해 보이는 남자 어르신이 다가왔다.

"아까 저희 병실에 오셨었죠?"

"여러 병실에서 환자를 만나다 보니, 어느 병실에서 뵈었는지 잘 기억이 나지 않는데, 무슨 일이신가요?"

"저하고 병실로 다시 올라가 주시겠어요?"

순간 머리가 아뜩했다. 다시 병실로 올라간다는 것이 엄두가 나지 않았기 때문이다. 병원은 규모가 작지 않기 때문에 승강기를 타는 곳까지 걸어가기도 버거운 거리였다. 나는 별다른 일이 아니라면 거절할 요량으로 다시 물었다.

"무슨 일이 있나요?"

"아까 병실에 들어와서 집사람의 몸에 손을 얹고 기도하셨잖아요? 그런데 놀라운 일이 벌어졌어요! 그래서 다시 만나려고 아까부터 여기서 기다리고 있었어요. 한 번만 저희 병실로 올라가 주세요! 부탁드립니다!"

나는 거절할 수 없다는 것을 깨닫고 다리를 심하게 절면서 다시 병실로 올라왔다. 얼마 전에 기도만 해 주고 나왔던 일인용 병실이었다. 중환자로 누워 있던 할머니가 환하게 웃으면서 나를 맞이했다.

"아까 기도 받고 나서 몸이 거뜬해졌어요!"

"하나님께서 역사하셨군요! 어디가 아파서 입원하셨나요?"

"말기 암이에요, 사실은 병원에서도 치료는 중단한 상태예요. 지금이라도 퇴원하길 바라는데, 집에 돌아가기가 무서워서 병원에 머물러 있는 거예요. 저는 직분이 권사예요. 저의 집은 자식들까지 모두 다 예수를 믿어요! 몸이 이 지경이 되고 보니, 돈을 한 푼이라도 더 벌려고 버둥거리느라고 직분을 제대로 감당하지 못한 게 가장 후회스러워요. 시장에서 생선장사를 했어요. 이제 자식들은 다 짝을 지어 주고 경제적으로도 조금은 여유가 생겨서, 다른 이들처럼 꽃구경도 다니고 교회 봉사도 열심히 하려고 마음을 먹었는데, 이런 몹쓸 병에 걸려서 죽게 생겼네요! 의사들도 회복할 가망이 없다고 하니, 지금은 하나님의 뜻만을 기다리고 있어요!"

"하나님의 뜻만을 기다린다는 말이 무슨 말씀이죠?"

"저를 고쳐 주시든, 데려가시든, 다 하나님의 처분에 맡겼다는 말이에요!"

"하나님의 뜻(처분)이 무엇인데요?"

"도대체 하나님의 뜻이 무엇인지 모르겠어요! 저를 데려가는 것이 하나님의 뜻인지, 저를 고쳐 주는 것이 하나님의 뜻인지 아직도 모르고 있어요. 그래서 날마다 하나님의 뜻을 가르쳐 달라고 기도하고 있어요! 그런데 지금까지 응답이 없으시네요!"

"직분이 권사님이라고 하셨죠! 그러면 신앙생활을 한 연수가 적지 않는데, 아직도 하나님의 뜻이 무엇인지 모르시나요?"

"아무리 기도하고 매달려도 하나님의 뜻이 무언지 응답이 없으시네요!"

"하나님이 응답이 없으신 것이 아니라, 하나님이 응답하실 말씀이 없으신 거예요. 하나님은 2천 년 전에 예수 그리스도를 통해서 하나님의 뜻을 모두 말씀하셨어요. 더 이상 새로운 응답을 말씀하실 내용이 없으신 거예요! 예수를 통해서 인류에 대한 하나님의 뜻이 무엇인지 만천하에 모두 공개하셨어요. 하나님의 뜻이 무엇인지 알고 싶다면, 지금이라도 당장 머리맡에 놓인 성경책을 펼쳐 보세요. 거기에는 예수께서 아버지의 뜻이 무엇인지 숨기지 않고 모두 다 말씀하셨어요! 그런데 하나님의 무슨 뜻이 더 궁금한가요?"

"그게 무슨 말인가요? 도무지 알아들을 수가 없어요!"

"하나님이 예수를 통해서 당신의 뜻을 다 말씀하셨다는 말이에요. 그분의 뜻이 무엇인지 기도로 물어볼 필요가 없다는 말이에요. 하나님의 뜻이 궁금하면 예수께서 약속하신 성경 말씀을 보라는 말이에요. 성경책을 머리맡에 왜 두었나요?"

"하나님의 좋은 말씀이니까요!"

"말씀이 왜 좋은 가요?"

"하나님의 말씀이니까 좋은 거죠!"

"말씀이 좋은 거는, 하나님께서 위험이 닥치고 고난이 닥치면, 무엇을 어떻게 하면 해결할 수 있다고 말씀하신 처방전이기 때문입니다. 질병에 걸렸을 때, 위기가 닥쳤을 때, 어떻게 하면 이기고 승리할 수 있는지를 말씀해 놓으셨기 때문에 좋은 거예요. 머리맡에 놓인 성경책을 펼쳐 볼까요!"

나는 환자의 침상에 놓여 있는 성경책을 펼쳤다.

"하나님의 뜻은 여기 성경책에 기록되어 있어요. 하나님의 뜻은 허공에서 찾는 것도 아니고, 어떤 사람에게서 찾는 것도 아니에요. 2천 년 전에 이 땅에 오셨던 예수께서 하나님의 뜻이 무엇인지를 모두 다 말씀하셨어요. 이 세상에서 만나는 무엇이든지 해결할 수 있는 처방전을 말씀하셨어요. 하나님의 말씀은 마음속에 깊이 새기면서 명상하라고 주신 내용들이 아니에요. 주님의 말씀은 믿는 자들에게 무엇을 하고, 무엇을 하지 말라고, 현실에서 벌어지고 일어나는 문제를 해결하는 방법을 명확하게 말씀하셨어요. 병들었을 때 어떻게 하면 치료되는지도 분명하게 말씀하셨어요. 하나님의 뜻을 기록한 내용들이 보이시나요? 하나님의 뜻이 무엇인지 확인해 볼까요!"

저물매 사람들이 귀신 들린 자를 많이 데리고 예수께 오거늘, 예수께서 말씀으로 귀신들을 쫓아내시고 병든 자를 다 고치시니, 이는 선지자 이사야를 통하여 하신 말씀에, 우리의 연약한 것을 친히 담당하시고 병을 짊어지셨도다, 함을 이루려 하심이더라
- 마 8:17-18

친히 나무에 달려 그 몸으로 우리 죄를 담당하셨으니, 이는 우리로 죄에

대하여 죽고 의에 대하여 살게 하려 하심이라. 그가 채찍에 맞음으로 너희는 나음을 얻었나니

- 벧전 2:24

그가 그의 말씀을 보내어 그들을 고치시고 위험한 지경에서 건지시는 도다
- 시 107:20

"예수께서 우리의 병을 담당하시려고 채찍에 맞았고요. 아픔을 당하셨어요. 그래서 병들면 고칠 수 있는 거예요. 믿음으로 병을 고치는 건 예수께서 하나님의 뜻을 따라 채찍에 맞고 아픔을 당하신 대가입니다. 채찍에 맞으셔서 질병의 고통을 당하셨어요. 그래서 믿음으로 병이 고쳐지는 거예요. 주님의 약속을 믿고 끝까지 참고 견디면 건강해지는 이유입니다. 제가 증인입니다.

병들게 하는 건 마귀의 뜻이지만, 병 고치는 건 하나님의 뜻입니다. 그래서 예수께서 십자가에 돌아가시기 전에 먼저 채찍에 맞으셨어요. 그래서 믿음으로 귀신들이 떠나고 질병이 고쳐지고 회복되는 놀라운 역사가 나타나는 거예요. 믿는 자들은 병을 향해 떠나라고 명령할 권리가 있어요. 귀신이나 질병은 신자들의 명령에 순종하고 떠나야 해요! 병이 치료되는 건 하나님의 뜻입니다. 주님이 채찍에 맞으시고 아픔을 당하셔서 당당하게 획득한 권리입니다. 예수께서 십자가에 못 박혀 돌아가신 공로로 우리가 구원받은 것을 믿으시나요?"

"당연히 믿지요!"

"그러면 십자가에 못 박히시기 전에, 채찍에 맞음으로 우리의 병이 고쳐

졌다는 것도 믿으시나요?"

"이렇게 말씀하시는 것은 들은 적이 없어요!"

"저는 믿음으로 병을 고치고 다시 일어나서 이렇게 걷잖아요! 제 말을 잘 들으세요. 이 말씀을 믿으면 병이 낫습니다. 다시 말하면 말씀을 믿으면 병이 떠난다는 얘깁니다."

순간 환자가 큰 소리로 말했다.

"나도 믿습니다!"

"예수께서 우리의 병을 짊어지셨어요. 우리가 병들어서 고생할 이유가 없다는 얘깁니다. 기도할 때 병을 고쳐 달라고 기도하시나요?"

"병을 고쳐 달라고 울고불고 매달렸어도 응답해 주시지 않아서, 지금은 고쳐 주시든지 데려가시든지 하나님의 뜻대로 하시라고 기도하고 있어요!"

"마귀의 뜻은 병들어 죽이는 것이지만, 하나님의 뜻은 병을 고쳐서 살게 하시는 것입니다. 그래서 하나님의 아들인 예수께서 채찍에 맞으셨어요. 우리의 질병을 고치시려고요! 성도님이 암에 걸려서 죽는 것은 하나님의 뜻이 아닙니다. 믿음으로 암을 물리치고 건강을 회복해서 평안히 사시다가 주님 나라에 오길 바라세요. 고쳐 달라고 아무리 기도해도 응답이 없었다고요?"

"고쳐 달라고 금식까지 하면서 떼를 썼는데도 응답이 없었어요!"

"기도하고 구한 것을 받은 줄로 믿으면 그대로 된다는 말씀대로 기도하고 구한 것을 받은 줄로 믿으세요!"

"믿습니다."

"하나님은 기도하고 구한 것을 지금 응답하시는 거예요. 말씀을 다시 볼까요?"

그러므로 내가 너희에게 말하노니, 무엇이든지 기도하고 구하는 것은 받은 줄로 믿으라. 그리하면 너희에게 그대로 되리라
- 막 11:24

아무것도 염려하지 말고, 다만 모든 일에 기도와 간구로 너희 구할 것을 감사함으로 하나님께 아뢰라
- 빌 4:6

너희가 내 안에 거하고, 내 말이 너희 안에 거하면 무엇이든지 원하는 대로 구하라. 그리하면 이루리라
- 요 15:7

"기도하고 구한 것을 받은 줄로 믿으라는 말씀을 보셨죠? 기도하고 구한 것을 받은 줄로 믿으라고 말씀하신 분이 하나님이세요. 권사님은 기도하고 구한 것을 받은 줄로 믿으셨나요? 아직도 응답이 없다고 하는 걸 보면 기도하고 구한 걸 받은 줄로 믿지 않았다는 증거죠! 그러니까 응답받지 못했죠! 하나님을 믿는다는 건 말씀을 믿는 거예요."

"성경에 그런 말씀이 있는 줄도 몰랐어요! 지금 보니 그런 말씀이 있네요!"

"받은 줄로 믿어야 이루어진다고 약속하신 분이 하나님이십니다!"

"믿습니다! 나도 고쳐 달라고 기도한 것을 받은 줄로 믿어요!"

"믿음이란 말씀을 믿는 것입니다. 병든 육신이 어떤 상태이냐 하는 건 관련이 없어요. 우리의 믿음과 관련된 거예요. 주님의 약속을 믿는 겁니다. 말씀을 믿는 순간 엄청난 저항이 시작될 것입니다. 그러나 약속한 말씀을 믿고 끈질기게 의심과 두려움과 싸워서 이기지 않으면 믿음을 놓칩니다. 믿음을 방해하는 일들은 가족들을 통해서, 가까운 사람들을 통해서, 환경이나 여건을 통해서 벌어집니다.

그럼에도 불구하고 고쳐 달라고 기도하고 구했다면, 받은 줄로 믿으라는 말씀을 놓치지 말고, 그 약속만 믿으면 죽을병도 낫습니다. 몸의 상태가 더 나빠져도 전혀 두려워하지 마세요! 끝까지 말씀만 믿고 기도하고 구한 것을 의심하지 말고 끝까지 믿으면 반드시 병이 떠납니다. 믿음이란 질병의 상태를 무시하고 약속한 말씀을 믿고 따르는 것입니다. 그러면 반드시 병을 이깁니다. 말씀은 실패하지 않거든요. 실패하지 않는 말씀을 붙잡으면 반드시 이깁니다. 어떤 사람이 무슨 말로 꼬드겨도 하나님의 말씀만을 믿고 따르세요!"

"이제야 하나님의 뜻을 깨달았어요! 나는 몸의 상태가 좋아지면 하나님이 고쳐 주시나 보다 했고, 몸이 더 나빠지면 하나님이 안 고쳐 주시나 보다 하고 생각했어요. 순전히 몸 상태만 쳐다보면서 하루에도 수천 번씩 천당과 지옥을 왔다 갔다 했어요! 믿었다 의심했다가 요동치는 것이 하루의 일과였어요. 이제는 하나님의 약속대로 기도하고 구한 것을 받은 줄로 믿을 겁니다!"

"절대로 초조하거나 불안해하지 마세요. 어떤 상황 속에서도 하나님의 약속을 붙잡고 끝까지 참고 기다리는 자에게 반드시 약속하신 대로 이루어집니다!"

우리는 다시 합심하여 기도했다. 환자는 수개월 동안 내려오지 못했다는 침상에서 내려오더니 병실을 걸어 다녔다. 그러나 다음 방문 때는 침상에서 몸을 일으키지도 못했다. 남편이 나를 복도로 불러냈다.

"문제가 생겼어요! 아들과 딸이 다니는 교회의 목사님들이 서로 번갈아 가면서 예배를 드리려고 병원에 오셨거든요. 그런데 딸이 다니는 교회의 목사님이 나를 밖으로 불러내더니 장례식 준비를 하라는 거예요."

"장례식을 준비하라고요?"

"하나님이 관을 보여 주셨다는 거예요! 그 말을 들은 뒤로는 저렇게 누워서 일어나지 못하네요."

나는 복도에 서서 잠시 눈을 감았다. 그리고 다시 병실로 들어갔다. 말씀을 믿고 기쁨과 감사가 넘쳐서 병실을 걸어 다니던 환자 곁으로 갔다.

"성도님! 제 얘기를 잘 들으세요! 신령하다고 기대되는 어떤 사람이 꿈이나 환상이나 음성을 들었다는 말이, 예수님의 말씀과 반대가 된다면 어떤 것을 믿고 따르겠어요?"

"우리같이 믿음이 연약한 사람들은 기도를 많이 한다는 목사님 말씀을 믿고 따르지 않을 수 있겠어요?"

"그러니까 죽을 준비하라는 목사님 말씀이 기도하고 구한 것은 받은 줄로 믿으면 그대로 된다는 예수님 말씀보다 더 믿어진다는 말인가요?"

"그런 건 아니지만, 그래도 우리같이 믿음이 약한 사람은, 그 목사님한테 나를 데려가는 것이 하나님의 뜻이라고 보여 주셨다고 하는데, 어떻게 그 뜻을 따르지 않을 수 있어요!"

자기에게 보인 꿈이나 환상의 출처에 대해서 분별해 보지도 않은 채로 전달하다가 어떤 결과를 가져오는지를 생생하게 보여 주는 사례였다. 말쏨보다 앞서는 건 없다. 환자가 약속한 말씀을 붙잡지 못하고 믿음이 흔들거리다가 똑같은 결과를 만날 수도 있다. 그때는 믿음으로 살게 하려고 힘쓰던 사람의 책임이 아니고, 약속한 말씀을 믿음으로 붙잡지 못하고 흔들거린 환자 본인의 책임이다.

그런데 출처가 의심되는 영적인 일들에 대해서 전달하는 분도 그랬을 테지만 환자는 하나님의 뜻이라고 받아들였다. 어떤 것을 받아들여 믿었든지, 그가 믿은 그대로 되는 게 믿음의 법이다. 전도하러 가서 두어 번 만난 환자에게 믿음으로 병을 고치는 길을 가르치면서, 수개월 동안 누워있던 침상을 내려와서 병실을 걸어 다녔어도, 이제 두어 걸음을 뗀 믿음으로는 사망의 강한 일격에 그대로 나자빠지고 말았다. 성령의 검인 말씀으로 박살을 내기는 고사하고, 오히려 폭삭 주저앉고 말았다. 매우 안타까운 일이지만, 환자는 생명의 말씀, 죽을 몸도 살게 하는 믿음의 말씀을 다시 믿음으로 붙잡지 못했다.

믿음은 저절로 강해지거나 유지되지 않는다. 생명의 말씀을 믿음으로 붙잡는 순간부터 사망 권세의 반격이 시작된다. 그때마다 말씀으로 강력하게 되받아쳐서 작살내지 않으면 다시 공격당하고 치료를 빼앗기기가 십상이다. 믿음을 받아들이는 순간 질병이 꺾이고 회복이 시작된다. 역으로 말하면 치료를 의심하는 순간 병은 급격하게 나빠지고 회복하던 몸은 즉시 중단된다.

믿음은 약속하신 주님의 말씀을 믿는 것이 믿음이다. 꿈이나 환상이나 계시나 내적 음성도 말씀보다 앞설 수 없는 이유이다. 그래서 성령의 계시도 진리를 벗어나서 새로운 걸 주시지 않는 이유이다. '영을 다 믿지 말고 오직 영들이 하나님께 속하였나 분별하라(요일 4:1)'는 말씀은, 어제나

오늘이나 영원토록 중요하고 언제나 진리의 말씀이다. 어떤 공격 속에서도 주님의 말씀은 안심하고 믿어도 되며, 끝까지 따르고 순종하면 약속하신 대로 이루어진다.

그때 말씀하신 이는 성령

하루는 남자 청년이 전화를 걸었다.

"정인숙 씨 간증을 듣게 되었어요. 저도 류머티스 관절염에 걸려서 지금은 누워서 지내요. 정인숙 씨의 간증을 듣고 너무나 놀라서 거의 잠을 이루지 못했어요. 어쩌면 나하고 그렇게 똑같은 상황이었는지, 나도 믿음으로 고칠 수 있겠다는 생각이 강하게 생겼어요. 궁금한 것들이 너무너무 많아서, 한 달 전부터 정인숙 씨를 만나게 해 달라는 기도를 하고 있었어요. 혹시 저의 집에 방문해 주실 수 있을까요?"

"네, 방문할 수 있어요! 주님이 저를 다시 일으켜서 걷게 하신 건 병들어 소외되고 외롭게 고통당하는 이들에게, 제가 어떻게 믿어서 치료받았는지를 전하게 하려는 것이니까요!"

"제 기도에 응답하셨어요! 정말 감사합니다. 기다리겠습니다!"

환자 청년은 다세대주택 반지하 원룸에서 살았다. 커튼으로 각자의 생활공간을 나누어 놓고, 어머니와 여동생과 함께 매우 궁핍한 생활을 하는 것으로 보였다. 그들은 나를 기다리고 있었다. 환자도 예전의 나처럼, 침대에 누운 몸을 상체조차 스스로 일으키지도 못했다. 그는 나를 보자마자 물어볼 말이 너무너무 많다고 말했다.

그의 절망이 어느 정도인지를 너무나 잘 아는 나는, 먼저 하나님께 예배드리고 난 후에 충분한 시간을 갖자고 하면서, 그때 무엇이든지 다 물어보라고 말했다. 그리고 찬송가를 부르고, 주님께서 친히 말씀하시고 가르치실 것을 기도로 부탁하고, 하나님이 살아 계심을 증언하는 내 간증과 함께, 주님이 약속하신 말씀을 전하기 시작했다.

환자가 치료받을 만한 단계까지 강하게 믿음을 세워 주려고 주님이 약속하신 말씀을 힘써 전하는데, 느닷없이 청년이 울음보를 터뜨렸다. 나는 그가 마음껏 울도록 내버려 두면서 주님의 약속하신 말씀에 대해서 부흥집회를 방불할 정도로 열정적으로 전하고 나서 예배를 마쳤다. 그리고 궁금한 것은 무엇이든지 다 물어보라고 말했다. 그러자 청년 환자가 이렇게 대답했다.

"아무것도 물어볼 것이 없어요!"

오히려 내가 놀라서 다시 물었다.

"아까는 궁금한 것이 너무너무 많다고 하지 않았나요?"

"아까는 궁금한 것이 너무너무 많았지요! 밤새 잠을 이루지 못할 정도로 궁금한 것들이 떠오르는데 메모할 수도 없잖아요. 그 정도로 궁금한 것들이 많았어요. 그런데 말씀을 전하는 정인숙 씨 입에서 내가 궁금했던 모든 답이 다 나왔어요. 말씀을 들으면서 깜짝깜짝 놀랐어요. 거짓말처럼 내가 궁금해하던 모든 것을 다 말해 주었어요. 이렇게 하나님이 응답하실 줄은 상상하지 못했어요! 정인숙 씨를 보낸 것은 하나님이셨어요. 지금은 궁금한 것이 단 한 가지도 없어요. 말씀을 전하는 중에 전부 다 말씀해 주셨어요!"

비로소 말씀을 전하는 도중에, 그가 느닷없이 울음보를 터트린 이유를 알게 되었다. 청년은 주님의 은혜가 너무너무 감사하다고 하면서 또 눈물을 흘렸다.

"어쩌다가 이 병을 만났어요!"

"대학교 2학년 때였어요. 학교 운동장에서 친구들하고 농구를 하는 중이었는데, 갑자기 발목이 아픈 거예요. 그래서 살짝 삐었나 싶어서 치료받으려고 병원에 갔더니 류머티스 관절염이라는 거예요. 처음 듣는 병명이기도 하고, 발목이 좀 아픈 거여서 대수롭지 않게 여기고 지냈어요. 그런데 좀처럼 통증이 사라지지 않는 거예요. 그러다가 하루는 통증이 전신 관절로 쫙 번져 버린 거예요. 너무 놀라서 다시 병원으로 갔다가 소염진통제 외에 별다른 치료제가 없다는 것을 알게 되었어요. 그러니 별다른 치료를 받을 길이 없었고, 다만 통증이라도 줄여 보려고 소염진통제만 의존해 오다가 지금처럼 전신 관절이 모두 통증으로 뒤범벅이 되고 말았어요. 이렇게 누워서도 견디기 어려울 정도로 통증에 시달리고 있어요. 그래도 치료할 수 있는 길이 없잖아요."

"이 병은 현대의학에서 고치지 못하는 불치병이에요! 이 말은 믿음으로 치료받는 길 외에 다른 치료의 수단이 없다는 말이에요! 그러나 이 길이 더 빠르고 확실하게 치료되는 길입니다!"

"저도 정인숙 씨처럼 믿음으로 치료받을 겁니다!"

"그럼요! 반드시 치료받으실 겁니다!"

죽음의 영에 눌린 여자

내가 이 여사를 만난 것은, 인근에 있는 아파트를 방문해서 병이 들었거나 절망에 처한 이들을 찾아서 만나 보려고 전도할 때였다.

지금은 아파트마다 외부인 출입을 통제하는 시설을 갖추었기 때문에 방문 전도가 어렵지만, 그때는 외부인 출입이 자유로웠다. 나도 다리가 허용해 주는 만큼 몇몇 집이라도 방문하면서 고통당하는 환자를 찾는 중이었다. 그날도 여사가 머무는 아파트 초인종을 눌렀다. 복도 쪽의 창문이 열리더니 70대로 보이는 어르신이 얼굴을 내밀면서 누구냐고 물었다.

"저는 사지가 꼬부라진 앉은뱅이로 누워서 살았던 사람입니다. 그런데 예수님이 다시 걷게 해 주셔서 지금처럼 걷게 되었어요. 그걸 전하려고 할머니 댁에도 찾아왔어요. 혹시 할머니 댁에도 저처럼 병이 들어서 고통당하거나 외롭게 지내는 분이 있으신가요? 그런 분에게 소망을 주려고 왔어요."

가정을 방문해 보면 여러 가지로 고통당하는 이들을 만나기도 한다. 그들은 집 안에 틀어박혀서 지내기 때문에 거의 밖으로 드러나지 않는 이들이다. 나는 그런 이들을 만나 보려고 했다.

내 얘기를 성의껏 듣고 있던 할머니가 잠깐만 기다려 보라고 하더니 다시 창문을 닫았다. 그리고 잠시 후에 현관문이 열리더니 할머니가 안으로 들어오라는 손짓을 했다. 내가 거실로 들어서자마자 할머니는 황급하게 방으로 들어가 버렸다. 그리고 잠시 후에 40대 후반쯤으로 보이는 여자가 할머니 손에 질질 끌려 나왔다. 거실까지 끌려 나오던 여자가 나를 힐끗 쳐다보더니 우뚝 섰다. 여자도 나만큼이나 몸이 바짝 마른 체격이었다. 긴 머리는 쳐다보기가 민망할 정도로 산발한 채였다.

우뚝 멈춰 서 있던 여자가 동공이 완전히 풀어진 눈을 껌뻑거리면서 나를 쳐다보았다. 여자의 눈빛은 비몽사몽을 헤매는 듯했다. 순간 죽음의 그림자가 어른거리는 것이 느껴졌다. 아마도 죽음을 만나 보았기에 느끼는 예민함일지도 모른다.

"누구세요?"

여자가 신경질적으로 어르신에게 물었다.

"글쎄, 거짓말 같긴 하지만 병들어서 10년 가까이 누워서 살았다고 한다!"

"다 필요 없어요! 나는 아무도 필요 없어요!"

여자는 나를 쳐다보면서 발악했다.

"돌아가세요! 나는 살 소망이 없어요! 나 자신을 포함해서 이 세상에 있는 어떤 사람도 나는 사랑하지 않아요! 나도 사랑하지 않고 내 남편도 사랑하지 않아요! 날마다 무슨 생각을 하는지 아세요?"

여자는 느닷없이 폭소를 터뜨렸다. 나는 아무 영문도 모르고 이 집에 들어와서 낯선 여자의 비상식적인 행동을 우두커니 쳐다보고 있었다. 옆에 있는 어르신도 여자의 행동을 우두커니 쳐다보기만 했다.

"나는 날마다 죽을 생각만 한다고요! 세상에서 살아갈 가치가 없어졌어요! 죽는 게 사는 길이라고요! 그런 사람이 누구하고 대화를 나누겠어요? 누구하고도 대화를 나눌 이유가 없다고요! 그런데, 혼자 죽기는 억울하다고요. 나는 남편을 죽이고 나도 죽을 거예요. 하, 하, 하, 내가 우습죠!"

그러나 죽음을 얘기하고 살인을 얘기하면서 한바탕 폭소를 터뜨리는 그의 눈에선 전혀 살기가 보이지 않았다. 참담한 절망만이 어른거렸다. 여자의 말은 일상적인 말과는 상당히 동떨어진 언어들이었다. 그녀는 죽을 거라고 말했으나 이미 죽은 자의 죽음의 소리였다. 나는 죽음을 주문처럼 줄줄이 지절거리게 만드는 여자의 배후에서 조종하는 더러운 정체를 다 알고 있다. 그래서 더러운 정체에 대해 주목했다. 사람을 저토록 추하게 추락시키는 어둠의 정체에 대해서 주목했다.

말없이 곁에서 듣기만 하던 어르신이 소파를 가리키면서 나한테 와서 앉으라고 권했다. 그제야 소파로 가서 앉았다. 여자도 어르신 옆으로 가더니 앉았다.

"우리 딸이에요. 초면에 황당했지요? 마흔여덟 살인데 이 지경이 되었어요. 워낙 영리하고 똑똑해서 막말로 똥만 빼놓고 버릴 것이 하나도 없다고 칭찬받았던 딸이에요! 그런데 원수 놈의 술이 아이를 이렇게 망가뜨렸어요! 애 남편은 얼마나 착한지 이런 술주정을 다 받아 주는데도 달달 볶기만 해요. 사람이 이렇게 변하니까 좋아하는 사람이 하나도 없어요. 그러니 애는 애대로 너무나 외로우니까 날마다 죽는다고 저러네요.

미국 샌프란시스코에서 살아요. 남편은 사업에 성공한 사람인데 일본 사람이에요. 그래서 굉장히 부유하게 살아요. 한 달 전에 엄마가 보고 싶다면서 한국에 들어왔어요. 보름 후에는 미국으로 가야 해요. 그런데 애가 이 지경이니 내가 마음을 놓을 수가 없네요. 미국에서 사니 곁에서 보살펴 줄 수도 없고, 마음만 너무나 힘드네요.

언젠가는 미국에 있는 애네 집에 갔다가, 날마다 이 지경으로 사는 걸 보고 너무나 속상해서 그냥 돌아왔어요. 생활이 어려우면 어려워서 그렇다고나 생각하지요. 도무지 어떻게 해야 할지 막막하기만 해요!"

어르신의 말을 조용히 듣고 있던 여자는 상체를 굽히더니, 우는 건지 웃는 건지 분간할 수 없는 이상한 소리를 냈다.

"난 살 가치가 없어요!"

비로소 내가 어르신한테 물었다.

"오늘도 술을 마신 거죠?"

"오늘은 안 마셨어요. 며칠 전에 마신 술인데 아직도 맥을 못 추네요. 얘는 술을 마셔도 몸이 완전히 망가지게 먹어요. 술을 먹어서 몸이 저 지경으로 망가진 거예요."

"그러니까 술중독인가요?"

"술중독이라고 말하기도 좀 그렇군요. 술만 안 먹으면 더 좋을 수 없는 애인데요!"

모든 술중독자에 대한 평가가 그렇듯이, 어르신도 술만 안 먹으면 더 좋을 수 없는 딸이라고 말했다. 여자는 고개를 들더니 나를 빤히 쳐다보다가 뜬금없이 이렇게 질문했다.

"왜 살아야 하죠?"

왜 살아야 하느냐고? 좁은 방에 사지를 꼬부리고 누워서 살아갈 때, 내가 나한테 수없이 질문했던, 나는 무엇 때문에 사는 것일까, 라는 질문이, 이 여자에게는 술주정 단골 메뉴인 것처럼 보였다. 나는 금방 눈치챘다. 고단한 여정 속에서 삶을 고뇌하다가, 인생을 깊이 사색하다가 터져 나오는 독백이 아니라는 것을! 삶의 아픔과 슬픔과 외로움의 깊은 속성을 고뇌하는 사람은, 결단코 이 여자처럼 자기를 천박하게 술주정뱅이로 내돌리지 않는다.

"왜 살아야 하느냐고 물었나요? 어쩌면 사는 존재로 선택된 자의 의무이기도 하겠지만, 이 질문에 허, 허, 허, 하고 너털웃음으로 웃어넘길 줄 아는 사람이, 그 질문에 대한 답을 가장 잘 아는 사람이 아닐까요? 태어날 때 빈손이듯이, 살면서도 소탈하게 웃으면서 자기에게 주어진 삶을 욕심 부리지 않고 사는 사람이 가장 잘 알지 않을까요?"

그러자 여자의 흐리터분하던 눈망울이 갑자기 빛을 냈다. 그리고 거칠게 저항하던 목소리가 차분해지면서 부드럽게 변했다.

"나는 사람이 싫어요. 사람들이라면 도무지 싫어요. 그래서 어떤 사람이 찾아와도 만나지 않아요. 항상 혼자서 지내요. 그런데 오늘은 이상하군요. 아주머니가 싫지 않아요. 정말 이상한 일이에요. 지금까지 이런 마음이 생긴 적이 없었어요. 아주머니는 누가 보내서 어머니 집에 왔나요? 우리 어머니가 초청했나요?"

나는 성령께서 여자의 마음을 움직이고 계심을 알았다.

"어르신이 초청해서 오지 않았어요. 저는 어르신을 오늘 처음 뵈었어요. 저를 보내신 분은 예수님이세요!"

여자가 굉장히 놀라면서 눈을 동그랗게 떴다.

"예수님이라고요? 그게 무슨 소리예요? 분명히 예수님이라고 했죠?"

"분명히 예수님이라고 말했어요."

"아!"

여자의 입에서 짧은 탄식이 터져 나왔다. 그리고 낙심한 표정으로 고개를 아래로 떨어뜨렸다.

"여사님이 세상에서 가장 불행한 사람이라고 생각하죠? 오늘 예수님이 여사님의 불행한 마음을 보살펴주라고 저를 이 집에 보냈어요. 저는 여사님이 힘들어하는 문제를 도와줄 수 있어요."

낙심하던 여자가 다시 고개를 들었다.

"나는 자식이 없어요! 이번에 한국에 나온 것도 아이를 입양하려고 온 거예요! 그런데 동기간들이 결사적으로 반대하는 거예요!"

"왜요?"

"내 재산이 입양한 아이한테로 가니까 그렇겠죠!"

"그러면 안 되나요?"

"피가 한 방울도 섞이지 않은 남의 아이한테 많은 재산을 넘겨줄 수 없다는 거지요!"

나는 더 이상 입을 열지 않았다.

"화가 너무너무 치밀어서 술을 마셨어요. 내 재산을 누구에게 주거나 말거나 동기간들이 무슨 상관이냐고요! 자식도 없이 쓸쓸하게 사는 나한테는 전혀 관심이 없어요. 피를 나눈 동기간들조차도 내 돈만 챙기려고 저렇게 난리들이라고요! 지금까지 내가 이런 사람으로 살았어요!

사실 내 잘못도 커요. 돈만 있으면 어디를 가더라도 나를 환영하고 좋아한다고 생각했거든요. 어떤 사람이라도 내 마음에 드는 사람을 마음대로 사귈 수 있다고 생각했어요. 물론 틀린 생각은 아니었어요! 어디를 가더라도 재정적으로 후원해 주고, 필요한 물품들을 후원해 주면, 어디에서도 나를 좋아하고 환영받는 것은 맞아요!

그런데 어디서도 나를 좋아하고 열렬히 환영했던 것이, 어려울 때 도움의 손길을 베풀 줄 아는 나라는 사람이 아니라, 오로지 내가 가진 돈이라는 것을 알게 된 것은 얼마 전이었어요! 그걸 알았을 때, 죽어 버리고 싶을 정도로 비참했어요! 그동안 돈 때문에 배신당한 것은 일일이 셀 수도 없을 정도로 많아요. 사람들 대부분은 나한테서 경제적인 이득만 챙기고 나면 반드시 뒤통수를 치고 돌아섰어요.

나는 예수를 믿지는 않았어도 재정이 어려운 교회를 많이 도와주었어요. 내 주변에 있는 어려운 사람들마다 내 도움을 받지 않은 사람이 없을 정도였어요. 그런데 어려울 때 도움을 받은 사람들 대부분은 반드시 등을 돌렸어요.

피를 나눈 동기간조차도 그러는데 하물며 남들이야 오죽하겠어요! 그래서 내 자식을 입양해서라도 내 곁에 두고 싶었어요. 이제는 내 자식을 의지하고 싶었어요. 그런데 그것조차 못 하게 하네요. 이유가 너무나 기가 막혀서! 내 돈이 다 입양아한테 가게 될 거라서 그런대요. 아무도 내 외로움 같은 건 관심도 없어요! 동기간들의 눈에도 내 돈만 보인다는 게 너무나 비참하게 만들었어요. 이젠 사람들이 다 싫어졌어요. 사람들이 다 싫어지니까 살고 싶지도 않아요!

내가 술을 마시는 건 외로움을 이기려고 마시는 거예요! 술은 마실수록 더 외로움에 빠져들지만, 그렇더라도 술이라도 마시지 않은 채로 맨 정신으로 견뎌 내기가 너무나 힘겹고 어려웠어요! 당장 술을 끊을 수 있어요. 그런데 술을 끊어야 할 이유가 없는 거예요. 이렇게 인생이 쓸쓸하고 허무해서 견딜 수 없는데, 어떻게 술이라도 마시지 않고 버틸 수가 있겠어요?"

여자는 얼굴을 두 손으로 감싸더니 깊게 흐느꼈다. 내가 입을 열었다.

"저는 병들어 죽게 생겼다고 남편에게 버림받았어요. 더군다나 10년 가까이 사지가 꼬부라지고 굳어 버리는 바람에, 한자리에 누운 채로 먹고 싸면서 짐승처럼 살았어요!"

"네? 지금 무슨 소릴 하는 거예요? 그 말이 진짜예요?"

여자의 입에서 조금 전과는 다르게 느껴지는 탄식이 터져 나왔다.

"제가 거짓말하려고 아픈 다리를 끌고 어르신네 아파트까지 찾아온 것이 아닙니다!"

"지금 내가 무슨 생각을 하는지 아세요?"

"글쎄요, 무슨 생각을 했을까요?"

"부끄럽다고 생각했어요! 지금까지 나는 누구에게도 부끄럽다고 생각해 본 적이 단 한 번도 없는 사람이에요! 그런데 아주머니 앞에서, 처음으로 술주정뱅이 꼴사나운 내 행동이 너무너무 부끄럽고 창피스럽다는 생각이 들었어요."

그리고 고개를 숙이더니 깊은 생각에 잠기는 듯했다.

"아주머니가 하는 얘기라면 다 믿고 싶어졌어요. 무슨 얘기든지 다 믿고 싶어요! 조금 전에 말했던 예수님 얘기를 다시 한번 말해 주시겠어요. 그러니까 아주머니는 예수님을 만나서 새 삶을 찾았다는 말인가요?"

"네! 예수님을 만나서 꼬부라진 사지를 펴고 다시 일어나서 걷게 되었어요! 나도 예수님을 만나지 못했더라면, 여사님처럼 살아야 할 이유가 전혀 없었기 때문에, 내 목숨을 내 손으로 마감했을 거예요. 나야말로 살아야 할 이유가 전혀 없었거든요. 짐승처럼 누워서 먹고 싸는 일도 그렇지만, 손가락 한 마디조차도 사용할 수 없었기 때문에, 단 하루도, 아니 몇 시간도 어머니가 돕지 않으면 살아갈 수가 없었거든요.

보다시피 내 몸은 관절마다 장애를 심하게 입어서 활동 범위가 지극히 제한적이에요. 이렇게 활동하기 편리하게 만든 아파트조차도 불과 몇 집을 돌아다니지 못해요. 그런데도 주님은 지금도 너처럼 죽음을 생각하는 사람이 있으니, 가서 살아야 할 충분한 이유를 말해 주라고 하셔서, 겨우 두서너 집을 돌아다니는 중에도 여사님이 머무는 이 아파트를 방문하게 하셨네요!"

여자는 신기롭다는 표정을 지었다.

"예수는 어떤 분인가요?"

"사람이 살아야 할 이유와 목적이 무엇인지 알게 하신 분이지요! 그분이 사람을 창조하신 분이니까요. 사람들은 이 세상에 존재하는 이유도 모르고, 그런 것에는 관심조차 없지만, 이렇게 사는 존재로 만드신 분이 하나님이십니다. 그분은 신(靈)이시지만, 모든 사람이 볼 수 있도록 사람으로 오신 분이기도 해요!"

"그분이 예수라는 건가요?"

"맞습니다! 2천 년 전에 이 세상에 태어나셔서 사람으로 살다가 십자가에서 죽었다가 사흘 만에 다시 살아나신 예수 그분이 곧 하나님이십니다. 그분만이 삶의 이유와 목적을 아시며, 그분만이 우리의 절망과 슬픔과 죽음의 이유를 아시며, 그분만이 이런 절망과 고통의 원인을 아십니다. 그분만이 이런 삶을 청산할 수 있는 길을 아십니다.

그 소식을 전하려고 힘겨운 다리로 여기까지 걸어서 왔다가 아주머니를 만나게 되었습니다. 예수께서 우리의 질병을 대신 지려고, 채찍에 맞으셨고 아픔을 당하셨습니다. 그래서 예수를 믿기만 하면 병이 고쳐지고, 갖가지 문제가 해결되고, 마음의 상처와 아픔과 슬픔이 치료되고 회복되는 것입니다.

오직 믿기만 하면 되는 것입니다. 예수께서 절망과 아픔과 고통과 슬픔의 '무거운 짐 진 자들아, 다 내게로 오라. 내가 너희를 쉬게 하리라(마

11:28)'고 하셨어요. 이제는 절망할 이유가 없어요. 그동안에는 죽음의 영에 사로잡혀서 날마다 죽고 싶었지만, 예수는 살리는 영입니다. 그래서 예수를 믿으면 살고 싶어지는 겁니다. 날마다 살맛이 나고 기쁨과 감사와 평화를 누릴 수 있는 거에요."

"예수가 절망과 고통과 슬픔의 무거운 짐을 어떻게 진다는 거죠?"

"같은 불행 속에서도 여사님은 날마다 자살하고 싶을 정도로 고통스러우나, 저는 마음에 기쁨이 차고 넘쳐서 날마다 살맛이 나는 이유가 뭔지 아시나요?"

"모르겠어요!"

"제가 가르쳐 드릴까요?"

"제발 가르쳐 주세요!"

"여사님은 자신이 불행하다고 생각해서 불행한 문제를 해결하려고 죽음을 생각하잖아요! 죽으면 이 땅에서 겪었던 행복이나 불행이나 다 끝난다고 생각하면서요. 그리고 여사님을 불행하게 만들었다고 생각하는 사람들이, 평생 죄책감에 시달리면서 살기를 원하잖아요. 가만히 생각해 보세요. 자살행위는 자기에게 불행한 원인을 제공한 사람들이라고 믿는 이들에게 책임을 전가하려는 거잖아요. 평생 죄책감에 시달리는 가해자로 남기를 바라는 거잖아요.

하지만 인생들이 경험하는 모든 불행과 절망은, 피차간에 서로에 대해서 가해자이면서 피차간에 서로에 대해서 피해자라는 걸 알지 않으면 안 돼요. 그런데도 불행한 운명을 피차간에 책임질 수 없는 무능한 존재라는 사실도요. 이걸 알지 않으면 죽을 때까지 가해자와 피해자로 넘나들면서 불행한 삶을 살게 돼요. 나도 죽음의 문턱을 넘나들다가 비로소 이렇게 비참하게 살아가는 사람들의 운명을 책임지고 해결해 주실 분이 있다는 걸 믿게 되었어요!"

"그분이 예수죠?"

"맞습니다! 그분만이 인류의 불행한 모든 문제를 책임지실 수 있습니다! 그분이 우리를 존재하게 하셨고, 존재로 사는 것이 의무이고 책임이었던 사람에게 닥친 불행한 삶을 책임지실 의무가 있었습니다. 우리를 창조하신 아버지니까요! 부모가 자식의 불행을 대신 지려고 하듯이 말입니다. 그러니 불행한 삶을 청산해 보려고 자살할 필요가 없습니다! 우리가 죽을 만큼 고통스럽고 절망하는 문제라도 하나님은 쉽게 해결하실 수 있으니까요. 예수 믿으라는 것은, 하나님께 우리의 불행한 삶을 책임지도록 맡기라는 얘기입니다."

"사실인가요? 그 말을 정말 믿어도 되나요?"

"그럼요! 저를 보세요. 마음 놓고 믿어도 됩니다!"

"그럼, 내가 어떻게 하면 되나요?"

"예수가 여사님을 구원해 주러 오신 하나님의 아들이라는 것을 믿으세요. 그분이 죄 때문에 고통당하는 인류를 구원하러 오신 구세주라고 믿으세요. 그분이 하늘로 가셨는데, 우리를 다시 데리러 오신다는 것을 믿으세요."

"나도 예수님을 믿고 싶어요!"

"당연히 믿고 싶죠! 그렇게 좋으신 분을 어떻게 믿고 싶지 않겠어요! 나도 예수를 믿고 말씀이 하라는 대로 순종했다가 불행한 삶을 청산했거든요. 이런 증거가 없다면 죽었다 깨나도 여사님을 찾아와서 예수를 전하지 않아요. 이런 확실한 경험이 없다면 나도 그분의 명령을 따르지 않아요.

그러나 그분의 말씀은 진실하며, 그분의 약속은 반드시 이루어지기 때문에 믿고 따르는 거예요."

여자는 예수가 구주로 믿어지는 감동을 주체하지 못했다. 세상 지식과 비교할 수 없는 충격적인 소식에 마음의 급격한 변화를 감당하지 못하고 잠시 혼란을 겪기도 했다.

"하나님은 진짜 살아 있는 거죠?"

"진짜 하나님은 살아 계십니다. 우리가 서로 바라보는 것보다 더 확실하게 존재하시는 분입니다. 우리의 존재 자체가 하나님이 존재한다는 증거입니다."

"기쁨과 소망이 뭐죠?"

"소망은 인생이 허무하다는 것을 아는 것으로부터 출발합니다. 그리고 세상엔 행복이 존재하지 않는다는 것을 아는 것으로부터 출발합니다. 예를 들자면, 지금 여사님이 추구했던 돈과 사람이 행복을 주는 근원이 아니라는 것과 그렇다고 절망과 불행의 원인도 아니라는 것을 아는 것입니다."

"나는 신기루를 찾아서 헤맸어요!"

"이제 아셨군요! 지금까지 여사님이 의지하려고 했던 것들은 행복의 근원이 아니었어요. 아주머니가 가진 돈도 사랑도 사람도 행복을 가져다주는 근원이 아니었어요. 이 세상은 어떤 것에도 행복이 없어요."

"예수가 행복의 근원이라는 거죠?"

"맞습니다! 예수가 행복의 근원이십니다. 그분만이 행복의 근원인 생명이십니다. 여사님도 이제는 행복의 실체를 알았으니 예수를 믿으세요. 돈 없는 자도 와서 값없이 생수를 마시라고 하셨어요. 우리에게 행복을 약속하시고 행복을 주실 수 있는 예수를 여사님의 구세주로 영접하세요. 그러면 주님의 놀라운 손길이 불행한 삶을 행복한 삶으로 바꾸어 줄 것입니다. 이제는 가진 게 없어도 살맛이 나는 나처럼, 여사님도 살맛이 날 겁니다."

여자가 울음을 터트렸다.

"그런 하나님을 나는 왜 진즉에 만나지 못했을까요? 왜 이제야 만나게 되었을까요? 너무너무 억울해요! 하나님을 진작 만나지 못한 것이 너무너무 억울해요!"

"저도 그랬는걸요! 건강했을 때 하나님을 만나지 못한 것이 너무너무 억울했어요. 병들어서 관절들이 다 망가지고 장애를 입어 아무짝에도 쓸모가 없는 이후에야, 주님을 만난 것이 너무너무 억울하고 분했어요. 그런데 지금이라도 하나님을 알게 된 게 얼마나 다행인지 감사할 것입니다! 평생 자기를 창조하신 하나님을 알지 못하고 죽어서, 영영 그분을 아버지로서 만날 수 없는 사람들이, 세상에는 너무너무 많다는 것을 알게 될 겁니다!"

사람들이 싫다고 설레설레 머리를 내젓던 여자는 내 등 뒤로 오더니 두 팔로 나를 감싸안았다.

"한국에 나와서 이렇게 기쁜 일이 생긴다는 걸 상상도 못 했어요! 마음이 너무나 기쁘고 활짝 열리는 기분이에요. 예수 안에서 새로운 삶을 시작하고 싶어졌어요. 죽고 싶다는 생각이 순간적으로 사라져 버렸어요. 아주머니의 얘기를 듣는 도중에 내 몸을 무겁게 짓누르던 것이 사라지는 것을 느꼈어요. 정말로 몸이 가벼워졌어요. 이런 경험은 처음이에요. 정말 살고 싶어요. 내가 왜 남편을 죽이고 싶었는지 이해할 수가 없어요! 나를 너무나 사랑하는 남편인데, 나는 그것이 더 싫었어요. 내가 사랑하고 싶은 남편을 만나고 싶었어요. 그런데 놀랍게도 나한테 사랑받지 못하는 남편이 불쌍하게 생각되었어요! 내 마음이 이렇게 바뀌다니 정말 이상한 일이군요!"

주님은 또 역사하셨다. 그녀가 예수는 우리를 창조하신 창조주이며, 인간의 절망과 고통을 해결해 주시는 분이며, 행복의 근원이고 구세주라는 걸 믿는 순간, 그를 억누르고 죽음과 자살로 내몰던 어둠의 세력이 힘을 잃어버렸다. 그리고 주님의 생명이 활동하기 시작했다. 이처럼 예수의 생명이 활동하는 곳마다 죽었던 영이 살아나고, 마음의 변화가 일어나고, 죽어 가던 몸도 살아난다. 예수가 모든 것을 살리는 생명이기 때문이다.

얼마나 처참하게 보이던 여자였나! 곁에서 딸이 변하는 모습을 지켜보던 친정어머니는, 너무너무 좋아서 덩실덩실 춤을 추고 싶다고 말했다. 여자의 마음을 뜨겁게 감동하신 분은 성령이셨다.

며칠 전에도 전도하러 왔던 목사님을 두 사람이나 쫓아냈다는 여자는, 자신의 급격한 변화에 자신도 놀라워했다. 주님의 역사는 이렇게 신비하고 놀랍다.

"예수를 믿으라는 사람이 그렇게 많았어도 단 한 번도 예수를 믿어야겠다고 생각해 본 적이 없었어요. 내가 예수를 믿는다고 하면, 우리 동네 사람들이 다 놀랄 거예요. 내가 어느 정도 완강했는지 너무나 잘 아니까요! 아마도 우리 동네 사람들은 모두 다 기뻐할 거예요. 내가 예수를 믿을 거라고 예상한 사람은 단 한 사람도 없었으니까요. 나도 무엇에 홀린 기분이에요."

여자는 아이를 입양하려고 한국에 나왔지만, 사실은 나를 만나서 주님을 영접시키려고 하나님께서 어머니 집으로 보내셨다고 말했다. 그녀는 완전히 그리스도인으로 변화되어서 미국으로 돌아갔다. 여자가 미국으로 떠나고 얼마 후에 국제전화가 걸려 왔다.

"헬로우!"

느닷없는 미국말에 내가 당황하자 그녀의 밝은 음성이 들렸다.

"내가 한국에서 정인숙 씨 만난 얘기를 하도 많이 했더니, 남편이 감사하다는 전화를 꼭 해야겠다는 거예요. 내가 통역할 테니 남편하고 통화하세요!"

"제 집사람을 새사람으로 변화시켜 주어서 너무나 감사합니다!"

"예수님이 하셨어요!"

"예수님? 아, 그렇군요. 예수님! 나도 예수님을 믿으려고 해요. 집사람을 변화시킨 예수님을 나도 믿을 겁니다! 일본에 있는 우리 집은 우상을 섬기지만, 나는 집사람이 믿는 예수를 믿을 겁니다!"

"할렐루야! 당연히 그래야지요! 전화 주셔서 너무 감사합니다. 꼭 예수를 믿으시고 부부가 함께 교회를 나가세요!"

"정말 감사합니다!"

"내가 달라진 걸 보고 너무나 좋아서 감사하다는 말이 입에서 떠나지 않아요! 술은 완전히 끊었어요."

화창한 봄날처럼 환한 그녀의 목소리를 들으니 내 마음도 환하게 밝아졌다. 예수는 이렇게 사람을 변화시키는 분이시다. 이처럼 생명이 넘치는 분이시다. 이처럼 살맛 나게 하시는 분이시다. 마른 막대기 같던 나에게 능력을 덧입혀 사용하시는 주님께 모든 영광과 감사와 찬양을 돌려드린다!

드디어 좁은 방을 떠났다

한번은 운전면허시험에 응시해 보라는 권면을 받았다. 터무니없다고 생각하면서도 귀가 솔깃해졌다. 이동 수단이 엄청나게 발달한 시대에 살면서도, 대중교통조차 자유롭게 이용할 수 없어서, 다람쥐처럼 쳇바퀴 돌듯이 집주변만 맴도는 형편이었지만, 화장실 출입만이라도 허용되길 소망한 것에 비한다면 이 정도의 거리도 어마어마하게 긴 장거리 외출임에는 분명했다.

그런데 언감생심 운전까지 넘보라고 하다니! 심장이 두근거리고 마른침이 꿀꺽 넘어갔다. 나는 조심스럽게 나 같은 사람도 운전할 수 있겠느냐고 물었다. 그의 입에서 나온 말은 가히 충격적이었다. 나보다 장애가 더 심한 사람도 운전한다는 것이다. 이게 무슨 날벼락 같은 희소식이란 말인가! 애꿎은 심장만 벌렁벌렁 방망이질했다.

주님도 아시거니와 물이 가득 담긴 컵을 곧바로 들어 올려서 마시지도 못하는 팔은, 승용차 문짝을 여닫는 것조차 버벅대는 형편이었다. 게다가 부실한 다리로 집 주위를 맴돌 때도 온몸이 초비상이었다. 작은 돌부리가 발에 걸려 넘어지기라도 하면 삐걱거리는 다른 관절까지 작살나기 때문이다. 대문 밖으로 나서는 순간부터 두 눈은 발 주변을 경호하느라고, 고개를 번쩍 치켜들고 사방을 둘러보면서 걸음을 걸어 본 적이 없다.

그런 몸인데도, 감히 운전에 도전하도록 기회를 여신 분이 주님이라는 걸 깨닫고, 운전면허시험장에 가서 체력검증을 신청했다. 지체가 부실한 장애인들은 체력검증을 통해서 운전할 만한 체력을 인정받아야 운전면허학원 등록이 가능했다. 몸과 마음이 다 떨리던 처음에는 부실한 체력에만 의존하다가 체력검증에 두 번이나 낙방했다. 팔과 다리의 근력이 검증의 기준에 훨씬 미치지 못했다. 당연한 결과였다. 낙방하는 과정에서 근력의 강도가 어느 정도인지 충분히 짐작되었던 나는 쉽게 포기할 수 없었다.

일주일 후에 다시 체력검증을 받겠다고 신청했다. 그렇다고 두 번씩이나 검증에 실패한 팔다리의 근력이 7일 만에 불끈불끈 치솟게 할 무슨 묘수가 있는 것은 아니다. 그러나 내게는 '무엇이든지 믿고 구하는 것은 다 받으리라(마 21:22)'는 주님의 약속이 있었다.

"주님! 체력검사에서 합격시켜 주소서! 그래서 내 맘대로 운전하고 다니면서 주님의 일을 감당하게 하소서! 남의 도움을 받지 않고도 마음대로 운전하고 다니면서 마음껏 주님을 자랑하게 하소서!"

주님은 즉시 응답하셨다. 일주일 후에 다시 체력검사를 받으러 갔다. 물론 근력은 조금도 달라지지 않았다. 다만 검증받을 때 자세를 고치도록 지혜를 주셨고, 자세를 바꾸었더니 무사히 검증을 통과하게 하셨다. 이젠 나도 공적 기관에서 운전할 수 있는 몸이라고 당당하게 검증해 주었다. 10년 가까이 대소변을 받아 내며 누워서 살아가던 몸이, 이제는 운전할 수 있는 몸이 되었다고 당당하게 인증받았다.

그러나 교통비조차도 여유롭지 못한 처지인데 학원등록비가 기다리고 있었다. 당시에는 운전면허학원에서 교통법규 강의를 한 달간 이수하지 않으면 이론시험에 응시할 수 없었다. 학원등록비를 포함하여, 한 달간

학원으로 출퇴근해야 하는 비용까지 줄줄이 기다렸다. 비용이 적거나 크거나 하나님 아버지가 부자이시므로 아무것도 염려하지 않았다.

너희 염려를 다 주께 맡기라. 이는 그가(하나님) 너희를 돌보심이라
- 벧전 5:7

약속하신 말씀대로 주님이 직접 챙기기 시작했다. 멀리 ××에 사는 어떤 성도가 전화로 나를 찾았다.
"저는 ××에 사는 교회 성도입니다."
"그러세요! 저를 아시나요?"
"정인숙 씨의 간증을 들었습니다."
"그러시군요! 이렇게 전화까지 주셔서 고맙습니다!"
"간증을 들으면서 많은 은혜를 받았습니다! 요즘은 어떻게 지내세요? 차가 없으니까 자유로운 활동이 어려우시죠?"
"주님의 은혜로 잘 지내고 있어요!"
"오늘 새벽 기도하는 시간이었는데요. 갑자기 정인숙 씨가 생각나는 거예요. 그래서 정인숙 씨를 위해서 기도하는데, 성령께서 정인숙 씨가 필요한 것을 네가 채워 주라고 하시네요. 지금 무엇이 가장 필요한가요? 제 생각에는 교회를 자유롭게 다니지 못할 것 같아서, 혹시 집에서 볼 수 있는 예배 실황 중계 TV 같은 것이 필요하지 않을까 하고 생각해 보았는데요!"

그리고 마음으로 생각한 돈의 액수를 말했다. 놀랍게도 학원등록비와 거의 일치하는 금액이었다.
"그렇게 말씀하시니 죄송해도 말할게요. 당장 운전학원등록비가 필요

했어요. 그런데 성도님이 말한 금액이 학원비하고 거의 비슷해서 깜짝 놀랐어요!"

"정말 그러네요. 제게 부탁하신 하나님께 감사와 찬양과 영광을 돌려요! 그런 몸으로 운전할 수 있겠어요?"

"체력검증은 무사히 통과했어요!"

"잘하셨네요. 운전만 한다면 마음대로 활동할 수 있을 거예요. 제가 학원비를 보내 줄 테니까 운전면허증을 꼭 따세요!"

"너무 감사합니다. 운전면허증을 꼭 따겠습니다!"

그 성도가 보낸 돈으로 운전면허학원에 등록했다. 그러나 당장 학원으로 출퇴근할 차량이 문제였다. 하루도 아니고 이틀도 아니고 한 달 동안 학원으로 출퇴근할 차량이 필요했다. 주님은 또 역사하셨다.

때마침 이웃집 새댁이 남편한테 승용차를 선물 받았다고 기뻐했다. 내색하진 못했어도 내가 더 기뻤다. 기도하는 사람에게 우연한 일은 없다. 두말할 것도 없이, 이웃집 새댁은 날마다 학원으로 출퇴근을 시켜 준 건 물론이고 운전면허시험에 합격할 때까지 차량 지원을 아끼지 않았다.

이론과 실기가 거의 다 마무리되어 갈 무렵에, 그동안 연락이 없던 지인이 안부 전화를 걸었다. 그동안에도 이모저모로 재정에 힘을 보태 주던 분이다.

"요즘은 뭐 하고 지내세요?"

"운전면허학원에 다녀요!"

"그래요! 운전할 수 있겠어요?"

"그럼요! 곧 운전면허증을 따요!"

"그럼, 당장 차가 필요하네요! 내가 중고차로 알아볼 테니까 차는 염려하지 말아요."

그리고 운전면허증을 취득하기 불과 며칠 전에, 지인이 타던 중고차를 저렴하게 샀다고 좋아하면서 차량등록비까지 챙겨서 차를 내려 보냈다. 그래서 운전면허증을 따자마자 운전하기 시작했다. 내가 운전하도록 처음부터 끝까지 일사천리로 챙겨 주신 분은 주님이셨다. 내가 직접 한 것이라곤 학원에서 열심히 운전을 배운 것밖에 없었다. 나머지는 다 주님이 하셨다.

> 너희가 기도할 때에, 무엇이든지 믿고 구하는 것은 다 받으리라 하시니라
> - 마 21:22

운전석에 앉아서 시동을 걸고 동네를 천천히 돌아보는데, 돌부리에 걸려 넘어질 염려도 없었고, 수많은 장애물도 전혀 눈에 들어오지 않았다. 내가 직접 운전한다는 건 활동의 자유를 넘어서서 두 다리에 날개를 다는 일이었다. 내가 원하는 곳을 마음대로 다니는 건 물론이지만 어머니의 수발에 의존하지 않고도 독립된 생활이 가능하다는 것을 의미하기도 했다. 어찌 이런 날을 상상이나 해 보았으랴! 내가 고작 품었던 꿈은 화장실 출입 정도였고, 조금 더 욕심을 낸 것이 어머니를 따라서 이웃집에 놀러 다니는 정도였다.

이제는 육신의 한계를 완전히 벗어나게 되었다. 그동안 다리가 활동 범위를 좌지우지했지만, 이제는 내 차가 내 활동 범위를 좌지우지하게 되었다. 이제는 마음껏 차를 몰고 다니면서 주님이 기뻐하시는 일을 하게 될 것이다. 주님이 보내는 곳이면 어디든지 달려갈 수 있게 되었다.

그때부터 승용차는 내 다리가 되었다. 나를 초청하는 교회마다 전국 각처 어디든지 마음대로 다니면서 주님을 자랑하게 되었다. 간증 집회가 끝나고 자정이 훨씬 넘은 시간이라도, 그곳에서 숙박하지 않고 밤길을 달려서 집에 돌아올 수 있었다. 산세가 깊은 산속이나 차량 통행이 거의 없는 깊은 밤길이라도 거침없이 달렸다. 어디를 가더라도 두려운 것이 없었다. 이런 자유를 마음껏 누리도록 허락하신 주님의 은혜를 한순간도 잊어본 적이 없었다. '믿음은 바라는 것의 실체(히 11:1)'이다. 믿음은 꿈처럼 사라지는 공상이 아니라, 현실로 나타나는 실상이다. 주님 안에서 소망한 것은 반드시 현실로 나타났다.

10년 가까이 대소변을 받아 내고 씻기고 먹이고 입혀 주셨던 어머니의 따뜻한 품과 주님과 친밀하게 소통하면서 예배하던 좁은 방을 떠나서 주거지를 읍내로 옮겼다. 죽어서야 떠날 줄 알았던 좁은 방을 당당하게 걸어서 떠나게 되었다. 믿음은 현실로 바꿔 주는 실체였다.

신학교로 인도하신 주님

읍내로 주거지를 옮기면서 자연스럽게 교회도 옮겼지만, 내가 성도들과 자유롭게 어울려서 신앙생활을 하지 못하도록 여러 면으로 경계하는 내 처지는 조금도 달라지지 않았다. 그렇다고 우두커니 손을 놓고 허송세월만 할 수는 없었다.

신체 활동이 막노동자 같아야 한다는 목회 사역은 내가 넘겨다볼 분야가 아니었고, 신체 활동이 많지 않아도 넉넉히 할 수 있는 문서로 주님을 전하리라 마음먹고 신학교에 입학하기로 했다. 아무래도 문서를 통해서 주님의 사역을 감당하려면 목회자보다도 훨씬 더 많은 신학적 지식이 필요할 거라고 예상되었기 때문이었다. 이런 생각을 마음대로 행동으로 옮길 수 있는 건 내가 직접 운전할 수 있기 때문이다. 이제는 불편한 다리에 구애받지 않고도 어디든지 자유롭게 다닐 수 있게 되었다. 나는 주춤거리지 않고 경기도에 소재한 신학대학원에 입학했다. 그때도 학기마다 필요한 등록금이나 차량 연료비를 하나님이 챙겨 주실 걸 믿기 때문이다. 내가 의지하는 하나님은 무엇이든지 하실 수 있는 부자 중에도 부자이시다.

하루는 새벽기도를 마치고 집에 돌아왔는데, 나처럼 늦게까지 남아서 열심히 기도하던 성도가 전화를 걸었다.

"지금 돈이 필요하시죠?"

다짜고짜로 돈이 필요하냐고 물으니 당황하지 않을 수 없었다.

"예? 그게 무슨 말인지?"

"오늘 새벽 기도 시간에 성령께서 나보고 정인숙 씨한테 통장에 있는 돈을 다 주라고 하셨어요! 돈이 필요하시죠?"

"……."

이분과는 개인적인 교제는 없었으나, 새벽마다 나처럼 늦게까지 남아서 기도하는 성도여서, 피차에 영적인 친밀감을 느끼는 정도의 마음을 가지고 있을 뿐이었다. 그런데 느닷없이 돈이 필요하냐는 것이다.

"얘기는 만나서 하고요. 내가 지금 은행에서 돈을 찾아서 ×× 앞에서 기다리고 있으니까 빨리 나오세요!"

무슨 얘긴지 알아듣기는 쉽지 않았으나, 일단 약속한 ×× 앞으로 갔더니 두툼한 봉투를 내밀었다.

"저에 대한 형편은 아무것도 모르죠? 저의 집이 얼마나 어려운지도 모르죠? 남편이 하는 사업이 부도가 나서 오피스텔 건물도 경매로 넘어가고, 지금 사는 우리 집도 다른 사람에게 넘어갔어요. 공과금은 몇 달째 밀려 있고요. 남편도 타던 차를 팔고 자전거를 타고 다녀요. 이렇게 집안이 경황이 없는 중인데, 아들이 대학까지 들어가게 되었어요. 당장 등록금을 넣어야 하는데, 돈을 빌려주는 사람이 하나도 없는 거예요. 우리 형편이 이 지경이니까, 단돈 한 푼도 빌려주는 사람이 없네요."

"그렇게 어려운데, 이 돈을 왜 저한테 주는지…."

"사실은 새벽마다 주님께 엎드려서 아들 대학 등록금을 빌려줄 사람을 보내 달라고 기도하고 있었어요!"

"새벽마다 늦게까지 남아서 기도하는 건 저도 잘 알죠!"

"오늘 새벽에도 돈을 빌려줄 사람을 보내 달라고 간절히 기도하는 중이었어요. 그런데 갑자기 성령께서 네가 가지고 있는 돈을 정인숙한테 주라고 하시는 거예요! 그래서 내가 돈이 없는 건 주님도 다 아시지 않느냐고 말씀드렸어요. 사실은 아들이 대학에 가면 등록금에 보태려고 몰래 숨겨 놓은 돈이 있었거든요. 아무리 쪼들려도 그 돈에는 손을 댈 수가 없었어요.

그런데 통장 잔액이 들어 있는 부분을 눈앞에 활짝 펼쳐 보이시는 거예요. 깜짝 놀라서 엉겁결에 두 팔을 벌리고, 활딱 펼쳐진 통장을 가슴으로 끌어당기면서 안았어요. 그리고 '주님, 이 돈만은 안 돼요, 전기세, 수도세가 몇 달째 밀렸어도 쓰지 못한 돈이라고요! 몇 푼 차비가 없어서 걸어 다니면서도 쓰지 못한 돈이라고요.'라고 했어요.

그러나 주님은 더 이상 말씀이 없으셨어요. 그래서 기도를 끝내고 집에 돌아오자마자 깊이 숨겨 놓았던 통장을 꺼내서 은행으로 갔어요. 조금만 주춤거리다가는 불순종할 것 같아서 급히 서둘렀어요. 그래서 은행으로 빨리 나오라고 부탁한 거예요. 이 돈이 내 수중에서 빨리 떠나지 않으면, 마음이 금방 바뀔 것만 같아서 불안했거든요. 그렇게 재정이 어려워요!"

전후 사정을 듣고 나니 마음이 더 편하지 않았다.

"내가 얼마나 구두쇠인지 아세요? 저는 평소에도 웬만해선 돈을 잘 안 써요. 주님이 통장의 잔액을 보여 주면서까지 말씀하지 않았다면, 그 돈을 누구에게 준다는 건 상상할 수 없는 일이에요. 사실은 어렵지 않더라도 통장을 털어서 누구에게 내주는 건 있을 수 없는 일이거든요."

내가 그 돈을 선뜻 받지 못하고 주춤거리자 빨리 받으라고 재촉했다.

"내가 정인숙 씨한테 돈을 주는 걸 누가 보기라도 하면, 어디 숨긴 돈이라도 있는 줄 알고 빚쟁이들이 난리가 나요. 빨리 안 보이게 넣으세요!"

나는 엉겁결에 받아서 옆구리에 끼고 손으로 봉투를 가렸다. 그때부터 성도의 가정의 묶인 재정들이 풀어지게 해 달라고 간절히 기도했다. 그리고 열흘 정도 시간이 지났을 때였다. 그분에게서 전화가 걸려 왔다.

"놀라운 일이 생겼어요!"

"무슨 일인데요?"

"십여 년 전에 친척에게 돈을 빌려준 적이 있었어요. 그런데 그 돈을 지금까지 돌려받지 못했거든요. 우리 돈을 빌려 간 이후로 종적을 감추어 버렸어요. 친척들의 경조사에도 일절 나타나지 않았어요. 그래서 아예 받을 생각을 포기하고 지금까지 까마득하게 잊어버렸어요. 그런데 그분에게서 전화가 걸려 왔어요."

"그래요!"

"그렇다니까요! 너무나 미안하다고 진심으로 사과하데요. 그리고 계좌번호를 달라고 해서 가르쳐 줬더니, 글쎄, 오늘 통장으로 돈이 들어온 거예요! 그때 식구들이 식사하는 중이었는데, 나도 모르게 '갑절로 돈이 들어왔네'라고 소리를 질렀다니까요! 그때까지도 돈을 빌려줄 사람을 보내 달라고 기도했거든요.

그랬더니 아예 돈을 갑절로 보내 주셨어요. 그것도 우리가 빌려준 돈을요. 하나님이 이렇게 역사하실 줄은 상상도 못 했어요! 정인숙 씨한테 통장에 있는 돈을 탈탈 털어서 주라고 한 것은, 극한의 어려움 속에서도 성령의 말씀에 순종하면 어떤 열매가 나타나는지를 보여 주시려는 거였어요. 마지막까지 움켜쥐고 놓지 못하는 돈을 내놓기까지 성령께 순종하는지를 보시려는 거였고요. 성령께서 정인숙한테 주라는 말씀에 즉시 순종할 수 있었던 것도, 내가 기도하지 않았다면 불가능했을 거예요!"

"주님은 마지막 움켜쥔 것을 뺏으려는 것이 아니라, 그 돈을 내놓고 더 큰 것을 얻게 하시려는 거였네요. 주님께 순종하면 어떤 결과가 나타나는지를 경험시키려고요. 기도 많이 하시니까요. 아마도 주님보다 제게 준 그 돈을 더 많이 의지했던 모양입니다. 그래서 오직 주님만 의지하도록 그 돈을 포기하도록 하신 거 같습니다."

"정인숙 씨한테 돈을 넘겨주고 완전 빈손이 되니까, 그야말로 주님만 의지할 수밖에 없었어요! 성령께 순종한 결과가 이렇게 빨리 나타날 줄은 몰랐어요. 십여 년 만에 빌려준 돈이 다시 돌아오게 하실 줄을 누가 알았겠어요!"

"주님은 무엇이든지 하실 수 있는 분이잖아요!"

"워낙 절박해서 성령의 말씀에 불순종했더라면 이런 경험은 불가능했겠죠! 하나님이 이렇게 살아서 역사하시는 경험을 친히 경험하게 하신 하나님께 감사와 찬양과 영광을 돌릴 뿐이에요. 어려운 중에도 하나님께 감사해서 날마다 살맛이 나네요!"

그 후로 남편의 사업이 풀리면서 경매로 넘어갔던 건물은 물론이고 팔려고 내놓았던 집도 전처럼 그대로 살게 되었다는 소식을 들었다. 얼마 후에 수요 예배를 마치고 나오는데, 그 성도가 주변을 살피면서 내게로 다가오더니 작은 목소리로 말했다.

"시간이 늦어서 미안하지만 그래도 저하고 의료원에 갈 수 있을까요? 기도 좀 부탁하려고요!"

"누가 병원에 입원했어요?"

"친정어머니가 암 말기예요. 시간이 얼마 남지 않았어요. 연세가 많아서 치료는 기대하지 않지만, 통증이 워낙 심해서 하루하루 너무나 힘들게 버티고 계세요! 통증을 견디려고 이를 얼마나 악물었는지 이빨이 모두 흔들거릴 정도예요! 저렇게 고통스러워하는 걸 보면서도 아무것도 도와줄 수 없는 자식의 입장도 너무나 힘드네요!"

"그럼, 통증만 해결해 달라고 기도하면 될까요?"

"네! 제발 통증만 없으면 아무 걱정이 없겠어요! 며칠 동안 전혀 잠을 못 잤어요. 통증에 시달리지 않고 편하게 가실 수 있게 해 달라고 기도해 주세요! 어머니가 통증에 시달리지 않고 편하게 주님 곁으로 가시게 해 달라고 기도하고 있어요."

"알았어요! 어서 병원으로 가요!"

우리는 교회를 빠져나왔다. 내가 일부러 환자를 찾아다니지는 않지만, 특별히 중환자 방문을 요청받으면 거절하기가 쉽지 않아서 눈치를 살피면서 조심스럽게 움직였다. 심지어 간증 집회조차 눈치를 살피면서 조심스럽게 숨어 다니는 형편이었다. 성도들과 함께 어울려서 맡겨 주는 교회의 직책에 봉사하는 것은, 아예 꿈도 꾸지 못하고 혼자 조용히 신학 공부에만 몰두하는 중이었다.

그러는 중에도 고통에 시달리는 중환자를 위해서 기도를 부탁받으면 거절하기가 어려웠다. 고통에 시달리는 환자를 생각하면 중환자를 찾아가서 기도했다는 이유로 내가 욕을 먹는 것쯤은 아무것도 아니었다. 나는 죽음만도 못한 통증에 시달리던 사람이다.

그날도 내가 직접 운전하여 병실에 도착해 보니, 환자는 출입문 쪽에서 두 번째 침상에 누워 있었다. 5인용 병실이었다. 통증에 많이 시달린 초췌한 모습의 환자는 사람이 곁에 와도 눈을 뜨지 않았다. 중환자를 볼 때마

3부 성령의 음성을 따라서

다, 이렇게 통증에 시달리는 중환자를 찾아가서 기도해 주었다는 이유로 핍박받는 것이라면 얼마든지 받을 것이라고 다짐하게 된다.

통증에 시달리는 환자를 쳐다보고 있자니 가슴이 먹먹했다. 이분에겐 통증을 줄이는 것 외에 어떤 위로의 말 따위는 아무 의미가 없었다. 조용히 환자를 바라만 보다가 '주님께 기도할게요!'라는 말을 하고, 목 바로 아래쪽 가슴에 손을 얹고 눈을 감았다. 그때까지 눈도 뜨지 않던 환자가 내 손을 잡더니 배꼽 아래쪽으로 이동시켰다. 나는 여전히 눈을 감은 상태였다.

환자가 내 손을 잡고 배꼽 아래까지 이동시킬 때, 내 손 위에 어떤 하얀 손이 포개져 있는 것이 보였다. 나는 주님의 손이라는 걸 알았다. 그러므로 하나님의 역사가 나타난다는 것도 알았다.

"주님! 신앙 경륜이 많고, 새벽마다 기도하셨다는 이분이 통증 때문에 심하게 고통당하고 있습니다. 통증이 너무나 심해서 며칠 동안 뜬눈으로 밤을 지새웠다고 합니다. 통증을 견디려고 이를 악물어서 이빨이 모두 흔들린다고 합니다! 주님 도와주소서! 통증이 사라지게 하소서! 편안하게 잠을 자도록 도와주소서!"

늦은 시간이었으므로 환자에게 '주님이 도와주신다는 걸 믿으세요! 주님이 도와주실 겁니다!'라는 말을 남기고 돌아왔다. 운전하고 돌아오는 차 안에서 동행했던 구역 성도에게 주님의 손이 내 손 위에 함께 있었다는 것을 간증했다. 그리고 다음 날 오전 9시경이었다. 그 성도가 전화했다.

"지금 막 병실에 도착했는데요, 병실이 난리가 났네요!"

"왜요? 무슨 일이 있어요?"

"저의 어머니가 아직도 주무시고 있으니까 그렇죠! 저런 모습을 보고 병실에 있는 환자들이 난리가 났어요! 아무래도 하나님이 있긴 있는 모양이라고요! 며칠 동안 저의 어머니 신음 때문에 다른 환자들도 잠을 거의 못 잤다고 하소연했거든요. 저의 어머니가 워낙 심한 통증에 시달리니까 뭐라고 말할 수도 없다고 하면서요. 그런데 어젯밤에 기도 받고 나서 이내 잠들기 시작해서 지금까지 주무시고 있으니 놀라지 않겠어요?"

"어젯밤에 주님이 역사하셨어요!"

"그럼요, 주님이 역사하셨지요! 주님께 찬양과 감사와 영광을 돌려요!"

"그럼요! 주님께 감사와 찬양과 영광을 돌려야 하고말고요!"

"바로 옆 침대에 있는 환자가 문병하러 온 딸한테, 아무래도 하나님이 있는 모양이라고 말했던 모양이에요. 어젯밤에 어떤 여자가 와서 저의 어머니 가슴에 손을 얹고 기도했는데, 며칠 동안 잠을 못 자던 환자가 저렇게 잠을 잘 잔다고 말하면서요. 그랬더니 딸이 화를 버럭 내더래요."

"왜요?"

"어머니는 귀가 얇아서 누가 무슨 소리만 하면 금방 넘어간다고요! 그러자 환자가 저의 어머니를 보라고 하면서 진짜라고 소리쳤대요. 다른 침대에 있는 환자들도 신기한 일이라고 난리예요!"

"믿음의 기도를 들으신다고 하셨잖아요! 성도님도 새벽마다 늦도록 남아서 눈물로 기도하는 거 저도 다 알아요! 제가 어머니의 가슴에 손을 얹었을 때, 주님의 손이 함께하셨어요. 이렇게 역사하실 줄 알았어요. 좀 더 편안하게 계시다가 주님께로 가셨으면 좋겠어요!"

"하나님의 은혜가 너무나 고마워요. 어머니가 이대로 편하게 주님 곁으로 가시길 기도해요!"

"믿음대로 될 것입니다!"

"아멘!"

그리고 얼마 후에 어떤 성도가 다급하게 전화를 걸었다. 신입 교인의 남편이 가까운 병원에 입원 중이라는 것이다. 치료는 포기했어도 상태가 워낙 위중해서 집에 가지 못하고 병원에 있다는 것이다. 문병차 왔다가 환자를 보니 3일 동안 전혀 잠을 자지 못해서 고통이 말이 아니라고 했다.

"한번 오셔서 잠을 좀 자게 해 달라고 기도해 주면 안 될까요? 얼마 전에 등록한 초신자예요. 그래도 상황이 워낙 딱해서요!"

"그럼 잠을 자게 해 달라고 기도하면 될까요?"

"예!"

급하게 병원을 찾아가서 환자에게 하나님이 살아 계심을 잠시 전하다가 환자의 몸에 손을 얹고 기도했다.

"주님, 하룻밤만 잠을 못 자도 너무나 고통스러운데, 여러 날 잠을 자지 못하고 고통당하고 있습니다. 신앙 초기여서 믿음이 약하지만, 그래도 주님은 잠을 자게 하실 수 있습니다. 잠을 자도록 도와주소서!"

그리고 환자에게 기도한 대로 주님이 잠을 자게 하실 걸 믿으라고 말하고 돌아왔다. 그리고 사흘이 지났다. 기도를 부탁했던 성도가 다시 전화를 걸었다.

"한 번만 더 오셔야겠어요."

"또 무슨 일이 있어요?"

"기도를 받은 이후로 사흘 동안 밤낮없이 잠만 잔대요. 그래서 이제는 정상적인 수면을 할 수 있게 해 달라고 기도 부탁하려고요."

그래서 다시 환자를 찾아가서 기도해 주었고, 그 뒤로는 정상적인 수면을 한다는 소식을 전해 들었다.

새벽에 늦게까지 남아서 기도하는 성도가 또 있었다. 열심히 절에 다니던 분인데, 어떤 사정으로 인해 예수를 믿게 되었다는 말을 들었다. 그분은 신앙 초기부터 새벽기도를 열심히 다녔는데, 그날도 늦게까지 남아서 기도하다 보니 나하고 둘이 남게 되었다.

장의자가 세 줄로 놓였는데, 각자가 양쪽 가장자리 의자에 앉아서 기도했기 때문에 그분과의 거리가 좀 떨어진 상태였다. 그날은 왜 그랬는지 모르지만, 고개를 들고 열심히 기도 중인 그분을 쳐다보았다. 물론 출구 쪽의 전등만 켜져 있고 새벽 기도실의 모든 전등이 꺼져 있는 상태에서 피차에 자세한 모습을 보기는 어려웠다.

그때 성령께서 '네가 가서 기도해 주라'고 말씀하셨다. 내가 얼른 고개를 숙이면서 성령의 말씀에 이의를 제기했다. '주님도 아시다시피 성도들과 함께 어울려서 활동할 수 없도록 목사님이 갖가지 거짓말로 이유를 만들어서 저를 따돌리는 거 다 아시잖아요! 기도실에 몰래 숨어서 성도에게 기도하고 싶지 않아요.'라고 말씀드렸다. 그러면서도 마음이 편하지 않아서 다시 고개를 들고 그 성도를 쳐다보았다. 그랬는데 다시 성령께서 '가서 기도해 주라'고 하셨다. 그러나 다시 기도할 수 없다고 말씀드렸다. 그리고 세 번째 고개를 들고 바라보았다.

순간 복잡한 생각을 밀어내면서 성령께 순종하기로 마음먹고, 장의자 사이로 천천히 이동해서 그분 옆으로 가서 앉았다. 그리고 그분의 허벅다리 쪽에 손을 댔다. 그러자 그분이 내 손을 붙잡고 엉덩이관절까지 이동시켰다. 그때까지도 그분과 개인적인 친분이 전혀 없었으므로, 그분에 대해서 아는 것이 없었다. 다만 내 손을 가져다 댄 부분이 아픈 모양이라고 생각하면서, 주님의 치료를 위하여 간절히 기도하고 일어났다. 그때도 성도하고는 대화 한 마디 나누지 않았다.

그리고 며칠이 지나서 주일예배를 마치고 출구로 나오는데, 내가 나오기를 기다렸는지 저쪽에서 그 성도가 가까이 다가왔다. 그리고 주위를 살피면서 작은 소리로 말했다.

"기도해 주던 날 새벽이요, 한쪽 엉덩이 쪽이 너무나 아파서 걸음을 제대로 걸을 수 없었어요. 그날 새벽 기도하러 지하 예배당으로 내려가는데, 계단을 제대로 내려갈 수 없어서 다리를 뻗친 채로 질질 끌면서 간신히 내려갔어요. 그런데 새벽에 기도를 받고 나서 질질 끌던 다리를 가볍게 번쩍번쩍 들고 계단을 올라갔어요. 고맙다는 인사도 제대로 못 했어요!"

"감사는 오직 주님께 드리세요. 주님이 하셨어요!"

그렇게 인사하고는 이리저리 주위를 살피더니 얼른 피해서 다른 곳으로 가 버렸다.

학비를 챙기시는 주님

하루는 인근 교회에 다닌다는 성도로부터 점심을 대접하고 싶다는 전화를 받았다. 그리고 시간에 맞춰서 약속한 식당으로 나갔다. 먼저 와서 기다리던 성도가 환하게 웃으면서 인사했다.

"한 번 꼭 뵙고 싶었는데, 만나서 반가워요!"

"저를 아시나요?"

"투병 생활을 오래 하다가 예수 믿고 다시 일어나서 걷게 되었다는 얘기를 들었어요. 지금은 신학을 공부한다는 말도 들었고요. 물론 재정적으로 힘들다는 말도 들었어요. 그 말을 들은 이후로 한 달에 얼마씩 점심값이라도 챙겨 주고 싶은 마음이 생겼어요. 그래서 새벽기도 시간에 그 문제를 주님께 말씀드렸어요.

저도 재정적으로 너무 힘들어서 점심값조차도 챙겨 주기가 쉽지 않았거든요. 그런데 성령께서 네가 가지고 있는 돈을 모두 다 정인숙 씨한테 주라고 하시는 거예요. 저는 즉시 아멘 하고 받아들이지 못했어요. 그리고 어려운 사정을 솔직하게 말씀드렸어요. 주님도 아시지만 제가 지금 가지고 있는 돈은, 제 돈이 아니라 이번 달 곗돈을 넣어야 하는 돈이에요. 형편이 너무 어려운데도 쓰지 못하면서 간신히 마련해 놓은 거예요.

남편이 집을 나간 뒤로는, 가정을 전혀 돌보지 않기 때문에, 한 달, 한 달 버티기가 너무 힘들거든요. 그래도 다달이 치르던 곗돈만은 넣어 보려고 모아 둔 돈인데, 성령께서 정인숙 씨한테 몽땅 주라고 하시니 얼마나 당황했겠어요! 그렇지만 결국 성령님의 말씀을 따르려고 모아 둔 곗돈을 다 가지고 나왔으니 받으세요!"

자리에 앉자마자 내 앞에 하얀 봉투를 내밀면서 얼른 가방에 넣으라고 말했다. 나는 이분을 본 적도 없는 그야말로 생면부지의 인근 교회에 다닌다는 성도였다. 재정이 어려워 보이는 이분이 내민 봉투를 쳐다보자니 그쪽으로 다시 밀어 주고 싶은 심정이었다.

"이건 정인숙 씨가 부담스러워할 일이 전혀 아니에요! 주님이 챙겨 주시는 거니까 받으셔야 해요!"

내가 봉투를 선뜻 가방에 집어넣지 못하자 그분이 하는 말이었다. 나는 전혀 모르는 분이지만, 그분의 여러 가지 간증을 들으면서 주님하고 기도로 소통하는 매우 친밀한 사이라는 걸 알았다. 주님과 친밀한 사이가 아니라면 이런 요청을 하실 리가 없었고, 혹여 하셨더라도 순종하는 것은 어림없는 일이었다. 주님과 친하게 교제하고 소통하는 길은 기도밖에 없다.

주님은 각 교회의 지체를 통해서 성도들을 돌보신다. 주님의 말씀을 받은 각 교회의 지체들은 사르밧 과부(왕상 17:12)처럼, 마지막 남은 밀가루 한 움큼이라도 달라고 하시면 즉시 내주었다. 교회의 머리이신 주님은 각 교회의 지체를 통해서 나같이 보잘것없는 사람조차 돌보셨다. '너희 염려를 주께 다 맡기라. 그가(주님이) 너희를 돌보심(벧전 5:7)'이라는 말씀 그대로였다. 더군다나 성령께 순종하는 이분에게도 사르밧 과부의 기름통에 기름이 떨어지지 않은 것처럼, 더 크게 보상하시려고 가진 것을 내놓으라고 하셨다는 것을 너무나 잘 안다.

내가 그 성도를 만난 것은 건축사업이 실패하여 빚더미에 올라앉았을 때였다. 살던 집도 넘어가고 돈을 빌려주었던 동기간들조차도 빚에 허덕이게 되는 최악의 절망적인 상태가 되었다. 조그만 사무실을 빌려서 합판으로 칸막이를 치고 겨우 방을 만들어서 힘겹게 생활할 때였다.

사업 실패로 하루아침에 백수가 된 성도는 서울과 경기 지역에서 간증을 요청받을 때마다 차량으로 섬겨 주었다. 밤늦게까지 나를 도와주다 보니, 덩달아서 내 간증 집회에 참석하지 않을 수 없게 되었다. 다행히도 은혜를 받아서 하나님이 살아 계심을 확실히 믿게 되었다. 빚더미에 올라앉아서 불안감에 시달리던 성도는 믿음 안에서 새로운 소망을 품기 시작했다. 구하면 주신다는 주님의 약속을 믿고 새벽기도를 시작하더니, 그동안 무거운 짐이었던 술과 담배를 일절 끊었다.

그렇게 새로운 소망을 품은 성도는 새벽마다 일어나서 새벽기도에 집중했다. 한번은 자기보다 더 어렵게 지내고 있을 내가 생각나서 수중에 있는 얼마간의 돈 중에서 조금이라도 떼어서 보내 주고 싶은 마음이 생겼다. 그래서 마음으로 생각한 돈을 송금하려고 은행으로 가는 길에 마음이 바뀌었다. 그래서 송금하려고 마음먹은 액수에서 절반을 줄여서 송금했다. 그리고 저녁에 집에 돌아와서 저녁상을 앞에 두고 아내와 마주 앉았다.

"저녁 반찬거리를 조금 사려고 시장에 나갔는데, 자꾸만 정인숙 씨가 생각나는 거예요. 우리가 너무나 힘들다 보니, 경제활동 능력이 전혀 없는 불편한 몸으로 혼자서 살아가기가 얼마나 힘들지 안타까운 마음이 자꾸 생기는 거예요. 그래서 생활비를 좀 더 줄이고라도 돈을 조금이라도 보내

주고 싶은 생각이 들어서 정인숙 씨한테 얼마를 송금했어요!"

"그 돈을 송금했다고? 그건 내가 처음에 정인숙 씨한테 보내기로 마음먹은 금액에서 절반을 떼어낸 액수인데! 그걸 당신이 대신 채워서 송금했다고?"

"세상에, 당신이 보내려던 돈에서 반을 떼어낸 돈을 내가 송금했던 거예요?"

"사실은 나도 정인숙 씨가 자꾸 생각나는 거야! 내가 돈 때문에 허덕이다 보니까 정인숙 씨가 얼마나 힘들지 생각나더라고! 그래서 아무리 어려워도 조금이라도 보내고 싶어지는 거야! 주님도 주라, 그러면 후히 되어 누르고 흔들어서 넘치도록 안겨 주신다고 약속하셨잖아! 그래서 힘들지만 얼마를 보내 주고 싶은 마음이 생겨서, 그 돈을 보내려고 은행으로 가는 도중인데, 복잡한 사정이 생각나면서 마음이 바뀌는 바람에 보내려던 돈을 절반으로 줄여서 송금했거든! 그런데 보내지 않고 떼어낸 그 돈을 당신이 송금했네!"

"세상에, 그렇게 된 거예요?"

이들 부부는 서로 다른 곳에서 무심코 행동했던 일이, 사실은 하나님이 간섭하신 일이라는 걸 깨닫고, 서로 부둥켜안고 통곡하면서 하나님께 감사와 찬양과 영광을 돌리지 않을 수 없었다.

하나님께서 극한의 어려움 속에서도 나누고 싶은 마음을 주신 것은, 재정의 어려움을 벗어나게 하시려는 하나님의 자상한 손길이라는 걸 깨닫게 하셨다. 그것을 깨달은 성도 부부는 하나님의 섬세한 간섭에 감사하여 두 손을 들어 영광을 돌리지 않을 수 없었다. 경제적인 어려움을 이기게 하려고 어려울수록 나누도록 하시는 성령의 역사라는 걸 깨달았기 때문이다.

주라, 그리하면 너희에게 줄 것이니 곧 후히 되어 누르고 흔들어 넘치도록 하여 너희에게 안겨주리라. 너희가 헤아리는 그 헤아림으로 너희도 헤아림을 도로 받을 것이니라

- 눅 6:38

확 줄어든 암 덩어리

가까운 지인의 어머니가 말기 암인데, 위급한 상황이 발생하면 병원 응급실로 달려가서 응급조치를 받아 가면서 하루하루 버티는 중이었다. 그날도 환자에게 응급상황이 발생해서 응급실에 데려가려고 남편이 어머니한테 갔다고 말하면서, 지인이 나한테 전화로 기도를 부탁했다.

그래서 기도하겠다고 대답했는데, 느닷없이 환자를 방문하고 싶은 마음이 강하게 일어났다. 환자가 있는 곳이 가까운 거리가 아니어서 잠시 망설이다가, 그동안 한 번도 문병을 가지 못한 것이 마음에 걸리기도 해서 방문을 결정했다.

"내가 어머니를 직접 찾아가서 뵈려고 하니까 남편한테 응급실로 데려가지 말고 내가 도착할 때까지 기다려 달라고 하세요. 어머니한테는 예배를 준비하도록 하고요."

그리고 환자가 사는 집으로 갔다. 일반주택이 다닥다닥 들어선 동네여서 골목마다 주차 공간이 여유롭지 않았다. 그래서 그분의 집 앞을 지나고도 두세 블록을 더 지나서 간신히 주차했다.

집에 들어가니 환자가 성경책을 앞에 두고 침대에 앉아서 기다렸다. 출가한 자식들까지 자상하게 챙겨 주시던 분이 병들어 초췌해진 모습을 보니 너무나 안타까웠다. 목발을 짚고 간신히 화장실을 다녔으나, 그날은 병세가 더 심해져서 한 걸음도 걷지를 못했다. 먼저 도착한 지인의 남편도 함께 기다렸다.

크고 작은 문제들이 발생할 때마다 가까운 기도원에 올라가서 금식하던 분이 위중한 병이 들어서 고통에 시달렸다. 나는 성령께서 인도하시는 대로 말씀을 붙잡고 믿음으로 치료받는 길을 전하기 시작했다. 그러자 환자가 당신의 잘못을 고백하면서 통곡했다.

'믿음의 기도는 병든 자를 구원하리니 주께서 그를 일으키시리라. 혹시 죄를 범하였을지라도 사하심을 받으리라(약 5:15)'는 말씀을 기억하면서, 환자를 위해서 병 낫기를 기도하기로 생각했다. 어디가 가장 아프냐고 물었다. 환자가 오른쪽 사타구니 바로 위쪽 배를 만져 보라고 했다. 내가 그곳을 만져 보니 불룩하게 튀어나온 단단한 암 덩어리가 손바닥에 닿았다. 그곳이 통증이 심해지면 한 발짝도 걸음을 걷지 못한다고 했다. 내가 불룩하게 튀어나온 암 덩어리 위에 손을 얹었다. 그리고 암 병을 배후에서 조종하는 더러운 영에게 큰 소리로 명령했다.

"더럽고 저주받은 암 병아! 예수 이름으로 명하노니 암 덩어리를 가지고 떠날지어다! 이분은 하나님의 자녀다. 감히 어디라고 암 병을 가지고 들어와서 괴롭히고 못된 수작을 부리는 거야! 당장 떠날지어다!"

그리고 주님이 역사해 주실 것을 간절히 기도했다. 기도를 마치고, 아무것도 염려하지 말라고 권면한 후에 환자의 집을 나왔다. 지인의 남편이 나를 배웅하려고 따라 나왔다. 차를 가까이 주차하지 못했기 때문에, 차가 있는 곳까지 이런저런 얘기를 나누면서 천천히 걸었다. 아마도 시간이 십여 분은 족히 지났을 것이다.

내가 골목에서 차를 몰고 나와서 환자의 집 앞을 지나가려는데, 야구모

자를 쓴 어떤 아주머니가 손을 번쩍 들면서 가로막았다. 내가 놀라서 운전석 유리문을 내리자 그분이 검은 비닐봉지에 담긴 무엇을 내밀었다. 그분의 얼굴을 자세히 쳐다보니 조금 전에 기도해 주었던 환자였다. 전혀 예상하지 못한 일이었다.

"아까는 전혀 걷지를 못했는데 이게 어떻게 된 일인가요?"

"기도를 받고 나서 갑자기 다리가 가벼워져서 마음대로 걸을 수 있게 되었어요. 이거 보세요. 다리가 번쩍번쩍 올라가고 자유롭게 움직일 수 있어요. 그래서 안마당에 있는 풋고추라도 따서 주려고, 정신없이 이것저것 푸성귀를 따서 담았으니 가져가세요. 너무나 고마워서 이거라도 드리고 싶었어요!"

"나는 동네 아주머니가 어머니 집 앞에서 서성거리는 줄 알았어요. 이렇게 멀쩡하게 걸어서 나오리라고는 생각도 못 했어요. 아무튼 모든 영광은 하나님께 돌려요. 주님이 하셨어요. 치료받았다는 믿음이 조금도 흔들리면 안 돼요! 믿음을 끝까지 유지하셔서 치료를 빼앗기지 마세요. 악한 영은 믿음을 떨어뜨리고 다시 들어오려고 의심과 두려움으로 수작을 부리면서 집요하게 공격할 거예요. 두려워하거나 의심하면 치료받은 걸 즉시 빼앗깁니다!"

그날 저녁에 지인으로부터 단단하게 손에 잡혔던 암 덩어리가 확 줄어들었다는 소식을 전해 들었다.

죽어 가는 환자가 살아났다

어느 날 어떤 성도가 중보기도를 부탁했다. 세 살과 다섯 살짜리 두 아이를 둔 엄마인데, 시간이 불과 얼마 남지 않은 말기 암 환자라고 했다. 사정이 하도 딱해서 기도를 부탁한다고 말했다.

개인적인 친분은 전혀 없었지만, 기도 시간에 아이들이 엄마 없는 고아로 자라지 않도록 병을 고쳐 달라고 기도하기 시작했다. 그날도 기도 시간에 환자를 위해서 간절히 기도하는 중이었다. 그때 성령께서 '네가 직접 심방을 가라'고 말씀하셨다. 그 성도의 말로는 환자가 곧 지방으로 이사 간다고 말했다.

솔직히 담임목사도 아닌 내가 환자를 방문하려고 지방까지 내려갈 수는 없다고 생각하면서, 성령께서 말씀하셨으므로, 기도를 부탁한 성도한테 전화를 걸어서 환자를 방문하겠다는 말을 전하라고 했다. 환자가 방문을 거절해도 괜찮고, 지방으로 내려갔어도 상관없으나, 내가 방문하겠다는 말은 분명하게 전해 달라고 부탁했다. 환자가 지방으로 이사했거나 방문을 거절하면, 성령님의 말씀에 순종하지 않은 책임이 나한테 없다고 생각했기 때문이다.

잠시 후에 그 성도로부터 답변이 왔다. 환자가 장거리 이동이 어려울 정도로 상태가 나빠져서 이사하는 건 보류한 상태이고, 내가 방문하는 건

원하더라는 것이다. 주님은 이런 사정을 다 아시고 말씀하셨다는 걸 생각했다. 방문 날짜를 정한 후에, 환자에게 무슨 말씀을 전해 주어야 하느냐고 기도했더니 '사랑하라고 하라(요 13:34)'고 말씀하셨다.

나는 그 성도와 함께 환자의 가정을 방문했다. 겉으로 보기에도 환자의 상태는 매우 위중해 보였다. 잠시 앉아서 예배드리는 것조차 힘겨워 보였다. 그러므로 더욱 하나님께 예배를 드리는 것이 다급하다고 생각했다. 환자는 소파에 기대어 앉았고, 바로 옆 거실 바닥에는 남편이 앉았다. 나는 환자를 마주 보는 자리에 앉았고, 동행한 성도는 내 옆으로 앉았다.

몸이 바짝 마른 환자가 나한테 말을 천천히 해 달라고 주문했다. 숨을 가쁘게 쉬면서 말을 몇 마디씩 천천히 끊어서 말하는 환자가 예배드릴 동안에도 앉아서 버틸지가 의문스러운 상황이었다.

"말을 빨리, 하면, 그 말을 알아들으려고, 신경을 곤두세우다 보면, 금방 지쳐서 쓰러지거든요!"

방에서 어린아이들이 웃고 떠드는 소리가 크게 들렸다. 정말 마음이 착잡하고 안타까웠다. 그러므로 더욱 예배에 집중하지 않을 수 없었다. 이 상황을 바꾸어 주실 분은 하나님밖에 없었다. 남편은 비신자였다. 동행한 성도와 나는 힘차게 찬양하며 경배를 드렸다. 그리고 성경책을 펼치고 말씀을 읽은 후에, 느릿느릿하게 말씀을 전하기 시작했다. 말씀을 천천히 전하는 도중이었는데 '남편을 사랑하세요'라는 말이 내 입에서 툭 튀어나왔다.

이 말은 건강한 남편에게 죽어 가는 환자 아내를 사랑하라는 말이 아니라, 죽어 가는 환자 아내한테 건강한 남편을 사랑하라는 말이었다. 그러자 금방 쓰러질 듯이 위태롭게 보였던 환자의 얼굴이 사납게 일그러졌다.

그리고 어디서 그런 힘이 솟구치는지 한쪽 팔을 번쩍 치켜들고 검지를 세우더니 남편의 얼굴을 정조준했다.

"저 새끼 때문에, 내가 암 병에 걸려서 죽게 생겼다고요!"

사납게 발악하는 저 목소리는, 죽어 가는 환자의 목소리가 아니었다. 곁에서 조용히 앉아 있던 남편이 난데없는 공격에 심히 당황하더니 고개를 아래로 깊이 떨구었다. 순간 성령께서 '사랑하라고 하라'는 말씀을 주신 이유를 정확하게 알게 되었다. 질병의 원인은 남편에 대한 미움과 증오심이었다! 환자는 남편을 사랑하라는 성령의 말씀에 격하게 저항하면서 대들었다.

동행한 성도의 말로는 기도를 많이 하는 환자라고 했다. 기도를 많이 하는 사람은, 예배하는 도중에 더러운 욕설을 거침없이 내뱉기가 심히 어렵다. 환자는 남편에 대한 분노로 가득했다. 미움과 증오심은 살인의 영을 불러들인다. 억울하게도 살인의 영이 들어와서 죽이려는 대상은 미워하고 증오하는 상대방이 아니라, 미워하면서 증오심을 품고 있는 당사자라는 걸 목격하는 현장이었다.

어쨌거나 그동안 고통스럽게 살아왔을 이 중환자의 기도에 응답하시려고 나를 보내셨다는 걸 알았다. 믿음은 질병의 원인을 영적으로 볼 수 있는 눈이다. 그래서 말씀을 보내시고 말씀으로 악한 영을 공격하여 이기게 하신다(엡 6:12-17). 주님의 말씀은 영이다(요 6:63). 악한 영이 두려워서 굴복하는 것도 말씀이다. 그래서 그들을 공격하는 무기는 하나님 말씀밖에 없다.

주님은 원수를 사랑하라고 말씀하셨다. 이 말씀이 사람이 원수인 배후에서 역사하는 악한 영을 이기는 길이다. 원수(악한 영)로부터 자기를 보호받는 길이다. '네 원수가 주리거든 먹이고 목마르거든 마시게 하라. 그리함으로 네가 숯불을 그 머리에 쌓아놓으리라. 악에게 지지 말고 선으로 악을 이기라(롬 12:20-21)'는 말씀도 똑같은 의미이다.

사람은 물리적인 힘으로 원수(악한 영)와 싸워서 이길 수 없다, 그에게 조종당하는 사람을 미워하고 증오하면 반드시 진다. 하나님은 사랑으로 일하시는 분이다. 하나님은 말씀을 보내서 위험에서 건지시는 분이다. '그러나 너희 듣는 자에게 내가 이르노니 너희 원수를 사랑하며, 너희를 미워하는 자를 선대하며, 너희를 저주하는 자를 위하여 축복하며, 너희를 모욕하는 자를 위하여 기도(눅 6:27-28)'해야 원수를 이긴다.

그런데 환자의 영육 간의 상태는 매우 위태로웠고 비관적이었다. 예배하는 도중에 저주의 말을 거칠게 내뱉을 정도로 말씀과 밀착되지 못했고, 그래서 말씀 가운데로 인도하시는 성령의 보호 아래에 있지도 못했다. 환자의 영적 사정이 이러했으니, 내가 보기에도 믿음으로 치료받기가 심히 요원해 보였다.

나는 말씀을 펼쳐 보이면서 사랑하라는 말씀은 주님의 계명이라고 강하게 전했다. 누구든지 말씀에 순종할 때 하나님이 도와주신다고 가르쳤다. 믿는 자는 어떤 상황 속에서도 말씀을 믿고 따라야 주님이 돕는다고 전했다.

> 이에 그들이 그들의 고통 때문에 여호와께 부르짖으매, 그가 그들의 고통에서 그들을 구원하시되, 그가 그의 말씀을 보내어 그들을 고치시고, 위험한 지경에서 건지시는 도다
> - 시 107:19-20

나를 보낸 것은 죽어 가는 환자를 살리려는 하나님의 사랑이었다. 사랑하라는 주님의 계명은 죽을 몸을 살리는 생명의 말씀이다. 생명의 말씀은 만병을 치료하는 치료제이다. 만 가지 문제를 해결하는 치료의 광선이다. 이렇게 성령의 긴급한 말씀을 듣고 순종하여 살기를 선택하는 것은 환자 본인뿐이다.

믿음에 대해서 환상을 가진 환자들이 많다. 환자가 잠든 사이에 하나님이 몰래 오셔서 병든 몸을 치료해 놓고 가시길 꿈꾸는 몽상을, 믿음이라고 착각하는 사람도 있다. 그러나 믿음은 말씀을 붙잡고 죽어 가는 육신과 처절하게 맞붙어 싸워서 이겨야 하는 잔혹한 현실이다. 하나님은 말씀을 먼저 보내셔서 순종하는 자를 통해서 일하신다.

나는 환자가 발악하거나 말거나 상관하지 않고 말씀을 강력하게 전했다. '우리의 씨름은 혈과 육을 상대하는 것이(엡 6:12)' 아니다. 환자를 상대하는 것이 아니라, 그 속에서 발악하는 악한 영을 상대한다는 것을 한 순간도 잊지 않았다. 바로 그때였다. 환자를 죽음으로 내몰기까지 사악하게 조종하던 귀신이 스스로 자기 정체를 드러냈다. 내가 강력하게 전하는 생명의 말씀을 환자가 믿음으로 받아들였다는 증거였다. 그의 정체를 즉시 알아본 내가 큰 소리로 명령했다. 그동안 환자에게 무슨 짓을 했는지 따져 묻자 숨기지 않고 대답했다.

"언제 들어왔니?"

"일주일 전에 들어왔어."

"어디서 들어왔니?"

"병원에 있을 때 들어왔어!"

그동안 환자와 남편이 겪은 고통과 일치하는 내용들이 술술 쏟아져 나왔다. 그러자 환자 본인은 물론이고 비신자인 남편도 눈을 휘둥그렇게 뜨면서 상황을 주시했다. 그동안 환자가 겪은 고통과 가족들이 겪은 고통을 적나라하게 자기들이 한 짓거리라고 자백했다. 하나님은 물론이고 귀신의 존재도 인정해 본 적이 없는 남편은 이런 영적 현상을 목격하면서 두려움으로 떨었다.

"일주일 전부터 일체 음식을 먹지 못했습니다. 음식 냄새조차 맡지 못해서 아이들하고 집에서 음식만 먹어도 구토하고 고통스러워했어요. 그래서 아이들하고 밖에서 식사하고 입까지 깨끗하게 닦고 몸에서 음식 냄새가 다 없어질 때까지 기다렸다가 집에 들어올 정도였어요!"

내가 떠나라고 명하자 즉시 떠났고, 쓰러져 가던 환자는 몸을 가볍게 일으켰다. 그리고 나한테 오더니 내 몸을 부축해 주면서, 오히려 나를 잡아 일으켰다. 조금 전까지 쓰러져 가던 환자는 힘을 주어서 나를 부축해서 일으켰다. 도저히 상상하기 어려운 일이었다. 그리고 내 팔을 잡아끌더니 배가 고프니까 빨리 식당으로 가자고 재촉했다. 너무나 급격한 변화에 도무지 적응하기가 쉽지 않았지만, 하나님의 능력에 모두 경탄하지 않을 수 없었다.

밖으로 나온 환자는 건강한 남편보다 더 빠르고 활기차게 걸어서 식당으로 갔다. 식당에서도 일주일 동안 물 한 모금도 넘기지 못했다는 말이 무색할 정도로 국밥 한 그릇을 단숨에 먹어 치웠다.

정말로 믿기 어려운 치료의 현장이었다. 하나님의 놀라운 이적의 현장에는 비신자인 남편과 동행한 성도가 함께 있었다. 나는 '예수께서 말씀으로 귀신들을 쫓아내시고 병든 자를 다 고치셨다(마 8:16)'는 말씀을 기억했다.

하나님을 원망하던 환자

하루는 여선교회 회장이라는 분이 전화를 걸었다. 자기가 전도해서 예수를 믿게 된 교인이 병원에 입원했는데, 심방을 해 줄 수 있느냐는 부탁 전화였다. 물론 그분의 요청에 승낙했다. 그러자 어떤 환자인지 설명하기 시작했다. 그는 백혈병 말기이고 자기가 전도해서 교회를 다니게 되었다고 했다.

환자는 예수를 구주로 영접하게 되었고, 하나님이 병을 고쳐 주신다는 믿음이 생기기 시작했다. 그러자 치료에 대한 새로운 희망이 생기면서 신앙생활에 적극적으로 매달렸다. 환자는 교회 청소를 자원했고, 다른 여러 봉사에도 적극적으로 참여하면서 몸이 점점 더 호전되었다.

대부분 환자의 특징은 몸 상태가 조금만 좋아져도 금방 치료될 것 같은 자신감이 생긴다는 점이다. 이 환자도 몸이 점점 호전되면서 치료에 대한 자신감이 생기게 되었는데, 아마도 건강이 점점 회복되는 원인이 교회 일에 적극적으로 헌신했기 때문이라고 생각했던 모양이었다. 그래서 더 적극적인 헌신을 결심한 것 같았다. 그동안 병을 고치려고 가진 돈을 거의 다 허비했기 때문에 재정이 극도로 어려운 형편이었지만, 그래도 병만 고칠 수 있다면 재정을 더 옥죄고 줄여서라도 하나님께 헌신할 수 있다고 생각했다.

남편과 함께 환자는 전셋집을 사글세로 돌려놓았다. 그리고 차액으로 발생한 보증금을 몽땅 하나님께 헌금했다. 가난한 과부가 생활비 전부인 두 렙돈을 헌금하는 걸 보신 예수께서 모든 사람보다 많이 드렸다고 칭찬하신 것처럼(눅 21:3), 아마도 최저 생계비만 남기고 보증금 전부를 헌금한 환자를 보고 하나님도 감동하셔서 즉시 병을 고쳐 주시리라 기대했을 것이다. 그러나 결과는 전혀 다르게 나타났다. 병이 호전되기는커녕 점점 더 나빠졌다.

그러자 환자의 태도가 돌변했다. 하나님이 이럴 수 있느냐고 분노하면서 원망과 불평을 쏟아 내기 시작했다. 전세 보증금까지 몽땅 빼다시피 해서 하나님께 바쳤는데 이럴 수는 없는 일이었다. 환자에게는 피 같은 돈까지 헌금했는데 하나님이 이렇게 할 수는 없다는 것이다. 환자는 인정머리가 하나도 없는 하나님에게서 등을 돌려 버렸다. 그리고 그런 하나님을 섬기는 교회는 물론이고 성도들에게서도 매정하게 등을 돌렸다. 담임목사가 심방 오면 문도 열어 주지 않은 채 갖가지 폭언을 쏟아부었다.

담임목사는 물론이고 선교회 회장조차도 환자의 근처에는 얼씬거리지도 못했다. 병세는 점점 더 심해졌다. 그리고 다시 병원에 입원했다. 하지만 아무도 문병 갈 엄두를 내지 못했다. 그러다가 여선교회 회장이 환자에게 내 간증을 전해 주었을 때 나를 만나고 싶어 했다는 걸 기억했다. 그래서 나한테 병원 심방을 부탁하게 되었노라고 말했다.

나는 약속한 날짜에 여선교회 회장을 비롯하여 다른 성도들과 함께 환자가 입원한 병원을 찾아갔다. 병실에 들어가기를 망설이던 성도들은 눈치를 살피면서 조심스럽게 내 뒤를 따라서 병실로 들어왔다. 교인들의 방문을 알아차린 환자가 벽 쪽으로 몸을 휙 돌려 버렸다. 여선교회 회장이 이불을 머리까지 뒤집어쓰고 누워 있는 환자의 등 뒤에서 조용히 말했다.

"앉은뱅이로 누워서 지냈다가 다시 일어나서 걷고 있는 정인숙 씨를 모시고 왔어요! 전에 나한테 한번 만나 보고 싶다고 말한 적이 있었잖아요. 그래서 오늘 내가 모시고 왔어요!"

그러나 꿈쩍도 하지 않았다. 그런 환자의 등 뒤에 서서 주님께 기도하고 내가 입을 열었다.

"안녕하세요! 처음 뵙지만, 저처럼 병들어서 많이 고통당한다는 말을 듣고 멀리 지방에서 여기까지 올라왔어요!"

그리고 환자의 등 뒤에서 하나님이 살아 계심과 내가 얼마나 처참했던 상황이었는지를 직접 내 입으로 전하기 시작했다. 그러는 과정에서 전혀 예상하지 못했던 말이 내 입에서 튀어나오기 시작했다. 옆에서 함께 조용히 서서 듣고 있던 성도들이 몹시 당황했다. 그러나 나는 조금도 주저하지 않고 계속해서 말을 이어 갔다.

"우리의 질병이 고쳐지는 건 예수께서 채찍에 맞으시고 아픔을 당하셨기 때문입니다. 예수께서 우리의 질병과 고통을 대신 짊어지셨다는 말이에요. 다시 말하면 우리가 어떤 정성을 바치거나 헌금을 드린 대가로 병이 고쳐지는 것이 아니라는 말이에요. 믿음으로 병을 고친다는 말은 아무런 대가 없이 거저 고쳐 주신다는 말이에요. 예수께서 채찍에 맞고 아픔을 당하셔서 질병의 대가를 치렀다고요!

그래서 믿는 자가 병이 떠나는 건 당당한 우리의 권리입니다! 그래서 주님의 약속을 믿기만 하면 병이 고쳐져요. 우주 만물이 하나님의 것이에요. 그분은 부자 중에서도 최고의 부자이십니다. 극도로 가난한 사람이 전 재산을 다 헌금으로 드렸다고 해서, 입이 쩍쩍 벌어지실 분이 아니라는 말이에요. 더군다나 헌금 봉투를 받고 병을 고쳐 주시는 분이 아니에요. 하나님은 부족한 것이 하나도 없는 분입니다. 우리가 하나님께 물질로도 헌신하는 건 받은 은혜가 너무나 크고, 받을 은혜가 너무나 크기에, 그리스도 안에서 우리에게 거저 주시는 그분의 은혜의 영광을 찬양하는 것이에요(엡 1:6).

그런데 돈 몇 푼 헌금으로 드렸다고 해서, 그것이 굉장한 것처럼 알아주지 않는다고 원망하고 분노하면 하나님의 입장이 얼마나 난처하겠어요? 하나님을 그렇게 쪼잔한 분으로 알았다니 마음이 얼마나 멋쩍고 면구하실까요! 주님은 우리의 죽었던 영을 살리고 병을 고쳐 주려고 채찍에 맞으시고 갖가지 수모를 당하다가 십자가에 못 박혀 죽기까지 하셨어요. 그렇게 우리를 사랑하시는 하나님이 돈 몇 푼을 받고 입이 쩍 벌어져서 병을 고쳐 주시는 분이라고 알았다니, 정말 마음이 아프네요!

환자가 생각하는 수준 정도로 하나님을 생각했다면 정말 치욕적이고요. 정말 곤란한 지경입니다! 하나님은 그런 분이 아니십니다! 하나님은 우리를 구원하시려고 목숨도 아까워하지 않으셨습니다! 아무리 악한 아버지라도 병든 자식에게 돈을 받고 병을 고쳐 주지 않습니다! 하나님은 믿는 우리의 친아버지입니다!"

벽을 향해서 꿈쩍 안 하고 누워 있던 환자의 어깨가 움찔거리기 시작했다. 잠시 후에 흐느끼면서 우는 소리가 들렸다. 나는 가만히 서서 기다렸다. 잠시 후에 환자가 몸을 돌이키더니 나를 쳐다보았다. 그리고 두 손으로 얼굴을 감싸더니 병실 사람들이 다 들을 정도로 엉엉 소리 내서 울었다. 곁에 서 있던 성도들이 조용히 밖으로 나갔다.

"내가 잘못했어요! 정인숙 씨 말이 다 맞아요! 내가 그런 사람이었어요.

아픈 몸을 이끌고 교회 청소도 하고 전세금까지 빼서 헌신했는데, 병이 점점 더 심해지는 걸 보고 하나님께 분노가 생겼어요! 하나님이 계시면 도저히 이럴 수는 없다고 생각했어요! 그런데 이제야 깨달았어요! 내가 너무너무 잘못했어요!"

그동안 눈물 한 방울도 보이지 않았다던 환자가 큰 소리로 울면서 회개했다.

"하나님은 우리가 가진 작은 것들을 빼앗는 분이 아니에요. 무엇이든지 주기를 아까워하시지 않는 분이에요! 우리가 주님께 드리는 작은 것을 받으시는 것은, 더 큰 것을 주시려고 그러시는 거예요! 하나님은 우리가 작은 것을 보태 주어야 할 만큼 가난에 쪼들리는 분이 아니에요! 하나님은 부족한 게 전혀 없는 분이에요. 냉수 한 그릇조차도 우리가 베푼 것을 보상하신다고 약속하셨습니다(마 10:42). 나처럼 믿음으로 병을 고치세요!"

죽을 몸이 살아났다

어느 날 나를 찾는 전화를 받았다.
"저의 교회에서 정인숙 씨를 초청하고 싶은데 오실 수 있을까요?"
"그럼요, 당연히 갈 수 있지요!"

이때는 자가운전을 하기 전이었다. 대중교통을 이용하여 장거리 지역까지 가려면 그야말로 주님의 도움을 기대하지 않는다면 떠나기 어려운 여정이었다. 버스를 몇 번이나 갈아타면서 목적지인 고속버스터미널에 도착했다. 터미널까지 마중 나온 중년 남자분이 금방 나를 알아보았다.

정장 차림의 중년 남자가 운전하는 승용차 조수석으로 앉았는데, 함께 있던 몸이 바짝 마른 티셔츠 차림의 남자도 뒷좌석으로 올라탔다. 나는 다리 움직임이 편한 조수석에 앉았기 때문에, 자연스럽게 운전하시는 분하고 그 지역에 관련된 가벼운 대화를 나누는 중이었다. 뒷좌석에 앉은 분은 우리가 나누는 대화를 조용히 듣기만 했다. 그때 운전하던 분이 이런 말을 했다.

"나중까지 말하지 않기로 목사님하고 약속했는데, 아무래도 지금 사실대로 말해야 할 것 같습니다. 저는 우리 교회 장로이고요, 뒷자리에 앉아 계신 분이 저의 교회 담임목사님이십니다."

순간 너무나 놀라서 무어라 표현할 수 없는 감정이었다. 몸이 바짝 마른 것이 예사롭게 보이지 않아서 마음에 걸렸던 것은 사실이다. 그런데 그분이 목사님이라는 건 상상하지 못했던 터라 너무나 놀랐다.

"몰라봐서 정말 죄송합니다! 몸이 워낙 말라서 목사님이라는 생각은 전혀 하지 못했습니다!"

그제야 뒷좌석에 있던 목사님이 입을 열었다.

"목 부분에 질병이 생겨서 이 지경까지 되었습니다. 여기서 지금까지 성도들에게 복음을 가르치고 양육하는 목회를 했는데, 제가 병에 걸렸는데도 믿음으로 치료받지 못하고 죽음 직전까지 오게 되었습니다. 그것이 죽는 것보다 더 힘들고 어렵습니다!"

목사라는 직분을 숨기고 싶을 정도로, 복음을 가르치는 목사로서 믿음으로 병을 고치지 못한 부담감이, 죽는 것보다 더 힘들다는 말을 넉넉히 공감할 수 있었다.

"그동안 하나님께 매달렸지만, 상태는 점점 더 나빠졌습니다. 어쩔 수 없이 주님 곁으로 가기로 마음을 먹었습니다. 그리고 이왕에 죽을 바에는 기도원으로 들어가서 기도하다가 주님께 가려고 마음을 굳혔습니다. 그리고 기도원으로 들어가기 전에, 가족들에게 유서라도 몇 자 남기려고 종이를 앞에 놓고 글씨를 쓰려고 했으나, 팔이 떨리고 손이 흔들려서 도저히 글씨를 쓸 수 없었어요.

그래서 유서조차도 쓰지 못하고 힘겹게 하루하루 버티는 중이었어요. 그런데 며칠 전에는 한 달 전쯤에 읽었던 정인숙 씨의 간증 기사가 번쩍하고 스치고 지나가는 겁니다. 평신도인 정인숙 씨도 믿음으로 병을 고치고 일어나서 다시 걷는다는데, 목사인 내가 죽을 날만 기다리는 것이 과연 맞나 싶어서 고민하게 되었어요. 평신도만도 못한 내가 과연 목사라고 할 수 있는지 굉장한 자괴감도 밀려오고요.

그리고 평신도가 믿음으로 병을 고치고 다시 살아났다면, 목사인 나도 다시 살아날 수 있겠다는 생각이 강하게 일어나더라고요. 그러자 마음이 다급해졌어요! 사모를 데리고 신문지를 모아 놓은 창고로 갔어요. 그리고 정인숙 씨의 간증 기사를 찾아서 다시 한번 읽었어요. 처음에 읽었을 때는, 특별한 사람이 경험하는 특별한 성령의 역사라고 생각했던 내용이, 다시 읽어 보니 마음을 뜨겁게 감동하는 겁니다. 그래서 신문사로 연락해서 정인숙 씨의 연락처를 알아냈습니다!"

이어서 운전하던 분이 말했다.

"목사님이라고 밝히면 정인숙 씨가 놀란다고 끝까지 밝히지 않기로 목사님하고 약속했습니다! 그런데 저한테 목사님이라고 하니까, 너무나 부담스럽고 마음이 불편해서 사실을 밝히지 않을 수 없었어요!"

"장로님은 정장 차림이고 목사님은 티셔츠 차림이니까 별다른 생각을 하지 않았어요!"

"목사님은 몸에 맞는 옷이 하나도 없어요. 신사복은 아예 입을 생각도 못 하고요. 저런 티셔츠밖에 못 입어요!"

"아무튼 말씀하길 잘하셨어요! 저를 고쳐 주신 하나님께서 목사님을 고쳐 주시는 건 너무나 당연해요! 목사님이 저를 만나게 하신 건 하나님께서 치료받을 기회를 주시려는 거예요. 제가 믿음으로 치료받는 길을 말씀드릴게요! 제 간증을 들으면 믿음으로 치료받는 길을 즉시 깨달을 거예요! 믿음으로 병 고치는 거 어렵지 않아요. 어쩌면 아주 쉬운 일이에요. 오늘 제가 믿음으로 치료받는 길을 다 말씀드릴게요!"

나는 안다. 병 고치는 것은 직분하고는 아무 관련이 없다는 것을! 직분이 무엇이든 누구라도 하나님께서 나를 만나게 하신 건 병을 치료하도록 기회를 주신 거라는 걸! 기회를 붙잡는 건 병든 사람의 몫이다. 어떤 환자를 만나도 믿음으로 치료받는 길을 가르칠 것이기 때문이다. 대개는 성령께서 특별히 자기에게 말씀하시기를 기다리지만, 그분은 당신이 사용하는 일꾼을 통해서 더 많이 말씀하시고, 더 소상하게 말씀하신다는 걸 깨닫는 이가 드물다. 그렇게 일하시고 인도하시는 분이 성령이시다.

내가 말씀을 따르고 믿음으로 치료받게 하신 주님은, 내가 그렇게 믿어서 치료받은 것처럼, 다시 말씀으로 치료받는 길을 가르칠 때 성령께서 역사하셨다. 그러므로 내 간증을 듣는 환자들이, 내가 행했던 대로 행하면 병을 치료받는 역사가 나타나는 건 너무나 당연하다. 종일 기도하고 찬양하고 말씀을 보는 데도, 하나님이 병을 고쳐 주시지 않는다고 하소연하는 환자들도 있다. 그때마다 나는 이렇게 대답한다.

"지금 하나님께서 치료의 기회를 주십니다!"

"그걸 어떻게 알아요? 성령께서 말씀하셨나요?"

"제가 믿음으로 병 고치는 길을 가르쳐 줄 거니까요! 지금 성도의 믿음 정도로는 질병이 전혀 두려워하지 않습니다. 그런 믿음의 수준으로는 병이 떠나지 않습니다. 하나님이 안 고쳐 주시는 게 아닙니다. 하나님은 아들을 채찍에 맞게 하심으로 이미 믿는 자들이 질병으로부터 건강할 권리를 주셨어요. 이 말은 믿음으로 질병을 향해 떠나라고 명령하면 병이 항복하고 떠난다는 말입니다! 그런데 환자가 주님이 말씀하신 대로 순복할 때만이 그들이 항복하고 떠납니다."

저녁 간증 시간에는, 성도들로 예배당이 가득 채워졌다. 나는 천천히 걸어서 강단으로 올라갔다. 그리고 세 평 남짓한 작은 방에 홀로 앉아서 말씀과 기도와 찬양에 힘쓰던 것과 성령의 인도하심을 따라서 행동했던 모든 것들을 쏟아 내기 시작했다.

지금 환자로 앉아 있는 목사는 수십 년 동안 성도들에게 말씀을 가르친 설교의 전문가였다. 그분이 가장 잘 아는 것이 말씀이었고, 가장 잘 가르치는 것도 말씀이었다. 자칫 성경을 많이 읽었다거나 학문적으로 깊이 있게 말씀을 안다는 게 믿음이 크다는 것으로 오해하기가 쉽다. 역으로 성경을 제대로 읽지 못했거나 말씀에 대한 깊이 있는 지식이 부족하다는 것이, 믿음이 작은 것으로 오해하기도 쉽다. 게다가 교회를 오래 다녀서 믿음이 좋고, 교회를 얼마 다니지 않아서 믿음이 작다고 판단하기 쉽다.

그러나 믿음이 성장하는 것은 그 모든 것으로부터 영향을 받는 것은 사실이나, 축적해 놓았다가 필요할 때마다 꺼내서 사용하는 지식이 아니다. 조금 전까지 안 믿었어도 지금 믿을 수 있고, 조금 전까지 믿었어도 지금 의심할 수도 있다. 과거에 믿음이 좋았다고 해서 지금도 여전히 믿음이 좋다는 것을 보장할 수 없고, 지금 불신앙에 시달리면서 의심한다고 해서 앞으로도 믿지 않을 거라고 단정할 수 없다. 결론적으로 말하면 믿음은, 그야말로 현재 약속하신 말씀을 믿느냐 믿지 않느냐의 문제이다.

믿음은 저절로 유지되지 않는다. 기도에 게으르거나 말씀과 멀어지는 상황에 따라서 얼마든지 흔들거리고 약해진다. 믿음을 시작하는 것도 굉장히 중요하지만, 어떤 상황이 닥쳐도 흔들리지 않는 믿음을 유지하는 것은 훨씬 더 중요하다. 믿음은 저절로 믿어지거나 저절로 유지되지 않는다.

죽음에 이르기까지 흔들렸던 믿음을 굳게 잡도록 말씀을 말씀 그대로 믿고 순종하기를 권했으며, 성령을 따라서 붙잡은 믿음을 유지하기 위하여, 다른 어떤 것도 보지 말고, 다른 어떤 것도 듣지 말고, 오로지 성경 말씀을 보면서 기도와 찬양에 힘쓰도록 강력하게 권했다.

내 간증은 사망에 짓눌려 고통당하는 누구든지 하나님의 생명으로 다 살아난다는 것을 전하는 것이 목적이다. 그래서 주님도 다리가 불편한 줄 뻔히 아시면서 여기 먼 지방까지 보내셨다. 나를 자랑하라고 보낸 것이 아니다. 사망에 짓눌린 모든 것을 고치시려고 보내셨다.

믿음은 영이고 또한 영의 에너지이다. 운이 좋은 사람은 살아나고, 운이 나쁘면 치료받지 못하는 에너지가 아니라, 믿기만 하면 무슨 질병이든지, 누구든지 살아나는 치료의 광선이다. 비록 환자지만 여기 사역자도 내 간증을 들으면서 이런 영적 원리를 분명하게 터득했을 것이다.

집회를 마치고 늦은 시간에 교회에서 마련해 준 숙소에 돌아와서 비로소 지친 몸을 눕혔는데, 출입문을 두드리는 소리가 들렸다. 목사님 내외였다. 방에 들어온 두 분은 침대 아래 바닥에 무릎을 꿇고 앉았다. 나는 깜짝 놀라서 다리를 펴고 편하게 앉으라고 아무리 말려도 소용이 없었다.

"오늘 정인숙 씨의 간증을 들으면서, 수십 년 동안 내가 해 온 목회는 살리는 목회가 아니라 죽은 목회였다는 것을 처절히 깨달았습니다. 나를 목사로 보지 마세요. 나는 목사 자격이 없습니다. 그동안 성도들에게 살아 있는 생명의 말씀으로 먹이지 못했습니다! 세상 지식처럼 성경을 지식적으로 가르치는 수준이었습니다. 평신도에도 훨씬 미치지 못하는 목사였습니다! 마음이 너무나 괴롭습니다!"

"……."

목사님이 고개를 아래로 깊이 떨구었다. 그리고 잠시 후에 다시 입을 열었다.

"시간이 늦었지만 몇 가지만 더 물어볼 것이 있어서 왔습니다."

피골이 상접을 해서 티셔츠밖에 입을 수 없었던 목사님은 질병의 고통보다 잘못 가르친 것을 더 많이 괴로워했다.

"무엇이든지 말씀하세요!"

지금부터 무엇을 어떻게 시작해야 할지를 구체적으로 말해 달라고 했다. 그래서 내가 믿음으로 행했던 것들을 구체적으로 가르쳐 주었다. 그리고 다음 날 집으로 돌아와서 단 한 번도 전화를 걸지 않았고, 그분도 나한테 단 한 번도 전화를 걸지 않았다.

내 간증을 들으면서 믿음이 세워지고 치료를 확신했던 환자 대부분이, 새벽기도조차도 며칠간 지속해 보다가 흐지부지 그만두거나, 받은 은혜조차 며칠간도 유지하지 못하고 심드렁하게 변하는 사례가 태반이다. 그러면 기도 받고 호전되었던 질병은 원상태로 다시 돌아가고, 잠시 세워졌던 믿음은 헌신짝 버리듯이 내동댕이쳐 버리고, 너무나 자연스럽게 믿음 없던 본디의 상태로 복귀한다. 그리고 자랑스럽게 간증이라도 하듯이, 기도 받아도 소용없다느니, 하나님이 안 고쳐 주었다느니, 하면서 여기저기 떠벌린다. 이런 일에는 어떤 직분이라도 예외가 없다. 어떤 직분도 직분 자체가 믿음에 더 유리한 조건은 없다.

날씨가 화창한 어느 날이었다. 그동안 단 한 번도 연락이 없던 목사님으로부터 전화가 걸려 왔다. 4개월이 지난 그때까지 살아 있다는 것만으로도 다행이다 싶어서 내 목소리가 높아졌다.

"그동안 평안하셨죠? 별일 없는 거죠? 잘 계시죠?"

톤이 올라간 내 목소리에 비해서 그분의 목소리는 차분했다.

"그럼요! 주님의 은혜 안에서 너무나 잘 있습니다!"

"그러실 줄 알았어요! 목소리에 힘이 생겼어요! 그때는 너무나 힘이 없어서 말할 때마다 바람 새는 소리가 났는데, 지금은 목소리가 안정적이고 말소리도 또박또박 들려요!"

"그럼요! 너무나 당연하죠! 하나님은 살아 계시니까요! 저 가까운 읍내에 와 있어요!"

"예? 그게 무슨 말이에요! 내가 사는 지역에 오셨다는 얘기예요? 그런 몸으로 어떻게, 멀리까지 오셨어요?"

"첫 번째로 하나님께 감사하고요. 두 번째로 정인숙 씨가 너무나 고마워서, 처음으로 직접 운전해서 장거리를 달려왔습니다!"

"직접 운전하셨다고요? 정말인가요? 그때처럼 손이 떨리지 않았어요?"

"읍내로 나오세요. ××은행 건너편에서 기다리고 있겠습니다."

나야말로 충격적인 소식에 놀라서 읍내로 달려나갔다. 그리고 ××은행 건너편에 도착했으나, 사방을 둘러봐도 몸이 삐쩍 마른 분은 보이지 않았다. 바로 그때였다. 체격이 건장하게 생긴 분이 웃으면서 다가왔다.

"바로 접니다!"

순간 내 눈을 의심하지 않을 수 없었다. 건강하게 생긴 분이 웃으면서 다가오더니 악수를 청했다. 4개월 전에 보았던 모습은 눈을 씻고도 찾아볼 수가 없었다. 살집이 적당하게 붙고 건강하게 생긴 지극히 평범한 분이 내 앞에 서 있었다. 뼈와 가죽만 남아 있던 몸이 4개월 만에, 이렇게 바뀔 수도 있는 것일까? 하나님의 역사는 우리의 상상력을 완벽하게 초월했다.

"정인숙 씨 말대로, 말씀을 말씀 그대로 믿고 따르면서 하나님께만 집중하다가 이런 결과를 만나게 되었어요! 하나님은 정말로 살아 계셨습니다. 약속하신 말씀을 믿고 순종하는 자들에게 약속하신 말씀대로 일하셨어요!

저도 정인숙 씨처럼 산증인이 되었어요. 그때 건강이 회복되는 첫 번째 징후가 입맛이 돌아오는 거라고 했잖아요. 정말로 입맛이 가장 먼저 돌아오는 거예요. 입맛이 돌아오니까 살맛이 나는 거예요. 무엇이든지 다 맛있는 겁니다. 맛없는 음식이 하나도 없어요!"

"죽어 가던 몸이 다시 살아난다는 첫 번째 증거입니다. 몸이 죽어 갈 때는 에너지가 필요 없으니까, 음식이 들어오지 못하도록 입맛이 없었지만, 몸이 살아나니까 얼마나 많은 에너지가 필요하겠어요? 그동안 못 먹던 식욕을 돋우어서 음식이 마구마구 들어오게 하려는 거죠!"

"그동안 못 먹었던 음식들을 마음껏 먹었더니 거짓말처럼 살이 붙기 시작했어요. 한 달에 무려 7kg씩 몸무게가 불어났다면 믿겠어요?"

"4개월 전에 뵙지 못했다면 실감하지 못했을 거예요. 그 정도로 살이 붙지 않았다면 지금의 모습은 불가능한 일이죠!"

"저도 깜짝깜짝 놀랄 정도였으니까요! 4개월째가 되니까 거의 정상 체중으로 돌아오더라고요. 물론 건강은 말할 것도 없이 회복되었고요! 그러니 제가 정인숙 씨를 가장 먼저 찾아뵙고, 고마운 마음을 전해야 하지 않겠어요! 정인숙 씨를 통해서 역사하신 하나님께 날마다 눈물로 감사하고 있어요!"

"날마다 감사하고 또 감사해야 하고 말고요! 죽을 몸인데 다시 살려 주신 하나님이잖아요. 그래도 그렇지, 어떻게 4개월 만에 건강이 이 정도로 회복될 수 있을까요! 말하나 마나 목숨을 내놓고 하나님께 매달렸죠?"

"정인숙 씨가 저의 교회에 왔을 때가 5월 18일이었으니까, 날씨가 춥지도 않고 덥지도 않고 적당히 지내기 좋은 때였어요. 그때 말한 대로 조금도 주춤거리지 않고, 다음 날부터 교회 강단 바로 뒤쪽에 국방색 담요를

깔고 자리를 잡았어요. 병을 고칠 때까지는 어떤 일이 생겨도 이 자리를 떠나지 않겠다고 작심했습니다. 죽든지 살든지 이 자리에서 끝장을 내기로 작심했어요."

"당연하죠! 죽든지 살든지 처음 무릎을 꿇은 자리에서 끝장을 봐야죠! 장소가 어디냐 하는 것은 중요하지 않으니까요!"

"교회 옆이 사택이지만, 기도하는 자리를 떠나지 않으려고 사모가 밥을 날라다 주었을 정도니까요. 정인숙 씨가 했던 것처럼, 눈을 뜨면 기도하고 찬양하고 말씀을 보았어요. 힘들고 지치면 그 자리에 그대로 누워서 눈을 붙였어요. 그리고 다시 눈을 뜨면 기도하고 찬양하고 말씀을 보면서 한순간도 말씀에서 눈을 떼지 않았고, 말씀을 믿는 믿음을 놓치지 않았어요.

잠깐씩 잠드는 시간 외에, 온종일 하나님을 의지하고 주님만 생각하면서 기도하고 찬양하고 말씀에만 집중했어요. 정인숙 씨처럼 신문이나 설교 방송이나 라디오 방송은 전혀 보지도 않고 듣지도 않았습니다. 오직 성경 말씀만 보았고 기도와 찬양에 힘쓰고 매달렸습니다. 그렇게 한 달 정도 지났는데, 몸이 회복되는 조짐이 느껴지는 겁니다. 정말 놀랐어요!

찬송가를 부르는 중에 천사들도 함께 춤을 추면서 찬양을 부르더라는 정인숙 씨의 간증처럼, 꿈에서 성경을 읽을 때 주님이 오셔서 손가락으로 한 구절 한 구절을 짚어 가면서 말씀을 깨닫도록 가르치셨다는 간증처럼, 그런 일들이 나한테도 일어나는 겁니다!"

"당연하죠! 하나님은 살아 계시고, 말씀은 살아 있는 주님의 약속이니까요! 내가 전한 간증을 살아 있는 영적 진실로 받아서 똑같이 순종하셨는데, 그런 경험을 하는 것은 너무나 당연하죠!"

"그 후로 건강이 너무나 빠르게 회복되는 겁니다!"

"병이 떠났다는 증거입니다!"

"정인숙 씨의 간증이 생생하게 살아 있는 진실이라고 생각하니, 그동안 그렇게 믿지 못했던 내가 얼마나 부끄럽던지, 주님께 한없이 죄송했어요!"

"이렇게 근사하신 분이었는데, 저도 그랬지만, 중병이 들어서 삐쩍 마르고 병색이 나타나면 사람이 좀 어벙하고 좀 그렇게 보이지요!"

"저야 죽음 직전에 있던 중환자였으니까요. 외모가 무슨 의미가 있었겠어요! 머릿속에는 늘 죽음에 대한 두려움이 있었고 죽는 생각으로 가득했는걸요! 정인숙 씨를 만나 간증을 듣고 나서 비로소 나도 하나님께 믿음으로 매달리면 살 수 있겠다는 확신이 생겼고, 말한 대로, 말씀을 붙잡고 매달렸던 겁니다!

사실은 나도 믿음대로 되며 말씀대로 된다고 가르치는 목사였어요. 하지만 정작 나는 말씀을 그대로 믿을 수 없었으니 얼마나 기막혔겠어요. 그때 비로소 말씀을 그대로 믿었고, 질병이 더 나빠지거나 말거나 상태에 따라서 조금도 흔들리지 않고, 말씀이 말한 대로 믿으면서 기도하기를 그치지 않았더니, 말씀이 믿어지면서 죽을 생각이 완전히 사라지는 겁니다. 그리고 살 수 있다는 소망이 마음 깊은 곳에서 치솟는 겁니다."

"말씀이 곧 하나님이시고, 말씀을 믿고 따르는 것은 하나님이 역사하도록 문을 여는 거예요. 하나님은 살리는 분이잖아요. 예수께서 가시는 곳곳마다 죽어 가는 몸을 살리시고, 죽음의 영에 사로잡혀 두려움에 떠는 자를 자유롭게 하시고, 문제에 시달리고 허덕이는 자가 고쳐지고 회복되는 것은 살리는 영이시기 때문이잖아요.

말씀은 죽어 가는 모든 것을 살리는 치료제예요. 그러니 말씀을 믿고 따르는 자가 살아나는 건 너무나 당연하죠. 말씀을 믿고 하라는 대로 따라서 행하면 질병이 떠나는 것은 너무나 당연하죠. 목사님의 건강이 눈이 부시게 회복된 것은, 질병이 떠난 증거이고, 주님의 말씀이 진실하다는 증거이고, 목사님의 믿음도 진실했다는 증거지요!"

"언젠가 신문에서 읽었던 간증 기사를 생각나게 하신 것도 주님이시고, 정인숙 씨를 통해서 믿음으로 치료받도록 하신 것도 주님이셨어요!"

"병 고치는 거 너무나 쉽다는 걸 경험하셨죠?"

"부끄럽지만 그동안 나한테 말씀은, 밥벌이를 위한 단순한 전문 지식에 불과했었죠!"

"믿음은 순종으로 연결되지 않으면, 자기의 삶에 아무런 유익을 주지 못하는 세상 지식하고 전혀 다르지 않죠. 그걸 죽은 믿음이라고 야고보서가 말했죠!"

"저도 근동에선 꽤 유명 인사가 되었습니다!"

"벌써 그렇게 되었어요?"

"내가 죽음 직전에 있었다는 건 근동이 다 알잖아요! 그런데 몇 개월 만에 건강하게 살아났으니 놀라지 않을 사람이 어디 있겠어요! 나도 간증해 달라는 요청이 들어오는 사람이 되었습니다! 하, 하. 이제야 살아 계신 하나님을 경험한 간증을 전하게 되었어요!"

"너무 당연하죠! 하나님이 살아 계셔서 질병을 고쳐 주셨다는 것을 세상에 소문을 내야죠! 성령께서 기뻐하시는 일이니까요!"

주님은 이렇게 일하시는 분이다. 단 한 번의 내 간증을 듣고, 단 한 번에 믿음으로 치료받는 길을 깨달았고, 단 한 번도 의심하거나 흔들리지 않고, 하나님께 죽기 살기로 매달려서 죽을병에서 구원받는 횡재를 거두었다.

나중에 더 많이 깨달은 것은, 치료는 말씀을 믿고 순종하는 순간 즉시 응답받는다는 사실이다. 그러나 육신까지 응답이 나타나려면 시간이 걸린다는 점이다. 그동안에 믿음이 흔들리지 않고 끝까지 참고 견디면 반드시 응답의 열매를 눈으로 보게 된다.

그러니까 응답이 눈앞에 나타날 때까지 믿음이 흔들리지 않고 유지하느냐가 관건이다. 말씀을 믿는 순간 이미 치료는 응답되었다. 그러나 환자들 대부분은 믿음을 떨어뜨리려고 흔드는 악한 영의 온갖 시험에 넘어져서 믿음을 놓아 버리고 믿음으로 치료받기를 포기한다.

죽어 가던 분이 사 주는 맛있는 식사를 하면서, 살아 계신 하나님의 은혜의 영광을 찬송하지 않을 수 없었다. 이런 날을 누가 상상했으랴! 이것이 믿음의 폭발적인 능력의 실체이다.

걸려들기 쉬운 외모

여러 지역에서 간증을 요청했다. 심지어 처음부터 부흥강사로 초빙하기도 했다. 누가 보더라도 치료가 필요한 중환자처럼 보이는 외모인데도 말이다.

겨우 걸음마를 떼기 시작할 때부터 주님은 나를 강단에 세웠다. 인간적으로 너무나 힘겹고 고달픈 것도 사실이었다. 무엇을 과시하기는 고사하고 절뚝거리는 걸음걸음이 항상 버겁기만 하여 담대하게 치솟는 내 기세를 꺾어 놓곤 했다. 그런 위태로운 내 신체가 오히려 주님을 의지하지 않을 수 없게 만들었다. 그래서 더욱 성령의 음성을 따라서 행하지 않을 수 없었다. 중환자처럼 보이는 부실한 신체는 무엇 하나 과감하고 담대하게 큰소리치면서 전진하기 어려운 걸림돌이지만, 다른 이들에게도 시험에 걸려들기 딱 좋은 걸림돌이었다.

부흥강사의 외모가 어떤 모습이어야 하는지는 전혀 아는 바가 없다. 하지만 적어도 나 같은 외모는 아닐 거라는 생각이다. 나는 애초부터 간증이 무엇인지도 몰랐고, 부흥강사가 무엇을 하는 사람인지도 몰랐다. 예나 지금이나 내 호칭이 무엇으로 불리든, 내가 하는 일은 주님의 사랑과 은혜를 증언하는 일이다. 지금도 살아서 역사하시는 하나님의 말씀이 진실이라는 걸 경험한 그대로 전할 뿐이다.

그렇게 강단에 서서 열정적으로 외치고 나면, 배는 등짝에 붙어 버리고 부실한 체력은 바닥까지 고갈되어서 내 역할은 거기서 딱 멈추어 버린다. 기도 받기를 원하는 성도들에게는 너무나 아쉬운 일이지만 내 역할은 거기까지였다. 그때도 내가 붙잡아야 할 분은 오직 주님밖에 없었다.

바람이 강하게 불고 비가 많이 쏟아져서 날씨가 몹시 사나운 날이었다. 나를 찾는 전화가 걸려 왔다.

"사실은 제가 1월 25일 저녁부터 부흥회를 인도하기로 약속했습니다. 그런데 날씨가 워낙 사나워서 교통편이 완전히 막혀 버렸습니다! 기상청 발표로는 하루나 이틀 정도 지나면 괜찮아진다고 합니다. 일정을 변경할 수 없어서 그러는데, 제가 도착할 때까지 부흥회를 인도해 주실 수 있겠습니까?"

그러니까 부흥회를 대신 인도해 달라는 부탁 전화였다.

"그럼 내일 저녁부터 시작인데요?"

"그렇습니다!"

잠시 망설이다가 5일 정도의 부흥회 일정을 둘이 나누어서 반반씩 하게 되면 그래도 수월하리라 생각하고 승낙했다.

"그렇게 멀리 떨어진 곳에 사시면서 저를 어떻게 아셨어요?"

"얼마 전에 기독교 방송에서 정인숙 씨의 간증을 들었습니다. 감동을 많이 받았습니다. 그때 녹화를 떠서 성도들에게 돌려 보도록 했더니 지금까지도 많은 은혜를 받으면서 신앙에 굉장한 도전을 받고 있습니다. 그런 분이 가서 제가 도착할 때까지만이라도, 그 교회에 많은 은혜를 끼쳐 줄 것을 부탁드립니다!"

"알았습니다! 편하게 계시다가 교통편이 열리는 대로 빨리 오세요! 저도 기도할게요!"

"그곳에서 목사님이 전화하실 겁니다. 조심해서 내려가세요! 저도 날씨가 풀리는 대로 가서 뵙겠습니다. 감사합니다!"

약속한 날짜에 맞추어 도착하니 부흥회를 주최하는 교회의 담임목사가 기다렸다. 그런데 나를 본 그의 얼굴이 딱딱하게 굳어 버렸다. 눈치를 살펴 가면서 무슨 말이라도 붙여 보려고 했으나 내 눈길조차 피하는 눈치였다. 평소라면 가벼운 대화를 나누면서 교회로 이동했을 것이다.

어떤 식당 앞으로 가더니 차를 세웠다. 그리고 운전석에서 내리면서 '들어갑시다'라고 한마디를 던지고는 먼저 식당으로 쑥 들어가 버렸다. 장거리 여행의 피로감보다 적응하기 쉽지 않은 상황에 힘이 쑥 빠졌다.

식당에서도 음식이 나올 때까지 고개를 숙이고 묵상에 잠겼다. 나를 대타로 보낸 분이 내 정보를 전혀 말하지 않은 모양이었다. 이렇게 생긴 부흥강사를 단 한 번도 본 적이 없었을 목사가, 얼마나 실망했으면 저러는가 싶어서, 나도 이분의 입장에 서서 심정을 이해하려고 무진장 애쓰면서, 고개를 아래로 떨어뜨리고 묵상에 동참하는 수밖에 별다른 방법이 없어 보였다.

식사가 끝나자마자 먼저 식당을 나가더니 운전석에 앉아서 나를 기다렸다. 그리고 교회 마당에 도착해서도 가타부타 말도 없이 예배당으로 쑥 들어가 버렸다.

아무리 신체가 부실하게 생겨 먹었어도, 지금까지 나를 초청한 분들은 하나같이, 초청에 응해 준 것에 감사하면서, 불편한 팔다리를 대신해서 손가방을 들어 주기도 하고, 신발을 벗고 신는 데도 곁에서 자상하게 살피면서 도와주었다. 교회에 도착하면 접견실로 이동하여 따끈한 차부터 접대했고, 예배당까지 안내하도록 성도까지 붙여서 불편한 몸을 보살피고 챙기게 했다.

교회 마당에 우두커니 서 있다가 예배당 출입구를 찾아서 천천히 걸어가는데 찬양이 울려 퍼졌다. 아무에게도 안내받지 못한 나는 예배당에 들어가서도, 여기저기 기웃거리면서 앉을 자리를 물색하다가 맨 뒷자리에 가서 앉았다. 수많은 생각들이 마음에서 시끌벅적했지만, 주님이 처음에 '너를 자랑하라고 거기 세운 줄 아느냐? 어디서나 나만 자랑하거라!'고 하셨던 말씀만을 붙잡았다. '어디를 가더라도 주님만 자랑하면 된다. 어디를 가더라도 주님만 대접받으면 된다. 여기도 내가 대접받으려고 온 것이 아니다. 주님만을 자랑하려고 온 것이다. 나는 하나님의 사랑과 은혜를 전하러 온 주님의 심부름꾼에 불과하다!'

그러므로 내가 어떻게 대접받는지는 중요하지 않았다. 지금도 주님이 보내시지 않았다면, 쳐다보기에도 민망하게 생긴 몸으로, 감히 이렇게 훌륭한 교회의 부흥강사로 온다는 걸 상상이나 해 보았겠는가? 주님이 보내지 않았다면 여기 성도들 앞에 서서 감히 무엇을 말할 수 있겠는가!

예배 시간이 가까워지면서 넓은 예배당의 의자마다 성도들로 채워지기 시작했다. 찬양을 인도하던 목사는 성도들에게 합심하여 기도하자고 광고했다. 기도 제목은 오늘 밤이라도 그들이 기다리던 부흥강사를 보내 달라는 내용이었다. 그들은 예배당이 떠나갈 듯이 큰 소리로 부흥강사가 빨리 올 수 있게 해 달라고 기도했다.

예배 순서에 따라 강사에게 강단을 넘겨주어야 할 시간이 되자, 그제야 내 이름을 불렀지만, 강사 소개는 일절 하지 않았다. 나는 맨 뒤쪽 의자에서 일어나 천천히 아주 천천히 중앙통로를 따라 걸어서 강단으로 올라갔다.

"우리 교회는 연례행사로, 새해가 시작되는 첫 달에는 온 성도가 한 달 동안 특별기도를 하면서 준비하는 것이 신년 부흥성회입니다! 그동안 신령한 외부 강사님을 모시고 특별 부흥성회를 가졌습니다! 올해도 1월 한 달 내내 전심으로 기도하면서 부흥회를 준비했습니다. 전 성도를 영적으로 무장시켜서 올 한 해도 승리하며 살아가도록 준비시키는 가장 중요한 행사입니다. 그런데 우리의 기도가 부족했는지, 올해는 초빙한 강사가 사나운 날씨로 오시지 못했습니다. 빨리 오시도록 특별히 기도 부탁합니다. 이번 성회도 하나님의 놀라운 은혜가 있기를 기도합시다!"

강단에 올라가기 직전까지도 부흥강사가 빨리 오도록 기도하라는 부탁 외에 그날 저녁 강단에 서서 집회를 인도해야 하는 강사에 대한 기도는 단 한 번도 부탁하지 않은 채 강단을 넘겨주었다. 인간적으로 장거리 여행의 피로와 심리적인 위축감도 적지 않아서, 강단에 서 있는 다리조차도 뻣뻣하게 불편한 마음을 자극했다. 오른쪽 맨 앞자리에 앉은 담임목사는 고개를 아래로 숙이고 나를 쳐다보지 않았다.

강단에서 아래를 내려다보니 예배당에 가득 모여 있는 성도들의 눈이, 그날 저녁 집회를 인도해야 하는 나한테로 일제히 집중되었다. 순간 위축되었던 마음이 눈 녹듯이 녹으면서 '나만 자랑하거라'는 성령의 강한 주문이 감지되었고, 그때부터 부실하게 생겨 먹은 외모에 대한 위축감이 사라져 버리면서, 살아 계신 하나님의 사랑과 은혜가 내 입에서 폭포수처럼 쏟아져 내려서 온 성도들을 뒤덮어 버렸다.

성도들의 반응도 가히 폭발적이었다. 예배당은 열광의 도가니처럼 뜨겁게 달아올랐다. 내 입에서 지금도 살아서 역사하시는 성령의 놀라운 역사가 쏟아졌고, 지금도 살아 역사하시는 치료의 능력을 거침없이 설파했다. 예배당은 불같이 뜨거운 성령의 역사로 온 성도들을 휘감았다. 앞에서 고개를 숙이고만 있던 목사는, 나를 통해서 일하시는 하나님의 역사에 두 손을 번쩍번쩍 치켜들면서 '아멘, 아멘'을 연발하면서 열광했다.

집회를 다 마치고 강단 아래로 천천히 내려오는데, 강단으로 올라간 목사의 발언은 너무나 놀라웠다.

"우리가 초빙한 부흥강사가 못 오시게 된 원인을 정확하게 깨달았습니다. 전 교인이 한 달 동안 특별히 기도했던 기도가 오늘 밤에 모두 다 응답하셨습니다. 오늘 집회를 통하여 성도 하나하나가 하나님이 살아 계심을 친히 경험하도록 역사하셨습니다. 강사님을 통해서 하나님이 우리에게 어떻게 역사하는지를 생생하게 알도록 전해 주었습니다. 궂은 날씨로 초빙한 강사님이 오시지 못한 거에 대해서 하나님께 감사드립니다!"

전 성도는 받은 은혜가 감사하다고 통곡하면서 기도했고, 부실하게 생겨 먹은 나를 통해서 일하시는 하나님께 감사해서 나도 울면서 기도했다. 이렇게 겉모습으로 사람을 취하여(롬 2:11) 일하시지 않는 주님을 어떻게 자랑하지 않고 배길 수 있겠는가! 나는 푸대접을 받아도 주님만 높아지고 더 높아지기를 소망하지 않을 수 있겠는가!

그날도 간증을 요청하는 전화를 받았다. 청년 성도가 서울에 사는 친척 집에 갔다가 우연히 가까운 교회에 정인숙 간증 집회 현수막이 걸린 것을 보고 참석했다가 많은 은혜를 받았다고 하면서, 정인숙 씨를 초청해서 우리 교회 성도들도 은혜받았으면 좋겠다고 요청해서 초청하게 되었다고 설명했다.

"금요 기도회 때 모시려고 합니다. 우리 교회는 1부와 2부로 나누어서 예배를 드려요. 1부 예배가 끝나면 잠시 다과 시간을 가진 이후에 2부 예배를 드리는데, 2부 예배에 정인숙 씨를 초청해서 간증을 들으려고 하는데 가능할까요?"

"물론 가능하지만 밤늦은 시간에는 체력이 좀 어렵습니다. 일단 해 볼게요. 늦은 시간은 처음이라서요."

"그럼, 그때 뵙겠습니다!"

나는 금요예배 시작 전에 도착하여 따끈한 차를 대접받고 1부 예배에 참석했다. 내게 맡겨 준 시간은 2부 예배였다. 1부 예배를 마치고 잠시 다과 시간을 가지더니 곧바로 2부 예배를 시작했다. 1부 예배를 마치자마자 담임목사는 이렇게 광고했다.

"아침 일찍 출근하거나 일하러 가는 성도들은 1부 예배만 마치고 돌아가도 됩니다."

그런데 2부 예배 시간에 정인숙 씨의 간증이 있다는 광고는 하지 않았다. 간증에 대해선 그다지 관심이 있거나 신경을 쓰는 눈치가 아니었다. 아무튼 1부 예배를 마친 성도들은 2부 예배에 간증이 있다는 것을 알지 못한 채로 절반가량이 쑥 빠져나갔다. 그리고 2부 예배가 시작되었다.

밤 10시가 넘어가면서 피로감이 몰려오기 시작했다. 목사는 쪽지를 들여다보더니 겨우 강사 이름이 누군지 말했고, 저 멀리 충청도 두메산골에서 올라왔다는 정도만 소개하더니 강단을 넘겨주었다. 예배 전에 어떤 성도가 했던 말이 생각났다. 이 담임목사는 초빙한 강사가 전하는 내용이 양에 차지 않으면, 말씀을 전하는 도중에도 중단하라는 쪽지를 올려보내서 중단시킬 정도로 깐깐한 목사라고 했던 말이다.

물론 나는 세 평 남짓한 재래식 방에서 10년 가까이 한자리에서 먹고 싸면서 짐승처럼 살았다. 지금 이렇게 사람대접을 받는 것도 황송할 정도이고, 신발을 신고 다니는 사람의 지위까지 올라온 것만으로도 가슴이 벅차다. 그렇게 누워서 지내는 수년 동안 거의 먹지 않고 살다시피 해서 그런지, 조금만 활동해도 심한 피로감에 시달려서 자정이 가까워지는 시계를 쳐다보면서, 강단에 올라서자마자 이런 양해부터 구하지 않을 수 없었다.

"밤늦은 시간에 간증하는 건 처음입니다. 피로감이 심하게 몰려오면 집중력이 떨어져서 간증하는 도중에라도 마치게 될지도 모르니 먼저 양해를 구하고 시작하겠습니다."

그리고 간증을 시작했다. 겉으로는 그렇게 보이지 않아도 굉장한 피로감이 몰려와서 어쩔 수 없이 1시간이 넘어갈 무렵에 다시 양해를 구하면서 간증을 마치겠다고 말했다. 그런데 맨 앞자리에서 '아멘, 아멘'을 연발하던 담임목사가 오른손을 번쩍 들었다.

"안 됩니다! 여기서 중단하면 안 됩니다! 계속해서 진행해 주셔야 합니다!"

그러자 모든 성도가 두 팔을 번쩍 치켜들면서 간증을 계속해 달라고 소리를 질렀다. 난데없이 담임 목사와 함께 모든 성도가 간증을 계속해 달라고 시위를 벌이는 바람에, 어쩔 수 없이 심한 피로감을 견디면서 나머지 간증을 다 마치고 돌아왔다.

그리고 주일 날 주일예배를 마치고 집에 돌아온 오후였다. 그 교회에서 다시 전화가 걸려 왔다.

"한 번 더 오셔야겠습니다! 간증을 듣지 못한 성도들이, 지금 목회실 앞에서 시위를 벌이고 있어요. 광고도 안 하고 자기들끼리만 몰래 숨어서 간증을 들었다면서, 한바탕 소동을 벌이고 있습니다! 한 번 더 오시면, 오신 김에 아예 이틀 동안 해 주시면 감사하겠습니다!"

그래서 다시 그 교회에서 이틀 동안 특별집회로 모여서 하나님의 은혜와 성령의 뜨거운 역사를 경험하는 귀중한 시간을 가졌다.

사랑의 문제이다

　그날도 주일날 오전 예배에 이어서 오후 예배까지 인도해 달라고 요청받은 집회였다. 성도들이 가장 많이 모이는 주일 오전 예배를 특별히 부탁받았다. 그때부터 주께서 친히 인도해 달라고 기도하기 시작했다.

　그러던 어느 날 그 교회의 영적 상황인 듯한 모습을 보여 주셨다. 바닷물이 넘실대는 망망대해가 보였다. 해변 모래사장에는 바다 쪽을 바라보도록 놓여 있는 강단에서 설교하는 목사가 보였다. 바다를 등지고 앉아서 목사의 설교를 듣는 소수의 무리도 보였다. 하지만 다수의 무리는 목사의 등 뒤쪽으로 멀찍이 앉아서 바다를 쳐다보고 있었다.

　나는 그 교회가 처한 현재의 영적 상황이라는 걸 즉시 알았다. 고린도교회가 바울파, 아볼로파, 게바파, 그리스도파로 갈라져서 분쟁을 벌이던 것처럼(고전 3:3-4) 그 교회도 성도들이 두 파로 갈라져서 분쟁한다는 걸 짐작할 수 있었다. 그리고 목사를 따르는 성도들은 소수이고 목사를 따르지 않는 성도들이 다수라는 걸 직감했다.

　교회의 주인은 목사도 아니고 성도도 아니다. 교회의 주인은 예수님이시다. 그들은 각각 교회의 머리이시고 주인이 되시는 예수님의 명령을 따라서 행동해야 하는 그분의 지체들이다. 어떻게 해도 목사나 성도들은 교회의 주인이 아니라는 말이다. 그러므로 교회에 분쟁이 벌어지면 주님께 문제를 넘겨드려서 그분이 해결하도록 해야 한다. 그분은 해결하지 못하는 문제가 아무것도 없는 분이시기 때문이다.

그렇게 분쟁이 벌어진 그 교회의 문제를 성령께서 해결하시려고 나를 보낸다는 걸 깨달았다! 분명 그곳에는 교회의 문제를 주님께 넘겨 놓고 응답을 기다리는 분들이 있다는 의미였다. 기도하는 숫자가 몇 명이냐 하는 것은 그다지 중요하지 않다. 믿음으로 기도하는 성도가 있다면 단 한 사람의 기도로도 충분하다.

그렇다고 해서 간증할 때 성령께서 무슨 말씀을 하실지 내가 안다는 말이 아니다. 다만 성령께서 친히 말씀하시도록 기도하는 것 외에 내가 할 수 있는 것은 아무것도 없고 또한 아무것도 없어야 한다. 주님만은 그 교회의 문제를 넉넉하게 해결하실 수 있기 때문이다. 그동안 여기저기 초청하는 교회를 다니다 보면, 문제와 갈등이 서로 다른 교회들마다 각각 필요한 말씀으로 성령께서 말씀하시고 해결책을 주셨다는 것을, 나한테 직접 말해 주는 곳이 많았다.

그래서 어떤 교회라도 현재 처해 있는 어려운 문제에 대해서 의도적으로 알려고 하지도 않았고, 또한 알아야 할 필요도 없는 이유이다. 성령께서 말씀하시는 것이 목사의 입맛에 맞도록 말씀하신다는 의미가 아니다. 나는 교회들마다 갈등이 벌어지는 문제에 대해서 지혜롭게 처신하도록 도움을 줄 만한 지혜도 능력도 없다. 나와 함께 일하시는 성령께서는 어떤 문제든지, 무엇이든지 해결할 수 있는 답을 가지고 계신다. 집회가 끝난 뒤에도, 나는 교회를 위해서 성령께서 어떤 처방을 주셨는지 제대로 알지 못한다. 다만 성령께서 집회를 주도하시도록 믿고 강단에 섰을 뿐이다.

그리고 며칠 후에 잠에서 깨어나려는 그때 마태복음 7장 5절을 떠올려 주셨다. 너무나 기분이 좋아서 눈을 뜨자마자 성경책을 펼쳤다. 느닷없이 그 구절이 어떤 말씀이었는지 생각나지 않았기 때문이다.

> 외식하는 자여, 먼저 네 눈 속에서 들보를 빼어라. 그 후에야 밝히 보고 형제의 눈 속에서 티를 빼리라
> - 마 7:5

순간 가슴이 철렁 내려앉았다. 내 눈에 들보가 박혀 있다는 말씀으로 이해했기 때문이다. 그래서 기도할 때마다 내 눈에 박힌 들보가 무언지 가르쳐 달라고 말씀드렸다. 그러나 들보라고 생각할 만한 어떤 것도 떠오르지 않았다. 그것이 더 걱정이었다. 그때는 이 말씀이 그 교회에 전달할 메시지라는 걸 전혀 깨닫지 못했다. 오로지 '내 눈 속에 있는 들보를 빼내도록 가르쳐 달라'고 간절히 기도하다가, 사흘 만에 '남에게 행하라고 가르치면서 자기가 행하지 않으면 외식이다'라고 응답하셨다. 너는 '지금 외식하고 있다!'라고 말씀하지 않은 것이 얼마나 다행이던지! 가슴을 쓸어내렸다. 그렇다고 해서 나는 외식하는 자가 아니라는 의미는 아니다.

주일 새벽에 일찍 일어나서 도착한 예배당은, 작지 않은 규모로 세워진 단독 건물이었다. 주일 오전 예배에 많은 성도가 참석했다. 담임목사의 설교는 성경 구절을 대독하는 정도로 매우 짤막하게 마치더니 나한테 강단을 넘겨주었다. 그때 내 입술을 통해서 성령께서 교회에 주신 메시지가 무엇인지 나는 모른다.

예배당 출구에 서서 교인들하고 일일이 악수를 청하던 목사는 내가 다가가서 악수를 청하자 두 손으로 내 손을 감싸서 잡았다.

"정인숙 씨를 우리 교회로 보내신 분이 하나님이십니다! 주님은 정인숙 씨의 간증을 통해서 우리 교회의 문제점을 정확하게 깨닫게 하셨고, 문제를 해결하는 해결책까지 모두 다 말씀해 주셨습니다! 정말로 감사합니다!"

담임목사는 내 간증을 들으면서 갈등하는 문제의 원인이 무엇이며 어떻게 해결하는지를 분명하게 깨달았다는 의미이다. 이것은 또한 주님의 응답을 받을 정도로 영적으로 열려 있었다는 의미이다.

점심 식사를 마치고, 오후 예배까지는 약간의 시간 여유가 있어서, 잠시 피곤한 몸을 쉬려고 하는데 누가 방문을 두드렸다. 그리고 간식거리를 손에 든 중년의 여자가 들어왔다.

"쉬는 중인데 너무나 죄송해요! 간식을 가져온 것은 핑계였고요. 꼭 드리고 싶은 말씀이 있어서 왔어요. 사실은 오늘 주일부터 다른 교회로 옮기려고 마음먹었던 참이었어요. 그런데 오늘 주일 오전부터 정인숙 씨의 간증 집회가 있다는 광고를 하더라고요. 그래서 오늘 간증 집회만 참석하고 떠나려고 오전 예배에 참석한 거예요!

지금 저의 교회는 너무나 혼란스러워요! 목사님을 편드는 성도들과 반대하는 성도들 간에 심한 분쟁이 벌어져서 너무나 혼란스러워요! 교인들이 두서너 명만 모여도 상대편을 욕하고 헐뜯고 비난하면서 날밤을 지새워요. 나도 이렇게 시끄러운 환경에서 신앙생활 하기가 너무나 힘들고 어려워서, 차라리 훌훌 털어 버리고 다른 교회로 떠나기로 굳게 결심했거든요!

그런데 오늘 간증을 들으면서 교회를 떠나선 안 되겠다는 마음으로 확 바뀌는 거예요! 교회를 위해서 기도해야 한다는 생각으로 확 바뀌는 거예요! 그 얘기를 꼭 전하고 싶어서 잠시 쉬고 계신 줄 알면서도 찾아뵈었어요. 죄송해요!"

이분이 찾아와서 말하지 않았다면, 교회의 사정을 아무것도 듣지 못하고 돌아왔을 것이다. 그러나 성령께서 먼저 보여 주신 그대로, 이분을 통해서 교회의 어려운 사정을 소상히 듣게 하셨고, 내 손을 감싸면서 주님이 나를 보내셨다는 목사의 말의 의미를 정확하게 이해하게 되었다.

교인들끼리 서로에게 상처와 아픔과 분노를 주고받으면서 분쟁에 시달리던 성도들의 마음을, 나를 통해서 성령께서 따뜻한 사랑과 은혜와 용서로 보듬어 주고 감싸 주고 다독이려고 하셨다. 피차가 상대편에게 가해자이면서 또한 피해자라는 걸 너무나 잘 아시기 때문이다. 우리는 그리스도 안에서 모든 허물을 용서받았다. 용서는 시시비비를 따져서 옳고 그름을 가려내는 문제가 아니라 사랑의 문제였다! 예수께서 아무 죄도 묻지 않고 따지지 않고 우리를 사랑으로 품고 용서하신 것처럼 말이다!

작은 예배처를 응답하셨다

하루는 아는 성도가 전화를 걸었다.
"예배처를 구하셨어요?"
"주님이 곧 주실 거에요."
"예배처를 구하는 대로 계약하세요! 비용은 제가 드릴게요."
"안 돼요!"
나는 단번에 거절했다. 넉넉한 평수의 아파트에서 살았는데, 평수가 작은 빌라로 옮겨야 했을 정도로 재정 형편이 어려운 분이기 때문이다.
"이건 전도사님이(목사 안수받기 전) 된다, 안 된다 해서 될 일이 아니에요. 성령께서 주라고 말씀하신 일이에요."
"어쨌거나 이건 아니에요!"
아무리 작은 평수의 예배처를 물색 중이라 하더라도, 이분의 어려운 재정에 도움을 주지 못할망정 추호도 심려를 끼치고 싶지 않았다.
"조금이라도 빚을 갚아 보려고, 딸하고 둘이 용돈을 아끼면서 어렵게 적금해서 모은 돈이 있었어요. 마침 만기가 되어서 그 돈으로 빚을 갚으려고 했죠. 그런데 성령께서 이 돈을 전도사님 예배처 구하는 비용으로 주라고 하시는 거예요. 사실은 나도 그렇게 하고 싶었어요. 그렇지만 딸도 용돈을 아끼면서 모은 돈이고 사정도 워낙 어렵고 해서 주님께 어려운 처지를 말씀드렸어요.

　그런데도 계속해서 주라는 마음을 주시는 거예요. 그 문제로 여러 날 기도하면서 여호수아 2장을 묵상하는 중이었거든요. 기생 라합이 이스라엘의 두 정탐꾼을 숨겨 주고 그의 가족들과 그에게 속한 모든 사람이 죽음에서 구출 받은 내용이잖아요. 그때 저도 과감하게 결단했어요. 그리고 딸과 남편에게 말했더니 두말도 없이 승낙하는 거예요. 작은 기도처라도 구하세요."

　그제야 주님이 보내셨다는 걸 믿고 작은 예배처를 구했다. 사실은 두어 해 전에 어떤 성도를 통해서 예배처 계약금을 보내셨다. 교회 개척을 염두에 두고 협동 전도사로 시무하던 교회에서 사퇴하고 불과 20여 일 만에, 친분이 전혀 없었던 어떤 성도가 거액의 개척 후원금을 약속하면서, 예배처 계약금을 먼저 보냈다. 그래서 후원금에 맞는 적당한 예배처를 물색하는 중이었는데, 여러모로 생활에 도움을 주던 가까운 지인이 그 돈을 단 며칠만 빌려달라고 간절히 요청하는 바람에 조금도 망설이지 않고 빌려주었다가, 수년 동안 돌려받지 못하게 되었다. 내 상처도 작지 않았지만, 거룩히 구별해서 드린 교회 개척 후원금을 경솔하게 처신한 나에게 실망감을 감추지 못하던 성도가 관계를 끊어 버리고 말았다. 그래서 그 성도를 통해서 준비하셨던 교회 개척은 없던 일이 되고 말았다. 그때도 내 주머니는 여전히 텅텅 비었기 때문이다.

　그 문제로 받은 상처를 해결하지 못한 상태에서 돈을 돌려주지 않는 지인에게 격한 감정을 드러내면서 깊은 상처를 입히기도 했다. 너무나 고마운 분이었는데 말이다. 아무리 어려워도 나를 포함하여 어떤 성도라도, 거룩히 구별한 그 돈에는 함부로 손을 대서 사사로이 사용해선 안 되는 교회 개척 후원금이라서 그랬다.

그러는 중에 지인 성도가 후원금을 보내서서 작은 예배처를 마련하게 하셨다. 그때도 돌려받지 못한 예배처 계약금에 대한 서운한 감정을 처리하지 못했다가, 성령께서 '내가 (그 성도를 통해서) 그 돈을 보내 주었는데도 왜 자꾸 (돌려받지 못한) 그 돈에 집착하느냐'고 불같이 화를 내시는 바람에, 자다가 숨을 쉬지 못해서 죽을 뻔한 일도 있었다. 이 얘기는 지인 성도가 보낸 예배처 후원금이 주께서 보내셨다는 걸 확인해 주시는 말씀이기도 했다. 어떤 것도 우연히 발생하는 일은 없었다. 그로 인해서 교회 개척 시기가 많이 지체되었다고 생각했던 문제조차도 감정적으로 대응하는 걸 주님이 기뻐하지 않으신다는 걸 다시 한번 더 깊이 깨닫는 기회가 되었다.

그 후로 한참 만에 지인 성도가 전화를 걸었다.

"목사님이(목사 안수받은 후에) 걱정하실 것 같아서 말씀드리려고요. 하나님께서 묶였던 문제를 다 풀어 주시고 빚도 다 갚아 주셨어요. 이젠 제 걱정하지 마세요! 그리고 가까운 곳에 미분양된 아파트를 시세보다 훨씬 더 싸게 분양받았어요. 아파트를 저렴하게 분양해 준다는 전화가 자꾸 걸려 와서 어쩔 수 없이 분양받은 아파트예요. 내년쯤에는 다시 아파트로 들어가서 살 수 있을 거 같아요!"

"주님이 다 풀어 주셨군요. 늘 기도하고 있어요!"

그 후로 어쩔 수 없이 분양받은 아파트가 천정부지로 매매가격이 치솟는 바람에, 그 성도의 표현대로 말하면 대박이 터졌다는 것이다.

이제 나는 목회자의 길로 들어서게 되었다! 막노동 못지않은 활동량이 필요한 직책이라는 걸 잘 알기에 감히 넘보지 못했던 길이었다. 그렇지만 막노동이 필요한 성도의 돌봄은 심히 부족할지라도 목회의 핵심이 되는 말씀을 가르치는 일에는 누구에게도 뒤지지 않을 자신이 있다고 자부했었다. 그래서 많이 늦었지만 주님이 이 길로 이끄신 것도, 특별할 것도 없이 지금까지 내가 성령의 인도하심을 따라서 걸어온 바로 그 길이기 때문이었다. 어디를 가더라도 말씀을 가르치고 믿음을 세워주는 목회자의 일을 해 왔다. 다만 정착된 예배당에서 내게 소속된 성도들을 밤낮으로 돌보고 섬기는 목회가 아니었을 뿐이다.

이러는 과정에서 불가피하게 활동량이 부족해도 가능한 문서 사역 쪽으로 방향을 돌리면서 공부했던 신학이, 오히려 목회자의 길로 들어서게 만드는 계기로 작용했다. 어쨌거나 이럴 거였다면 진즉에 이 길로 왔더라면 하는 아쉬움마저 남는다. 핍박하는 교회들마다 해를 끼치기라도 하는 것처럼, 기를 꺾고 주눅 들어 움츠러지게 만들기만 하던 우울한 기억 때문이다. 그랬던 내가 가당찮게도 이 길로 향하고 싶은 마음의 소원이 생기기 시작했다.

어쨌거나 주님은 지인의 후원을 통해서 작은 예배처를 주셨다. 왕성하게 시작했던 일도 다 내려놓고 은퇴를 준비하는 늦은 시기이지만 예배처를 주셨다. 돌아보면 겨우 걸음마를 시작할 때부터 주님은 세상으로 보내셨고 각처에 있는 교회의 강단에 세우셨다. 지금은 늦어도 많이 늦은 시기이지만 성령께서 작은 예배처를 허락하셨다.

지인 성도의 후원으로 임대한 작은 평수의 기도처는, 재개발 지역으로 묶여서 동네 주민들이 거의 다 떠나고 텅텅 비어 있는 집들만 남아 있는 동네였다. 외부 사람들의 출입이 거의 없는 한적한 동네다 보니 임대료가 저렴했다. 기도처로는 이보다 더 조용하고 적당한 장소는 없을 정도였다.

나는 주님이 마련해 주신 예배처에 혼자 앉아서 말씀과 기도와 찬양에 힘쓰면서 평안한 나날을 보내고 있었다. 어디를 가더라도 이 작은 예배처보다 더 따뜻하고 평안한 곳은 없을 정도였다. 작은 기도처에 홀로 앉아서 주님께 기도하노라면 감사가 넘쳐났고, 찬양과 경배를 드리면 기쁨이 넘쳤다.

그렇게 평온한 나날을 보내는데, 한번은 성령께서 '처음으로 돌아가라'고 말씀하셨다. 세 평 남짓한 좁은 방에서 사지를 꼬부리고 누워서 살 때도, 주님께 기도하고 찬양하면 아무것도 염려되지 않았고, 그저 감사하고 행복하기만 했다. 그때도 꼬부라진 몸을 위해서 내가 할 수 있는 것은 아무것도 없었다.

지금도 작은 예배처에서 내가 할 수 있는 것은 아무것도 없었다. 어떤 이는 와서 보고 그동안 활동했던 것에 비교하여 무슨 예배처가 이러냐고 실망했지만, 이 예배처조차도 우여곡절을 겪은 이후에 겨우 주님이 주신 장소이기에, 좁은 방에 갇혀 있을 때처럼 홀로 앉아서 말씀과 기도와 찬양에 힘쓰는 것 말고는 달리 할 수 있는 것이 아무것도 없었다. 예나 지금이나 내가 염려함으로 할 수 있는 것은 아무것도 없었다.

그렇게 혼자 예배하면서 수개월을 보내고 있었는데, 하루는 불치병에 시달리는 연세가 지긋해 보이는 여자 환자가 찾아왔다. 그런 환자를 보내주신 하나님께 감사하면서, 성도로서 그리고 중환자로서 온 힘을 다하여 섬기기 시작했다. 믿음으로 병을 고치게 하려고 무진장 애를 쓰면서, 돌보는 사람이 없는 환자의 집을 아침저녁으로 드나들면서, 먹고 마시고 배설하는 문제를 필요에 따라 거들기도 하고 챙기면서 섬겼다.

그러는 중에 목회에 조금은 자신감이 생겼던 것인지 '저도 목회할 수 있도록 사람을 보내 주세요!'라고 기도했는데, 성령께서 '너 지금 목회하는 거야!'라고 말씀하셨다. 하도 어이가 없어서 기도하다 말고 혼자 웃다가 '주님, 불치병 환자 한 명을 돌보는 것도 목회라고 말씀하신 거예요?'라고 말씀드렸더니 '때가 되면 내가 알아서 보내 준다'고 말씀하셨다.

돌아보면 누워서 대소변을 받아 주어야 살던 내가 미흡하게라도 중환자를 돌보는 위치에 있다는 감회를 어떻게 표현해도 감사한 마음을 다 표현할 수 없었으며, 그런 중환자를 섬기도록 기회를 주신 주님의 무한하신 사랑과 은혜도 말로 다 표현할 수 없었다. 그리고 이런 부실한 외모를 보고서도 목회자라고 생각해서 병을 고쳐 보려고 찾아온 중환자가 안쓰럽기까지 하여, 날마다 힘든 줄도 모르고 기꺼이 섬기면서 충성했다.

그렇게 1년 가까이 앞쪽에 의자를 갖다 놓고 앉아서 예배를 드렸다. 한 번은 성령께서 불량하게 생긴 사람들이 작은 예배처에 들어와서 주인 행세를 하는 모습을 보여 주셨다. 내가 무슨 상황이냐고 물었더니, 성령께서 네가 성도처럼 의자에 앉아 있으니까 목사가 없는 줄 알고 들어와서 주인 행세를 하는 거라고 말씀하셨다. 이런 영적 현실을 성령께서 보여 주시지 않았다면, 언제까지라도 의자에 앉아서 예배를 드렸을 것이다.

이 문제를 지적받은 뒤로는, 어쩔 수 없이 작은 강대상을 앞에 놓고 서서 예배를 인도하기 시작했다. 새벽에도 서서 예배를 인도했고, 저녁에도 서서 찬양을 인도했다. 날이면 날마다 밤낮으로 서서 예배를 인도했다. 그런데 곧바로 문제가 터지고 말았다. 발목 관절들이 골절상에 버금갈 정도의 통증을 일으켰기 때문이다. 작은 강대상을 앞에 두고 서서 예배를 마치고 나면, 심하게 통증을 일으키는 발목과 발가락 관절들 때문에 제대로 걸음을 걷지 못했다. 망가진 발목의 관절과 주변 조직들이, 장시간 서 있는 동안에 무거운 체중을 견뎌 내지 못하고 통증을 일으켰다. 관절 상태가 이 지경이어서 어쩔 수 없이 앉아서 예배를 인도했다.

성령께서 문서 사역으로 길을 여셨다면, 아마도 힘겹게 서서 예배를 인도하는 이 자리에 있지 않았을 것이다. 그러나 주님은 작은 예배처를 마련해 주셨다. 그리고 목회자로서 성도를 섬기는 자리에 있게 하셨다. 나한테 성도의 수는 그다지 중요한 문제가 아니었다. 내가 성도를 섬기는 흉내라도 내보는 목회자라는 게 훨씬 더 중요할 뿐이다. 이 자리는 주님이 허락하신 직분이고 예배처라는 게 중요할 뿐이다.

성도를 섬겨야 하는 목회자가 이제 비로소 강대상 앞에 서서 예배를 인도하기 시작했다. 이것은 통증이 제아무리 발악하고 대들어도 의자에 도로 앉아서 예배를 인도할 수 없다는 의미이기도 하다. 어차피 내가 피해 갈 수 없는 통증이라면 처절하게 맞붙어 싸워서 이겨야 한다고 작심했다. 언제까지 통증에 휘둘리며 휘청거릴 수만은 없었다. 누가 이기든지 끝장을 내지 않으면 이 직분을 감당하기 어렵다.

결론부터 말하자면 내가 통증을 이겼다. 통증이 내 믿음에 굴복했다. 통증과 치열하게 맞붙어 싸우는 동안에는 바깥출입을 거의 중단했다. 예배를 드리려고 외출하는 것 말고는 바깥 활동을 중단했을 정도로 통증은 가히 위협적이었다. 그런데도 통증에 굴복하여 의자에 앉아서 예배를 인도하는 일은 없었다.

이때도 주님은 함께하셨다. '가지가 나무를 떠나서 스스로 열매를 맺을 수 없음 같이, 나를 떠나서는 너희가 아무것도 할 수 없음이라(요 15:5)'는 주님의 말씀은 진실이다. 주님이 함께하지 않으면 아무것도 할 수 없다.

지금 나는 말씀을 가르치고 예배를 인도하는 목회자가 되었다. 어쩌면 내게 가장 친숙하고 가장 익숙하며 가장 잘할 수 있는 직분일 것이다. 성경에 친숙한 나는 말씀을 가르치는 거 말고는 달리 잘할 수 있는 다른 재주가 없었다. 그런데도 선뜻 목회 사역의 길로 들어설 수 없었던 이유가 바로 이런 혹독한 신체적 상황 때문이었다.

그런데 얼마 지나지 않아서 목회를 방해하는 전혀 엉뚱한 사태가 벌어졌다. 코로나19로 명명하는 전염병이 전 세계에 창궐했기 때문이다. 우리나라에서도 모든 이동을 자제시키고 모이지 못하도록 갖가지 법적 조치를 취하면서, 많은 사람이 찾아와야 살아남는 수많은 상공인과 중소기업들이 줄줄이 문을 닫아야 했고, 사람들이 모여서 예배하는 교회마다 성도들이 모여서 예배할 수 없게 되었다. 오히려 모임을 권장하는 교회가 전염병을 확산시키는 진원지로 오해해서 예배를 중단하고 문을 닫지 않을 수 없는 교회도 많이 생겨났다. 우리도 작은 예배처에 불을 끄고 몰래 숨어서 조용히 예배하고 기도하면서 수많은 시간을 보내지 않을 수 없었다. 그런 중에 몇몇 환자 성도가 주님 곁으로 떠나기도 했다.

지금 나는 믿음으로 병을 고치고 갖가지 어려움에 시달리는 문제를 해결하도록 말씀을 가르치는 목회자의 길을 가고 있다. 하나님은 말씀을 통해서 일하신다. 믿음을 통해서 일하신다. 그래서 성령께서 붙이시는 성도에게 말씀을 가르치고 믿음을 세워 주면서 섬기고 있다.

한번은 말씀을 믿고 따르지 못하는 성도가 육신의 통증에 따라서 이리저리 휘둘리며 요동치는 걸 보면서, 답답한 마음에 차라리 약이라도 열심히 먹으라고 권면해야겠다고 생각하면서 잠이 들었던 날이었다. 자다가 굉장한 짓눌림 때문에 잠에서 깼다. 호흡하기가 어려웠고 금방 숨이 막혀서 죽을 것만 같았다. 뭔가 잘못된 것이 분명했다. 악한 영의 역사가 분명했으므로, 무엇이 이들에게 공격할 틈을 내주었는지를 주님께 묻지 않을 수 없었다.

"나도 약을 먹어라, 마라 하지 않는데, 네가 뭔데 약을 먹어라, 마라 하려느냐!"

그때까지 어떤 환자에게도 약을 먹으라고 권하거나 중단하라고 말한 적은 없었다. 믿음을 따르지 못하고 자기 스스로 약을 끊었다 다시 먹었다 요동치는 환자를 지켜보다가, 차라리 약이라도 열심히 먹으라고 권하려던 참이었는데, 그걸 주님이 호되게 책망하신 것이다. 너무나 놀라서 무엇을 생각해 볼 겨를도 없이 '제가 잘못 생각했습니다. 다시는 환자에게 약을 먹어라, 먹지 말아라 권하지 않겠습니다. 저를 용서하소서!'라고 기도하는데 성령께서 다시 말씀하셨다.

"너는 오직 믿음으로 치료받는 길만 가르치거라!"

그때 비로소 깨달았다. 어린아이로부터 어른에 이르기까지 병이 들면 무조건 병원으로 가라, 약을 먹으라고 권하는 세상에 살고 있다. 누구나 다 알다시피 신자나 비신자나 의사가 하나님보다 더 높고, 약을 하나님보다 더 많이 의지하는 세상에 살고 있다. 특히 지금은 말마다 광고마다 만병을 치료하는 약으로 오해할 만한 광고들이 홍수처럼 쏟아지고 있다. 출처 불명의 유튜브 동영상에서 수많은 의학 정보와 치료제라는 처방제들이 유령처럼 떠돌아다니고 있다. 당장 TV만 틀어도 수만 가지의 건강 기능식품들이 환자들의 주머니를 뒤흔들고 있다.

그리고 교회마저도 세상 치료만을 의지하는 딱한 처지에 놓인 것도 사실이다. 더군다나 믿음으로 치료받는 길을 가르치기로 작정하고 목회를 시작한 나까지도, 믿음을 따라오지 못하는 불치병 환자들에게 여기저기 떠돌아다니는 얄팍한 의학 정보나 퍼 날라 주면서 약을 먹으라고 권하는 대열에 끼어들 뻔했다. 세상엔 의학을 전문으로 공부한 의사들이 수두룩하다. 최신 의료 장비를 갖춘 대형병원들과 중견병원들이 주변에 널려 있다. 그런데도 환자들은 줄어들 기미조차 보이지 않는다. 대형병원에 가면 도떼기시장 못지않게 환자들로 북적거린다.

나는 말씀만 믿고 따르다가 죽을병에서 살아난 사람이다. 나는 말씀의 무기로 공격하고 믿음의 방패로 요리조리 방어하면서 사납고 끈질기게 괴롭히던 질병과 맞붙어 싸워서 이기고 승리한 사람이다. 그래서 말씀과 믿음으로 치료받는 길에 대해서 감히 잘 안다고 자신할 수 있다. 믿음은 누워서 저절로 생기는 것이 아니다. 말씀을 믿고 성령을 따르면서 참고 견디고 인내하면서 기다리는 수많은 고독한 시간을 감내해야 하는 길이다. 반드시 승리하는 길이기 때문이다.

예수님은 모든 병을 고치시는 의사이시다. 복음서 대부분이 예수님을 병 고치시는 의사로 기록하고 있다. 그런데도 수많은 질병으로 고통당하면서도 예수님을 의사로 인정하거나 치료를 기대하는 사람이 많지 않다. 오히려 예수님이 만병을 고치는 의사라고 말하면 특별한 은사를 받은 사람으로 취급한다. 믿음으로 병을 고치는 건 특별한 은사가 아니라 믿는 자가 누리는 당당한 권리이다. 사망은 생명을 이기지 못한다.

믿음의 형편이 이러므로 나는 더욱 모든 병을 고치시는 의사 예수를 전하지 않을 수 없다. 교회 안에서도 병 고치시는 예수님에 대해서 별로 관심을 두지 않는다. 그러므로 더욱 만병을 고치시고 모든 문제를 해결하시는 예수를, 나라도 전하지 않을 수 없게 되었다.

무서운 통증을 조금도 두려워하지 않고 성령이 이끄시는 대로 순종하면서 꼬부라진 몸을 다시 펴고 일어났던 것처럼, 아무도 관심을 기울이지 않을지라도 만병을 고치시는 예수를 전파할 것이다. 나처럼 병들고 소외되고 절망하는 이들에게 이 소식을 전파하여 승리를 함께 누리도록 할 것이다. 더더욱 나 하나 구원받고 벌거벗은 몸으로 주님께 갈 수는 없기 때문이기도 하다.

이 글을 통해서 영광을 받으실 분은 오직 하나님이시다. 모든 영광은 주님이 받으소서!

끝

네가 벌거벗은
몸으로 올래?

ⓒ 정인숙, 2025

초판 1쇄 발행 2025년 6월 18일

지은이	정인숙
펴낸이	이기봉
편집	좋은땅 편집팀
펴낸곳	도서출판 좋은땅
주소	서울특별시 마포구 양화로12길 26 지월드빌딩 (서교동 395-7)
전화	02)374-8616~7
팩스	02)374-8614
이메일	gworldbook@naver.com
홈페이지	www.g-world.co.kr

ISBN 979-11-388-4386-7 (03230)

- 가격은 뒤표지에 있습니다.
- 이 책은 저작권법에 의하여 보호를 받는 저작물이므로 무단 전재와 복제를 금합니다.
- 파본은 구입하신 서점에서 교환해 드립니다.